대구가톨릭대학교 다문화연구소

결혼이주여성의 삶과 적응

김 태 원

景仁文化社

┃ 서문 ┃

생애구술사를 펴내면서
결혼이주여성의 삶과 적응

김태원

삶은 욕망으로부터 시작된다. 한사람의 생애는 정주와 이동을 반복하며 진행되고, 그 과정에서 개인이나, 사회, 환경과의 역동적인 관계를 통해 개인은 자신의 삶을 실현시켜나간다. 태생적 공간으로 부터의 경험은 점차 주변의 사회·문화적 공간으로 확대되고, 이는 새로운 인식과 욕구를 생산하게 만든다. 개인의 생물학적 욕망은 문화적 욕망으로 전이되고, 이는 한 개인의 공간적 이동을 촉발 시키는 문화적 동기를 제공한다. 이러한 개인의 이동은 문화적 동기에 의해 자극되는 경우가 많고, 문화적 동기는 새로운 문화를 만날 때마다 인간의 욕망을 무한히 확장시킨다.

오늘날 사회는 세계화의 영향으로 개인의 이동이 자유롭고, 개인 간의 관계는 더욱 복잡하게 얽히고 확장된다. 이로 인해 개인은 더 많은 경험을 할 수 있는 기회를 가지게 되며, 이전의 질적 행복을 추구하던 삶의 양식은 양적이고 화폐지향적 삶으로 변화되고 있으며, 점차 자본주의적 생활방식에 익숙해지고 있다. 한 사람의 삶은 이제 더 이상 단순하고 단선적이며, 1차적인 인간관계에 의해 이루어지는 것이 아니라, 매우 역동적이며 다양한 동기들에 의해 움직여진다. 사회·문화적 공간의 경계는 점차 중첩되고 모호해지며, 개인은 이 공간 속에서 다중정체성을 지닌, 다양한 욕망에 의해 움직여지는 인간으로 바뀌게 된다. 이처럼 오늘 날 개인의 삶은 문화적 경계를 넘나드는 일이 빈번해지고, 생활공간의 중첩이 일어나면서 한 사회의 가치변화를 주도하고 있다. 특히 결혼이주민의 경우는 오늘 날 한국 사회에서 일어나는 가치의 변동에 매우 중요한 역할을 하고 있다.

한국 사회는 그 어느 사회보다 단선적 형식을 지향하는 사회이다. 단일문화, 단일민족, 우리라는 경계를 매우 중요하게 여기는 사회이다. 역사적 질곡을 건디고 자신과 우리라는 울타리를 보호하기 위한 문화적 틀이 매우 견고하여, 다름에 대한 저항과 배척이 강한 문화적 특성을 지니고 있다. 그러므로 개인의 생애는 혈연적 범주라는 전통 속에 놓여져 있다. 하지만 이러한 문화적 특성은 근대적 시간과 문화적 이방인들과의 뒤섞임 속에서 점차 와해되어가고 있다.

문화적 이방인이면서 새로운 생활양식을 생산하는 문화의 파괴자이자, 문화의 생산자가 곧 결혼이주여성이다. 이들이 지향하는 새로운 삶의 욕망은 때로 왜곡되고 뒤틀린 문화코드를 생산하기도 하지만, 일상 가치로 정련되고 조정되면서 새로운 가치를 생산하는 역할을 담당하게 된다. 우리는 이들로부터 앞으로 생산될 한국 사회의 가치를 볼 수 있게 될 것이며, 이들의 생활양식과 행위에 관심을 가질 필요가 있다.

개인의 생애를 그 스스로의 구술을 통해 서술하고, 그것을 분석하는 것은 쉬운 일인 듯 하지만, 결코 쉬운 일이 아니다. 적어도 근대적 인간상에 기초하는 모든 개인은 그 스스로의 행위를 스스로에게 타당하도록 내면적 검증을 거치고, 행위를 스스로 조절하게 된다. 인간은 항상 자신의 행위에 타당성을 제공하기 위해 노력하고, 이를 위해 행위를 조작한다. 그러므로 모든 술어적 표현은 이처럼 행위의 타당성을 제공하기 위한 과정에 불과하기 때문에, 객관적 행위의 결과를 찾아내는 것은 어려운 일이다. 구술을 하는 개인은 자신의 과거와 현재, 미래의 조합을 통해 자신의 경험을 재해석하고, 연구자는 이러한 구술자에 의해 재해석된 자료를 재구성해야하는 과제를 안게 된다.

　개인의 생애사는 그 개인이 속한 사회의 사회구성원들과의 상호작용을 통해 형성된 개인의 합리적 행위의 결과로 이루어지며, 이러한 생애사 속에는 타인과의 관계 속에서 이루어지는 사회구조의 내면과 사회·문화적 결과들이 들어 있다. 또한 개인의 사회에 대한 비판과 욕망이 동시에 공존하고, 미래의 일상가치가 포함되어 있다. 그러므로 개인의 생애사를 통해 그가 속해 있는 사회적 현실을 총체적으로 이해할 수 있을 뿐만 아니라, 인간의 보편적 행위에 대한 미세한 규범의 틀과 미래가치를 이해할 수 있다. 생애사 연구는 개인의 언어를 통해 드러나지 않았던 사회를 구성하는 일반화된 사회적 가치의 원인과 동기를 찾아낼 수 있을 뿐만 아니라, 개인의 개별 경험을 통해 구체적인 사회행위의 일반성을 재구성할 수 있다.

　생애구술사를 연구하는데 있어서 중요한 것은 다른 사람의 경험을 - 특히 이미 지나간 과거의 경험을 - 어떻게 이해하고, 객관적 사실로 서술해내느냐 하는 것이다. 여기서 우리는 생활세계라는 관점을 접목시켜야 하는 필요성을 느낀다. 사회학에서 중요한 위치를 차지하고 있는 베버(M. Weber)나 슈츠(A. Schütz), 그리고 철학에서 생활세계의 개념을 추구한 후설(E. Husserl)의 생활세계 개념을 비켜갈 수는 없다. 생애구술사는 과학이 아니라 개인의 사회적 경험에 대한 주관적 서술이다. 더구나 개인의 경험을 시간적 단면을 통해서 이어가야 하는 즉, 현재의 시점에서 과거를 서술하고, 이해하며 이어가야 하는 것이다. 현실적 관점에서 개인경험의 서술을 재해석하고 재구성하는데 초점이 맞추어져야 한다. 그러한 재구성된 체계가 객관적 의미를 지녀야 한다는 점이다. 인간은 스스로 과거의 기억을 말할 때 그것을 재구성하게 되며 그러한 재구성을 통해 새로운 의미를 만들어 나간다.

　따라서 단순한 과거의 경험을 반복적으로 이야기 하는 것이 아니라, 그 경험을 주관적으로 해석하며 사회적 상황과 연관 지어서 자신의 관점에서 의미를 재생산해 나간다. 그러므로 생애사 연구에서 중요한 것은 이러한 개인의 서술과 더불어서 개인이 생산해내는 의미를 어떻게 과거와 현재의 사회적 상황과 결부시킬 수 있느냐가 중요하다. 만일 사회적 현실이 전혀 다른 두 사회공간을 이동하고 경험한 개인이라면, 그 개인은 새로운 문화를 경험하고, 자신의 문화적 체험을 통해 현실을 성찰하고, 행위를 재조정할 수 있는 기회를 가지게 되며, 이 과정에서 개인은 새로운 문화구성물의 주체적 역할을 담당할 수 있게 된다. 생애사 연구의 목적은 단순한 개인의 경험을 서술하는 것이 아니라, 개인의 주관적 경험에 초점이 맞추어져 있지만 개인이 어떻게 자신의 사회적 현실을 해석하고, 문화를 받아들이는지 그리고 그러한 문화를 통해서 자기 행위를 어떻게 재구성하고, 주위의 사회구성원들과 어떠한 관계를 맺게 되는지, 그 과정에서 그들의 상호작용이 새로운 사회적 현실을 어떻게 구성해 나가는지에 대해 관심을 가지는 것이다. 더 나아가 이들의 상호작용이 기존의 문화적 공간에 미치는 영향과 상호간섭, 삶의 방식이 어떻게 변화되는지, 사라지는 가치와 새롭게 창조되는 일상가치에 관심을 가지는 것이다.

　생애사의 질적 연구의 과정에서는 일반적으로 시간적 차원과 공간적 차원, 사회·문화적 차원이 중요하다. 본 생애구술사에서는 결혼이주여성이 본국에서의 생활로부터 결혼을 해서 한국으로 이주해온 시점과 한국에서의 새로운 환경에 적응하는 과정까지가 종적으로 기술되고 있다. 우선 시간적 차원에서 본다면 결혼이주여성은 과거 본국과 현재 한국이라는 두 시간적 차원을 모두 포함하고 있으며, 이러한 시간적 차원이 생활세계라는 공간적 차원으로 이동되어서 이들이 현재 한국 사회에서 어떻게 적응하고 있는지를 인터뷰를 통해서 기술하고 있다.

한 개인에 있어서 시간적 경험이라는 것은 당시의 사회·문화적 가치의 내면화를 가능하게 해주는 것으로써, 개인의 생애에 있어서 매우 중요한 부분이다. 결혼이주여성의 대부분은 - 적어도 인터뷰를 한 결혼이주여성 - 한 사회의 기술적 측면에서 본다면 한국 사회 보다는 열악한 사회·문화적 배경에서 출생하였다. 이들이 보다 나은 삶을 실현시키려는 개인적 욕망에 의해서 새로운 사회를 내면 속에서 설계하고, 이를 실현시키기 위해서 또 다른 사회를 선택한 결과 그것이 한국 사회가 되었다고 할 수 있다. 우리가 일반적으로 동일한 시간이라고 생각할지라도 사회·문화적 측면에서 본다면 보다 기술적으로 진보한 사회는 있을 수 있다. 그렇다면 이들이 결혼을 통해 선택한 사회의 이동은 사회·문화적 차원에서 본다면 새로운 문화를 경험하는 계기가 되었다고 할 수 있다.

두 번째로, 공간적 차원에서 본 생애구술사를 살펴본다면 대부분의 결혼이주여성들은 자신들이 살았던 익숙한 사회·문화 공간으로부터 새로운 사회·문화 공간으로 이동 했다고 할 수가 있다. 그렇다면 이들은 왜 이러한 공간이동을 감행했을까? 일반적으로 인간은 개인의 욕망을 추구하는 존재이다. 인간은 사회를 지향하기보다 스스로의 욕망을 지향하는 존재이다. 개별자로서의 인간은 사회적 가치에 의해 정체성을 형성했을지라도, 스스로의 내적 가치를 추구하는 존재이다. 비록 자기 자신이 현재 거주하고 있는 사회공간이 그 당시의 시점에서 최선의 공간이라고 생각하고 있었을지라도 새로운 경험과 문화적 체험을 통해, 인간은 자기 자신의 욕망을 최대한 실현시킬 수 있는 다른 사회공간을 발견한다면, 스스로의 욕망을 실현시키기 위해서 새로운 공간으로 이동을 시도할 것이다.

한국 사회의 산업화가 급격하게 이루어져 경제적 발전이 괄목할만한 수준으로 이루어졌고, 이러한 경제적 발전이 한류라는 문화적 코드로 특히 동남아시아에 전파됨으로써 한국 사회는 많은 새로운 사회를 지향하는 동남아시아 여성들에게 일종의 꿈을 충족시켜 줄 수 있는 나라로 인식되었다. 비록 현실적으로 이러한 사회·문화적 모범상이 그들에게 왜곡되게 전달되었다 하더라도 문화적 코드는 여전히 유효한 것으로써 개인에게 내면화 되었다. 인터뷰과정에서 알 수 있었던 많은 부분은 이들이 한국을 어릴 때부터 미디어를 통해서 또는 여행을 통해서 한번쯤 접해본 나라이며, 기회가 되면 한국에서 자신들의 삶을 새롭게 시작하려는 생각을 하고 있었다는 것을 알 수 있었다. 이러한 생각들이 이들을 한국이라는 새로운 사회공간으로 이동하게 한 원인이 되었을 수도 있다. 인간은 사회를 통해서 정체성을 형성하지만 항상 그 사회에서만 자신의 꿈을 실현시키는 것이 아니라, 자신들의 욕망을 충족시킬 수 있는 새로운 사회를 지향하기 때문에, 이 새로운 사회공간으로 한국을 선택하게 되었다고 할 수 있다.

일반적으로 오늘날은 교통과 통신의 발달 그리고 문화적 교류로 인한 '낯섦'의 절대적 감소 현상이 일어나고, 이로 인해 닫혀있던 사회공간은 열리게 된다. 확장된 공간에서 개인은 새로운 경험을 할 수 있고, 이러한 새로운 경험은 새로운 감정을 생산되게 하는 감정공간을 형성하게 된다. 이 새로운 감정공간에서 새로운 의미를 생산하게 되는 의미공간이 형성되며, 이러한 의미공간에서 일반화된 생활세계의 가치공간이 형성된다. 필자는 이러한 과정을 '욕망의 시·공간적 이동'이라고 말하고 싶다. 개인은 언제든지 자신의 욕망에 따른 공간이동을 단행할 준비가 되어 있는 존재이다. 오늘날은 민족국가 시대의 국경의 의미나 정체성이 세계화를 통해서 애매모호해지는 시대이다. 이 시대의 개인은 국가라는 정체성을 선택하기보다 자신의 욕망을 실현시킬 수 있는 새로운 사회·문화적 환경을 선택하게 된다. 그러므로 인간을 생물학적 측면과 근대 산업사회의 사회·문화적 존재라는 두 가지 측면으로 고려해 봤을 때, 언제든지 새로운 정체성을 형성할 수 있는 다중정체성을 지닌 존재로 바뀌어 질 수 있다. 오늘날 사회에서는 이러한 개인의 다중정체성이 개인이 살아가는데 있어서 오히려 정체성의 혼란을 불러일으키기 보다는, 실질적인 욕구충족의 한 배경을 형성하는 요소이기도 하다.

결혼이주여성의 증가요인은 국제적 상황과 국내적 상황의 상호작용의 결과이다. 국제적 요인으로는 한국 사회가 경제적으로 앞서 있는 나라이며, 문화적 향유의 기회를 더 많이 가질 수 있다는 일반적 생각이 동남아 여성들의 결혼을 통한 한국행을 결정지은 중요한 동인이 되었다고 할 수 있다. 이들이 한국에 오게 된 것은 한국에서 새로운 삶을 찾으려는 개인적 욕망의 결과이며, 한편으로는 자국의 경제적 어려움으로부터 해방되고 새로운 삶을 시작하려는 도전이기도 하였다. 이러한 것은 그들 스스로의 개인적 결정이라기보다, 가족과 사회의 묵시적인 동의하에 이루어진 일종의 사회현상이기도 하다. 그러므로 한국으로 오는 대부분의 결혼이주 여성들의 지역적 분포를 보면 중국이나 베트남, 캄보디아, 필리핀, 우즈베키스탄, 네팔과 같이 경제적으로 한국보다 덜 발전한 국가가 대부분을 차지하고 있다. 이들은 한국의 뿌리 깊은 유교문화를 이해할 수 없을 뿐만 아니라, 문화적인 상호 절충을 시도하여 자신의 삶을 보다 풍요롭게 하려는 철학적 바탕을 지니고 있지 않은 채, 한국으로 오는 것이 대부분이다. 그렇기 때문에 한국에서의 결혼생활이 생각보다 더욱 어렵고 문화적 적응에 실패하는 경우가 많다. 한편에서 보면 이들은 문화적 교류나 적응을 통해 한국 사회에서 문화 지향적 삶을 산다기 보다, 경제적으로 자신이 만족할 수 있도록 하기 위해서 더욱 노력하게 된다.
국내적 요인으로는 저출산과 고학력 전문직 여성의 증가와 독신여성의 증가로 인한 결혼적령기 여성의 부족, 여성의 도시지향적 삶에 대한 선호, 도시화로 인한 농촌지역의 소외 등이 결혼이주여성의 증가를 불러 오는 원인이 되었다. 특히 지방자치단체가 추진한 '농촌총각장가보내기운동'과 영리추구를 목적으로 한 국제결혼중개업소의 무차별적 증가는 결혼이주여성이 늘어나는데 큰 역할을 하게 되었다.

그러나 결혼이주여성들은 한국에 와서 자신들이 생각했던 한국의 이상적 모습과 결혼생활이 일치하지 않는 것을 깨닫게 되고, 사회문화적, 경제적 어려움을 경험하게 된다. 이러한 것은 가족과 갈등을 불러일으키고, 실제로 2000년 중반부터 가정불화, 폭력, 이혼 등이 급격하게 증가하면서 사회문제로 대두되고 있다.

결혼이주여성들에 대한 연구는 주로 결혼이민자들의 한국생활적응에 초점이 맞추어지고 있다. 적응이라는 것은 주로 문화적 차이에서 야기되는 갈등을 해결하기 위한 일종의 방안이다. 결혼이주여성들은 문화적 차이로 인해 많은 갈등을 겪게 되고, 연구자들은 이를 문화충돌로 이해하게 된다. 이는 서로의 문화적 차이를 인정하지 않고, 결혼이주여성들을 동화, 또는 편입시키려는 문화적인 강제 또는 문화폭력으로부터 시작 된다.

결혼이주여성들에 대한 지금까지의 정책은 그들을 통합의 대상으로 간주하고, 주류문화에 강제로 편입시키려는 경향이 강했다. 이것은 결혼이주여성들의 문화와 정체성에 대해서 관심을 기울이지 않았을 뿐만 아니라, 그들의 문화적 가치를 인정하지 않았기 때문이다. 이러한 결혼이주여성들에 대한 정책은 이들의 문화와 주류문화와의 상호작용을 통하여, 새로운 가치를 형성할 수 있는 기회를 원천적으로 봉쇄할 뿐만 아니라, 이들의 문화를 주변화 시켜 사회갈등을 증가시킬 수 있는 요인이 된다.

그러므로 연구자나 정책입안자들은 결혼이주여성을 개별문화집단이라는 특수성을 띤 이질적 집단으로 간주하고, 이들에 대한 적응과 동화, 갈등 양상에만 관심을 가지는 오류를 범해서는 안된다. 이들을 일상을 나누고 행위와 가치를 교환하는 이웃이며, 또한 이들이 지니고 있는 내재적 생산성에 관심을 가지고, 인간행위의 보편성을 재고해 볼 수 있는 동기를 제공하는 보편적 사회구성원으로 보아야한다.

본 생애구술사는 9명의 구술참여자에 대한 결혼이주과정과 한국에서의 생활을 담고 있다. 이들의 국가분포를 보면 중국 3명, 베트남 2명,

필리핀 1명, 홍콩 1명, 네팔 1명, 키르키즈스탄 1명으로, 이들은 1명을 제외하고 모두 자녀가 있다. 본 생애구술사는 가공되지 않은 구술자의 언어들로 구성되어 있다. 구술자들이 한국어를 배우면서 가지게 되는 개별적인 언어 특성을 교정하지 않았다. 그러므로 구술과정에서 나타나는 억양과, 어투, 방언과 감정이 그대로 드러나 있다. 이 구술을 채록하기 위해서 거의 6개월 정도의 시간이 걸렸으며, 1차 인터뷰를 정리하고 난 뒤, 이를 확인하는 2차 인터뷰와 3차 인터뷰를 거쳤고, 언어적 특성을 확인하기 위해, 구술자와 일상을 나누려는 많은 시도를 하였다. 구술자료의 수집은 주로 '이야기식 인터뷰 방법'에 따라 비구조화된 면접으로 이루어졌다. 우선 구술자에게 일반적인 본국에서의 생활을 이야기 형식으로 듣고, 결혼동기 및 한국에서의 생활과 문화적 차이, 적응과정을 집중적으로 들었다. 이러한 질문에 대한 서술에는 문화적 차이나, 개인적 기질의 특성이 반영된 부분도 있을 것이다.

본 생애구술사는 한국연구재단 중점연구소 지원사업[1]의 일환으로 시작된 것이다. 생애구술사작업의 기획과 실행에 도움을 주신 대구가톨릭대학교 다문화연구소 소장 김명현 신부님께 감사를 드린다. 무엇보다도 본 생애구술사 채록을 위해 어려운 상황에서도 인터뷰에 기꺼이 응해준 모든 분들께도 깊은 감사를 드리며, 인터뷰와 녹취, 교정에 도움을 준 모든 이들에게도 고마움을 표한다. 마지막으로 출판을 허락하고 도움을 준 경인문화사와 무더위에도 수고를 아끼지 않은 편집자께도 깊은 감사를 드린다.

2012년 6월
김태원

1) 한국연구재단 대학중점연구소 지원사업(과제번호: NRF-2010-413-B00023)에 의해 지원된 것임.

목 차

서문

▌동경민 ·· 1

▌전미화 ·· 33

▌아이다 ·· 61

▌이영 ·· 77

▌욱탐 ·· 135

▌시타 ·· 157

▌오서흔 ·· 171

▌줄리아 ·· 191

▌예린 ·· 217

동경민

동경민

이름	동경민(1985년생)
출신국	베트남(하노이)
출신국 가족사항	아버지, 어머니, 오빠1, 남동생1, 여동생1
한국 가족사항	시아버지, 시어머니, 남편, 아들1(7세), 딸2(1세/6세)

┃베트남에서┃

베트남에서는 고등학교를 끝까지 못 다녔어요. 베트남에는 오빠도 있고, 동생도 있고요. 동생은 여자 한 명, 남자 한 명이 있어요. 아버지, 어머니, 오빠, 남동생, 여동생 이렇게 있어요. 오빠하고 막내 동생만 결혼했어요. 아버지는 한국 와 있어요. 계속 있었어요. 올해 5월에 베트남에 들어가거든요. 지금 베트남에는 4명이 있어요.

한국에 계시니까 지금 일하러 가서요. 농사짓거든요. 베트남에서 요즘 나이가 들어서 일을 안 하세요. 대신 오빠가 일하거든요. 수입은 얼마 안될걸요. 왜냐하면 오빠가 해물을 키우거든요. 조개하고. 그래서 저는 얼마 수입인지는 잘 모르겠고요. 동생은 지금 학교 다녀요. 생활도 하고 아버지가 주기도 하시니까 좀 보태고. 2년 키우면서 키우고도 팔잖아요. 잘되면 많이 벌 수 있어요.

┃한국과의 인연은 드라마에서 그리고 결혼┃

저는 처음 2004년도는 드라마보고 그냥 한국이 드라마 보면서 좋다, 그래서 남자도 좋게 보았어요. 아니 드라마 보면 진짜 전부 다 따뜻하잖아요. 중신(소개)하는 사람이 저보고 "한국사람하고 결혼할래?" 하고 물었어요. "괜찮은 사람이면 결혼하고요" 그렇게 대답했어요. 그 사람이 어떻게 말씀하셨냐하면, 집도 있고, 남편 직장 돈도 많이 벌고, 친구도 집 근처 살고, 살만 하다고 걱정하지 말라고 시어른 같이 안 산다고 말씀했었어요. (베트남에서) 2005년도에 결혼하고 왔거든요. 와서 보니까 깜짝 놀랐어요. 다 속인 거예요. 2월에 만나서 바로 일주일 만에 결혼했어요(웃음). 믿을 만한 친구가 소개해 주는 사람이다. 친한 동네친구가 결혼해도 괜찮다고, 한국남자 일주일 계속 지내보니까 괜찮다고 했어요. 대화하는 것도 사전 통해서 해보니까 괜찮더라고 했어요. 그래서 중신

하는 할머니가요, "한국사람하고 결혼할래?" 그렇게 물어본 거예요. 그때 저는 아무 생각 없었어요. 저는 그때 19살이었어요. 그 할머니는 베트남에 집도 있고, 할머니 아들은 여행사에서 왔다 갔다 하면서 장사하는 사람이었어요.

우리 신랑 만나보니 괜찮다고, 정도 많고. 그래서 할머니가 "결혼할래?" 묻길래, 좋은 사람이면 하고, 괜찮은 사람이면 하고 그랬는데, 할머니가 먼저 사진을 보여줬어요. 그때는 한참 놀러 다닐 때이잖아요. 3일이면 이 아저씨 만날 수 있다고 했는데, 제가 그날 안 갔어요. 제가 안 가니까 할머니가 계속 친구한테 전화했어요. 꼬셔서 데려오라고. 그러면 가보자고 했는데, 가서 말하니까, 우리 아저씨가 저 말고 다른 사람 안 만나겠다고 했어요. 그런데 제가 안 한다고 했어요. 아저씨 나이도 많고 머리도 별로 없고, 이상하다고, 안 한다고 했어요. 그리고 나서 놀러가기 전에 피곤해서 한숨 잘까 했는데, 한숨 자고 일어나면 다시 얘기하자고 했어요. 할머니가 얼마나 똑똑한지 머리로 다 계산했어요. 저 모르게 친구랑 우리 아버지를 다 불렀어요. 일어나서 보니까 친구랑 아버지가 와 있어서 놀랐어요.

▌아버지의 권유로 결혼까지▐

우리 아버지가 이마도 넓고 사람도 보니까 괜찮다고 해라해라 해서 결혼했지요. 베트남은 그때 설이라서 예식장도 문 안 열고요 식당도 문 안 열고요. 설에는 2주 동안 쉬거든요. 다른 날은 안 쉬고 설날 되면 쉬고 그래서 힘들었어요. 엄마, 오빠, 동생은 보니까 마음에 안 든다고 했는데, 아빠가 계속 친구가 집 가까이 사니까 하라고 했어요. 그 친구는 그런데 알고 보니 여기서 3시간 정도는 기차로 가야돼요.

그리고 나서 우리는 결혼하고, 신랑이 돈을 잘 벌면 살만 하잖아요. 걱정도 안 하고, 집도 도와 줄 수 있고, 제가 하고 싶은 것도 할 수 있고요. 저는 돈 목적으로 온 거 아니니까. 그리고 와서 보니까 우리 신랑이 불쌍하더라고요. 처음에 좀 많이 부끄럽고 그랬는데, 같이 지내보니까 사람이 또 알 수 있잖아요. 말도 잘 듣고, 불쌍해서 살았어요. 진짜예요. 왜냐하면 그 나이면 한국에서 결혼 못 하잖아요. 그렇게 놔두면 좀 불쌍할 것 같아서 같이 살아주는 거예요. 그래서 좀 잘 해줬어요.

▌시간이 흐르면서 서로에게 믿음이 ▌

베트남 사람, 한국 사람과 비슷해요. 요즘에는 좀 많이 바뀌고, 문화 때문에 그런지, 외국사람이 많이 살아서 그런지, 많이 바뀌고 많이 도와주는 편이에요. 결혼하고 나서는 시댁에서 같이 안 살아요. 따로따로 살아요. 그래서 시어머니도 많이 도와주고 손자도 예뻐해 주고 해요.

제가 베트남에 있었을 때는 19살이었잖아요. 한국이랑 비슷해요. 저도 사촌동생이 하나 근처에 사는데, 한국 와서 2년 동안 많이 힘들었어요. 시어머니가 욕심 너무 많아서요. 욕심 너무 많아서 그렇다고요. 남편이 시어머니 말만 너무 많이 믿어서(자기 부인 말은 안 듣고). 사람이 욕심 너무 많아서도 안 되는 것 같아요. 같이 못 살아요. 맨날 싸워요. 일주일 내내 계속 막 싸워요. 말로만 싸우는 게 아니라, 마음이 서로 안 통해서 얼굴에 표가 다 나요. 요즘은 애기가 하나 태어나서 좀 조용히 살아요. 말이 좀 통하니까. 문제는 말하고 마음이 서로 안통하고 이해되지 않아서 좀 힘들어요. 근데 요즘에는 제가 보니까 베트남 사람이나 중국 사람들이 와서 사는 게 아니라요. 돈을 목적으로 왔나 봐요. 그런 소문 많이 들었어요. 주위 동네에도 주위사람도 며느리도 집 나가고. 돈을 목적으로 왔다는 생각이 많이 들고해서 좀 안타까워요.

왜냐하면 저도 2년, 3년 고생 아닌 고생은 했지만 사는 거 보람은 있어요. 우리 신랑은 다 들어주거든요. 이렇게 저렇게 다 말을 들어주니까. 처음에는 제 신랑이 저를 안 믿었어요. 왜냐하면 도망갈까 봐서요.

그런데 애기 태어나고 나서 같이 살면서부터는 우리가 점점 시간 지나면서 많이 의지하고 많이 믿어요.

▌한국국적을 취득하다 ▌

5년 동안 살면 국적 바꿀 수 있으니까 마음 놓고 살 수 있어요. 애기도 키우고, 내 마음대로 할 수 있어요. 국적 신청해서, 한국 국적으로 바꿨어요. 그때는 국적 바꾸기 어려웠어요. 5년 동안 기다려야 되고. 우리 신랑이 잘 해줬어요. 편해요.

▌낯선 땅, 한국은 텔레비전을 통해 ▌

베트남에 있을 때는 한국에 대해 몰랐어요. 텔레비전을 통해서 드라마를 통해서만 봤거든요. 한국말도 전혀 몰랐어요. 아무것도 몰랐어요. 한국은 그냥 텔레비전에서 본 서울 밖에 몰랐어요. (티비에) 자주 나왔어요. 재미있어서 열심히 봤어요. 그때 장동건이 텔레비전에 나온 건 기억해요. 한국에 대해선 인상이 괜찮았어요. 우리 사는 동네에는 산이 별로 없어요. 그런데 한국에는 산도 있고 눈도 내리고 아파트 빌딩들도 많잖아요. 텔레비전 보면서 좋았어요. 그 나라가면 내가 뭔가를 할 수 있겠다는 그런 생각이 들었어요. 제가 베트남에서 못 이루었던 꿈을 이룰 수 있다고 생각했어요. 근데 와서 보니 반대예요. 그때는 전혀 생각 못했어요. 결혼하고 신랑 만나고 나서, 신랑은 집도 있고, 돈도 잘 벌고, 살만한데 내가 뭐 걱정하겠냐는 생각이 들었어요.

▌인천공항에 내려서 부터 시작된 눈물 ▌

인천공항에 내려서 버스 네다섯 시간 타잖아요. 근데 이상했어요. "내 집이 어디있지?" 산하고 논 밖에 안 보이데요. 도시를 꿈꿨는데 도시가 아니었어요. 좀 실망했어요. 완전 실망했지요. 와서 보니까 우리 집에 딱 들어서자마자, 시골집이라서 완전 실망했어요. 눈물을 직직 흘렸어요. 울었어요. 아, 내가 사람을 너무 믿었다. 아무것도 모르니까 내가 그 사람을 믿었는데, 그 사람 내한테 거짓말 했다. 우리 신랑 원망했어요. 원망했는데 살다보니까, 2년쯤 지나서 신랑한테 얘기했어요. "나한테 왜 거짓말 했어?" 그러자 신랑은 "나, 그 얘기 안했어, 얘기한적 없어." 그러는 거예요. 할머니(베트남)가 다 얘기했다고, 그 할매가 다 얘기했지, 나는 얘기한 적도 없다고 그러는 거예요. 그럼 할머니한테 전화해보라고 하니까 할머니가 변명한다고. 자기는 아니라고 할 수 없는 거예요. 하지만 와서 보니까 할 수 없는 거예요. 가지도 못하고 어떻게 할 수도 없고, 아는 사람도 없었어요. 2005년도에는 외국사람 별로 없었거든요. 아는 사람이 있어야 어떻게 방법을 생각해서 나갈 수 있었을텐데, 방법이 없었어요. 가고 싶었어요. 날개가 있으면 날아서라도(웃으며).

신랑은 계속 일하러 나가고요. 혼자 집에 있으니까, 나가지도 못하고, 말을 꺼내지도 못하고, 진짜 많이 힘들었어요. 집에 전화하면 눈물이 뚝 뚝 흐르고, 울면서 우리 식구들 모르게 숨어서 혼자 울었어요.

▌한국생활 적응은 시어머니 덕분에 ▌

우리 시어머니 덕분이에요. 시어머니는 딸래미 하나밖에 없는데 외국사람이라도 무시하지 않고 잘 받아주시더라고요. 하나씩 하나씩 가르쳐주고, 어디 나가면 같이 태워 나가고, 시장도 가고, 이렇게 많이 안아주고 했어요. 시어머니 의지하면서, 시어머니 때문에도 살았고, 한 달 뒤

에 임신 했어요. 임신하고 나서는 애기 때문에 내가 살아야겠구나. 왜냐
하면 내가 나가면 우리 애가 얼마나 불쌍하겠어요. 그건 못 보겠더라고
요. 그래서 못가고, 시어머니도 괜찮은 사람인데, 신랑도 괜찮은 사람인
데, 내가 나가면 신랑이 좀 불쌍하기도 하잖아요. 애도 앞으로 엄마 없
다고 사람들이 놀릴거잖아요. 그런 생각이 많이 들어서 살았어요. 왜냐
면 제가 베트남에서 그런 경우를 많이 봤거든요. 그래서 내가 살아야 애
가 나중에 잘 되고 큰 꿈을 꾸고 살수 있다고 생각했어요.

　제 친구가 한국에서 결혼한 친구도 있어요. 저한테 "너무 힘들면 나
가 살아" 그러는데 제가 못 하겠더라고요(웃으며). 시어머니가 많이 도
와줬어요. 우리 신랑이 저보고 누구 집에는 아들하고 엄마하고 짝짝꿍
하고, 누구 집에는 며느리랑 시어머니랑 짝짝꿍 한다고요. 우리 신랑이
잘못하면 제가 시어머니한테 바로 얘기하거든요. 바로 얘기하니까, 막
뭐라고 해요. "니는 나이도 많이 먹었는데 이것도 모르나", "니는 안 미
안하나?" 그렇게 말해요.

　▌한국에서의 일상 ▌

　우리 집이 우리 시어머니 명의거든요, 그거 밖에 없어요. 우리 애기아
빠는 농사도 지으면서 다른 일도 해야 되거든요. 우리 애기아빠가 벌이
(버)는 건 우리 쓰고요. 따로따로 써요. 우리는 벌면서 우리가 다 쓰고.
우리 시어머니는 2년 동안 우리 키워주셨잖아요. 일해주면서 겨울에도
다 해주니까, 수입이 생겨도 보니까 약값하고 박스값 빼면 얼마 안 남더
라고요. 얼마 안 되더라고요.

　저 작년에 제가 같이 도와주면서 제가 아는데 약값하고 박스 값하고
많더라고요. 우리 애기아빠가 버는데 날씨 안 좋으면 못 벌어요. 조경일
하니까. 3월 달부터 11월까지 더울 때는 좀 쉬어요. 우리 애기아빠 벌이
는 거를 우리 다섯 명 식구 사는데 써요. 애기 어린이집에 다니고 저 쓰고.

그러다보니 생활이 좀 어렵지요. 왜냐면 우리 신랑이 다달이 벌어도 여유가 없어요. 대중없기도 하고요. 일 나가면 돈 들어오고요. 보니까 애들 유치원비, 저 쓰는 거, 병원가고, 애들 먹는 거 하면 모지래요. 보험도 넣어야 되잖아요. 아, 장난 아니데요. 벌어서 태아보험까지 우리 다섯 명하고 우리 시어머님도 보험 넣어주거든요. 제가 깜짝 놀랐어요. 우리 뭐 먹고 사냐고. 보험, 학비, 또 나가는 거, 차 생기는 거, 기름도 들어가잖아요. 아, 그래서 제가 깜짝 놀랬어요. 쓰는 것도 없어요. 그리고 시어머니가 진짜 많이 도와줬어요. 제가 나가면 용돈도 주고 했는데, 복숭아 딸 때는 많이 도와주고 진짜 많이 도와줬어요.

▌한국 밥을 먹기까지 ▌

(밥은) 처음에 안 먹었어요. 물은 먹고 살았어요. 뜨거운 물로요. 처음에 와서는 밥도 안먹고, 첫째 애 입덧이 너무 심해서 6개월 동안에 밥 못 먹었어요. 냄새 때문에. 그때는 내 고향 음식이 얼마나 먹고 싶었는지, 생각하면 끔찍해요. 음식 차리면 완전 빨간색이잖아요. 와, 미치겠대요. 이런 걸 어떻게 먹어요. 다 빨개요. 하얀 건 밥밖에 없어요. 제가 저걸 어떻게 먹어요. 베트남 사람들은 매운 거 많이는 안 먹어요. 매운 거 먹는 사람만 먹지, 저는 안 먹었어요. 매운 음식, 매운 거 먹고 싶은 사람은 고추 따로 먹고요. 음식에는 잘 안 들어가요. 음식 장난 아니었어요. 그래서 우리 시어머니가 저를 시장에 데려가서, "니 먹고 싶은 거 사라" 그러데요. 시장에서 사서 집에 가서 따로따로 만들어 먹었어요. 먹을 수 있는 거 베트남 식으로 만들어서 먹었어요. 애기 가져서는 시장도 못가고 아무것도 못 했어요. 베트남 음식재료는 그때는 별로 없었어요. 있어도 제가 한국말을 잘해야 찾을 수 있잖아요. 생선 밖에 몰라요. 고기, 채소는 할 수 있는 거나 할 수 있고요. 그래도 그때는 음식은 베트남 물건 파는 것도 별로 없잖아요. 그래서 시장가서 생선 많이 사먹었

어요. 고향에서도 생선 많이 먹었어요. 베트남에서도 돼지고기랑 생선 많이 먹어요.

돼지고기는 고추 안 넣고 요리해요. 저는 그냥 삶아먹어요, 조림으로 해먹기도 해요. 지금은 베트남 음식 파는데 많아요. 먹고 싶으면 만들어서 먹고. 요새는 잘 안 해요(웃으며). 귀찮아서요. 만들어주면 다들 좋아하는데 귀찮아서 잘 안 해요. 우리 시어머니는 작년이랑 그 작년에는 많이 먹었는데 요새는 구경하기 힘들다고 왜 안 만드냐고 해요. 제가 베트남 음식 잘 요리 안하니까. 하지만 하면 시간도 많이 걸리고, 자료들도 많이 필요해서, 요즘은 잘 안해요.

▌ 아이들에게 도시의 아파트는 또 다른 꿈 ▌

우리 신랑은 시내에 있는 아파트로는 절대로 안 나간다고해요. 거기서 못 산다고요. 그래서 제가 안 살면 내가 혼자 나가서 산다고 해요. 그러면 하고 싶은 대로 하래요. 나중에 우리 시어머니 시아버지 돌아가시면, 내 마음대로 하고 살아라고 해요. 우리 큰 애는 "엄마, 우리 언제 서울에 이사 가요? 언제 이사 가요?" 하고 물어요. 시내 아파트로 이사 가자고 해요. 할머니한테 물어보라고 해요. 그러면 큰애가 "할머니, 우리도 시내로 이사 가요, 우리 식구들만 가서 살자고요."하고 물어요. 왜냐하면 어린이집에 애들이 계속 이사 가거든요. 좋은 아파트로 옮긴다고 하는 말을 많이 들었나 봐요. 맨날 저보고 서울 가자고 그래요. 한 날은 상 받으러 서울 갔었어요. 서울은 완전 아파트도 많고, 여기하고는 다르대요. 그래서 엄마 우리도 서울 가서 살자고 한다고요. 지들도 시골 사는 친구들 별로 없으니까, 만날 둘이만 놀거든요. 그래서 나가서 친구도 사귀고 하고 싶은데, 지금 그 나이에 집에서 둘이만 놀아요.

▌베트남어에는 서툰 아이들 ▌

큰애는 7살이고 한국말은 좀 잘하는 편이에요. 베트남어는 안 해요. 인터넷 들어가서 베트남 노래 틀어주면 잘 따라하고요. 제가 가르쳐주면 절대로 안 따라 해요. 베트남어는 집에서 지금 시키는데, 요번 3월 달부터 제가 다른 복지관에 이중 언어 프로그램이 있다고 해서 신청했어요. 저는 가르쳐 주는데도 잘 안 따라하더라고요. 제가 얘기하면 지들은 웃긴가 봐요(웃으며). 아 진짜에요. 외할아버지가 우리 집에 와서 3-4개월 동안 같이 살았어요. 애들은 답답하니까 계속 저한테 물어보는 거에요. 베트남어 배우려고요. 할아버지하고 같이 사니까 그래도 잘 하더라고요. "엄마, 이거 뭐예요, 뭐예요" 하면서 다 물어보더라고요. (아버지가 몇 달 계셔서) 편했어요. 좋은데, 지금 다른데 일 하러 가세요. 좋은데, 우리가 따로 살았으면 더 좋았을텐데, 좀 그랬어요. 어른이랑 같이 시어머니랑 같이 사니까.

▌엄마는 베트남 사람 ▌

저는 만날 얘기해줘요. 큰애하고 작은애한테, "엄마는 어디 사람이지? 집 어디지?" 다 얘기해줘요. 비행기 타고 가고 외갓집 베트남이라고. 어린이집에 보내기 전에 다 얘기했거든요. 다른 사람보다, 다른 엄마들보다 언어 때문에 애들 교육시키는 거 아무래도 모르니까 원장, 원감 선생님한테도 미리 얘기해요. 이제는 다 알기 때문에 거의 문제없어요. 보통 친구들 엄마는 한국 사람인데, 우리 엄마는 베트남사람이다 라는 생각은 아직 안하는 것 같아요. 아직 그런 생각하지는 않는 것 같아요. 아마 학교 들어가면 그런 생각이 들것 같아요. 저도 아직은 어린이집에서 문제없으니까. 아직 생각안하니까 괜찮은 데, 학교 들어가면 걱정 많아질 것 같아요. 우리 동네에는 지 혼자 밖에 없잖아요. 학교 들어가야 되잖아요. 교육 때문에 걱정이 많아요. 지들이 잘 할 수 있는지 마음이 아파요.

▌베트남어를 가르쳐주고 싶은 마음 ▌

저는 필요하다고 생각해요. 왜냐하면 엄마가 말하면 지들은 웃긴 생각이 드나봐요. 진짜로요. 제가 이거 컵이라고 베트남 말로하면 지들은 실실 웃거든요. 안 따라하더라고요. 엄마라서 잘 따라 안하고, 선생님이 얘기하면 잘 따라한다는 생각이 들어요. 저는 진짜 가르쳐주는 데 잘 안 따라 하기 때문에, 인터넷에 들어가서 베트남 노래 틀어주면서 가르쳐요. 네 번 다섯 번 틀어주니까 잘 따라 해요. 베트남에도 두 번 갔다 오니까 너무 좋아해요. "엄마, 올해도 오월 달에도 가요?" 하고 물어요. 가서 잘 놀아요.

▌아이들의 호기심 그리고 베트남 여행 ▌

애들은 호기심도 많고, 노는 것도 좋아서 자꾸 계속 베트남 가자고 해요. 처음에 시어머니도 같이 모시고 갔는데, 돈이 너무 많이 들어갔어요. 처음 가니까, 시어머니도 따로 선물하고 싶은 거, 따로 사고 했기 때문에 많이 들었어요. 저번 작년 10월 달에도 갔다 왔잖아요. 일주일 정도.

▌공부만큼은 잘 하길 바라는 엄마의 마음 ▌

저는 베트남에서 고3 끝까지 안 다녔기 때문에 졸업장이 없어요. 하지만 우리 애는 무조건 대학교를 다 나와야 된다고 생각해요. 대학교 안 나오니까 좀 무시하더라고요. 저도 그래요. 여기 와서 좀 그렇다는 생각이 들더라고요. 그때는 왜 공부 안 했을까하는 생각도 들어요. 저도 베트남에서 엄마가 만날 공부하라고 뭐라 했어요. 돈 안 벌어도 된다고.

공부 하나만 잘하면 된다고 했어요. 그때는 왜 그렇게 하기 싫었었는지 모르겠어요. 그때는 몰랐는데, 와서 후회했어요. 내가 왜 그때 공부를 안했을까, 왜 안 했을까, 그랬어요. 우리 애가 공부 잘하고, 지 스스로 착하게 잘 컸으면 좋겠어요. 보니까 한국 사람들 폭력도 하고 겁이 났어요. 학교 가더라도 지가 잘해서 공부 열심히 하고, 사회에 적응도 잘해야 되고 걱정이 많이 돼요. 애기 키우는 건 쉽지 않은 것 같아요. 저는 못살고, 고생하고, 힘들게 살아도 되지만, 우리 애는 공부시켜서 잘 살게 하고 싶어요.

▌한국어, 또 다른 시련 ▌

요즘에 한국에서도 결혼하고 나서 많이 바뀌었어요. 그때 제가 올 때는 안 좋았어요. 요즘은 여기 오면 공부도 할 수 있고, 다른 프로그램에 참석도 할 수 있고, 진짜 환경이 너무 많이 좋아졌어요. 저때는 한국어 공부하고 싶어도 공부 할 수 있는 데가 없었어요. (베트남에서는) 가나 다라, 기역, 니은, 자음, 모음, 그거 밖에 못 배우고 왔거든요. 베트남에서 배워도 발음이 틀리기 때문에 한국에 와서는 무슨 말인지 몰라요. 내가 그래도 어떻게 살았는지 신기해요. 말이 안 통할 때는 행동을 했지요. 손짓 발짓 하면 다 통해요. "커피 드세요"하는 것처럼 "드세요"를 몰랐어요. "먹어" 밖에 몰랐어요. 집에서 저는 테레비 많이 보고, 책 보고, "먹어" 그냥 신랑 보고 "먹어", 그랬더니 시어머니가 "먹어"는 안된다고 "드세요" 아니면 "마시세요"라고 말해야 된다고 했어요. 금방 듣고 또 외울 수가 없잖아요. 그래서 드라마 보고, 책도 좀 찾아보면서 배웠어요. 많이 노력 했어요. 가르쳐 주는 사람도 없었잖아요. 내가 어떻게 배울 수도 없었어요. 집 밖에 몰랐으니까. 처음에는 한국은 한국어 가르쳐주는 곳도 없어서 좀 신기했어요. 어떻게 살았는지 진짜 신기했어요.

한국에 와서 그때가 2007년도 인가? 구청에서 한국어강좌가 있다고 그래서 좀 배웠고, 센터가 생긴 지는 2009년도에 생겼는데, 2006년도 2007년도에 강좌가 있었어요. 왜냐하면 애기 데리고 병원을 가야 되는데, 한국사람한테 물어보니까, 내가 제대로 말을 못해서 가르쳐주는 사람도 없더라고요. 다 도망가더라고요. 진짜로요, 저는 한국말 발음이 그당시에 정확하지 않았기 때문에, 뭘 물어보면 사람들이 도망가더라고요. 안 가르쳐주더라고요. 제가 말투때문에 그래서 그런지 말이 안통해서 그런지. 그때는 좀 무시당하는 것 같아서 서운했어요. 진짜 말이 안 통하니까 천천히 가르쳐주면 내가 알아들을 수 있는데, 왜 안 가르쳐주고 자기들 가는 길만 가고 그랬는지 서운 했어요. 2006년도, 2007년도에 한국어 열심히 공부하고, 애 업고 시어머니 계속 따라다니면서 한국어 배웠어요. 요새는 살기 진짜 많이 좋아졌어요. 그때는 도와주는 것도 없고 지원해주는 것도 없었어요. 지금은 어린이집 가는 것도 지원해주고 많이 지원해줘요.

▮베트남 음식점을 열겠다는 꿈▮

내가 생각했던 거와는 완전 반대에요. 7년 전 생각들을 다 버린 건 아니지요. 아직 안 버렸어요. 처음에 실망은 했지만, 지금 하면 되겠다. 베트남에서 와서 한국 음식점 하겠다는 생각했는데 아직 그 꿈 안 버렸어요. 제가 식당 한 번 가봤는데, 거의 베트남 사람은 없고, 한국 사람만 많더라고요. 그래서 주말되면 사람들이 좀 오고, 평일 날에는 별로 사람도 없고 우리가 식당을 열더라도 잘 안 될 것 같아요. 우리 신랑은 맨날 저보고 "니 처음에 하면 욕심만 커서 오래 못 간다"고 그래요. 조금씩 조금씩 처음부터 시작해야할 것 같아요. 그 생각도 하고 욕심만 많이 생겨서, 저것도 하고 싶고, 이것도 하고 싶고, 또 공부도 하고 싶고, 그렇기 때문에 애도 키워야 되고, 할 일이 너무 많아요(웃으며).

▮한국이란 나라, 여기서 나는 누구인가? ▮

한국이라는 나라는 처음엔 좋았어요. 티비보면서 사람도 있고 그곳에 가서 살면 내가 뭔가 할 수 있겠다. 내 꿈을 이룰 수 있는 나라다라는 생각이 들었어요. 신랑하고 결혼하고 나서 몇 개월 기다리는 동안에 내가 꿈꾸면서 4개월을 기다리는 동안에, 한국어도 배우고, 한국 나라에 대해서 알려고 노력했어요. 괜찮은 나라니까, 이 나라 내가 꿈을 이룰 수 있는 나라다라고 생각했어요. 하지만 와서 보니까 완전히 다른 나라여서 실망했어요.

지금은 저는 한국 사람이라고 생각해요. 베트남에서 태어났지만 꿈도 있고, 가족이 있고 있기 때문에 한국 사람이라고 생각하고 있어요. 다른 사람도 저처럼 생각하는지는 모르겠지만, 저는 두 나라가 있잖아요. 앞으로 죽고 다시 태어나도 한국을 선택할거예요. 제가 한국이 좋아서 그런지는 모르겠어요. 저는 한국에서 계속 살잖아요. 하지만 계속 살더라도 고향도 그립고 생각나잖아요. 우리 애들이 다 성장하면 그 때는 내가 자유롭잖아요. 베트남 가서 2년이나 몇 달 동안 살 수 있으니까. 그때까지는 한국에서 열심히 살아야 된다는 생각이에요.

지금은 밖에 나가도 거의 말 안 하더라고요. 처음에는 충격을 많이 받았어요. 처음에 저보고 예쁘다고, 잘 왔다고 칭찬 많이 해줬거든요. 이말 듣고 나서 잠시 시장에 나갔는데, 그 시장 사람이 저보고 "그 애가 돈 때문에 왔다. 그 나라가 너무 가난해서 가족을 살리기 위해서 돈 벌러 왔다." 그렇게 말했어요. 그때 제가 진짜 한국 사람이 싫었어요. 진짜요. 왜냐면 저는 그런 목적으로 온 거 아닌데, 왜 사람들은 내보고 "외국사람이라서 가난하다"고 하고, 이거 "돈 때문에 왔다"고, 그런 눈으로 저를 보냐고 했어요. 진짜 그래서 제가 집에 가서 책(사전)을 찾아 봤어요. 그 다음에 시장에 가서 그 아줌마한테 "아줌마 제가 그렇게 싫으세요? 저는 외국 사람이라도 한국 와서 열심히 살겠다고 시집왔다"고 그

랬어요. 왜 저보고 돈 때문에 왔냐고 하느냐고 했어요. 그 뒤로는 그 아
줌마들이 그런 얘기 잘 안하더라고요. 왜 배려의 마음이 없고 자기 눈
앞에서는 예쁘다고 해놓고, 뒤에서는 왜 나쁜 말을 했냐고 했어요. 그때
부터는 점점 마음이 떠나더라고요 시장을 가더라도. 텔레비전 보면 외
국 사람이 못 산다고 하잖아요. 그때는 외국인이 별로 없었으니까 그 사
람들 생각이 다 그랬나 봐요.

그리고 다른 사람들, 우리 시어머니 친구들도 베트남이 어떤 나라인
지도 모르는데, 왜 외국사람 며느리 봤냐고 그랬거든요 우리 시어머니
도 모임하면 얘기를 하고, 우리 시어머니도 성격이 참는 성격이 아니라
서 막 얘기하더라고요. 당신들이 좋으니 안 좋으니 해도 내가 데리고 산
다고 니들이 왜 그렇게 말이 많냐고요. 그런데 그리고 나서 결국 그 집
도 외국 며느리 봤대요. 저는 신기했어요. 한국 사람이 따뜻한 눈으로
보는 거 아니고, 다 거친 눈으로 보더라고요. 그래서 제가 나가기 싫었
다고요. 말도 안통하고, 내 마음 이해하는 사람도 없고, 마음을 열어주
는 사람도 없고, 그래서 그때는 한국사람 얼마나 싫은지 몰랐어요.

주위 사람들을 통해서 많이 느꼈어요. 내가 돈 벌기 위해서 한국에
결혼해서 온 사람이라는 거 많이 느꼈어요. 그 당시는 외국 사람도 별로
없으니까, 돈 때문에 왔다 그 집에 누구누구 며느리라고 동네 사람도 얼
마나 말이 많은지 몰랐어요. 진짜로 장난 아니었어요.

그리고 우리 신랑한테도 물어봐요. "니 장가가는데 돈 얼마나 들었
냐"고 사람들이 다 물어봤거든요. 돈 많이 들어갔느냐고, "처갓집에 돈
많이 줬냐"고 물어보더라고요. 미치겠대요, 처음에. 사람들이 왜 그렇게
무시하는지. 열심히 살아서 보여줘야겠다고 마음먹고 살았어요. 어디 나
가면 돈 때문에, 피부 때문에 그랬고. 와서 얼마 살지도 못하고 갈 거라
는 그런 소리도 나가고 그랬어요.

그때는 결혼은 많이 안하고 한국에 와서 일하는 사람, 노동자들 많이
오고했어요. 그랬기 때문에 저보고 얼마 살지 못하고 돈 벌이고 나서 베

트남 갈 거라는 소리하는 거 많이 들었어요. 몇 년 전에 그 사람들이 한 말대로 말 다 이루어졌나 지금 보세요. 그래서 속이 많이 썩었어요 제가. 속이 많이 썩어서 냄새가 나더라고요. 요즘 동네 사람들은 저보고요? 실실 웃으면서 지나가요. 요즘은 다문화가족도 많고 나라도 많이 지원해주고, 시청도 많이 지원해주고, 다문화가족도 알게 되면서 덜 무시하죠.

▌동네에서 인정받기까지 ▌

우리는 수입이 좀 많아요. 처음에 낯설었지만 열심히 사는 모습 보이니까 점점 동네사람들도 저를 인정해주었어요. 처음에 다른 집에서 전화가 와서 "이 집 며느리가 1년에 한 몇 백만 원씩 집에 보내주느냐?"고, 그렇다고 물어봤어요. 우리 시어머니는 "모르겠다. 지들이 어떻게 하는지." 그렇게 말했대요. 솔직히 처음에 와서는 난 우리 신랑이 50만 원, (그때는 50만원 컸어요.) 설날이나 추석날에 베트남 집에 보내준다고 했는데, 그게 무슨 소문으로 났는지, 이 사람들은 이 집 며느리가 돈 많이 달라고 했다고 소문이 났어요. 그 때는 살기가 힘들었어요. "저노무 가시나, 니 집에 돈 얼마나 보내주냐?"고 다 물어보니까. 그 때 시어머니한테 사람들이 전화 많이 했어요. 한국 사람들이 왜 그리 생각하는지 저도 잘 모르겠어요. 진짜로요.

열심히 살기 때문에 동네 사람들도 다 인정해주더라고요. 처음엔 무시했지만. 그래서 요새는 사는 보람이 있어요. 그래서 요새는 우리 애기 아빠가 제가 어디 갈까봐 겁나 하더라고요. 얼마 전 저희 신랑이 2년 정도 인근 도시에 직장 때문에 갔었거든요. 거기를 가고 뭣 때문에 갔는지는 모르겠지만 좀 겁나 하더라고요. 제가 도망갈까 봐서요. 저보고 "니 말 안 해도 내 마음 알 수 있지?" 그렇게 말해요. 제가 가면 주위 사람도 걱정되고, 한국 사람들 또 말들 많이 할거 아니에요. 그래서 머릿속이 하얘서 아무 생각 없어요.

▮바쁠 때는 서로 도우며▮

요즘은 안 그래요. 우리 시어머니가 몇 년 전에 품앗이 했는데, 요즘 은 그렇게 안해요. 자기 할 일도 바쁘고, 그 집도 일이 바쁘니까. 서로 일하면 돈 줘요. 서로 바꿔서 일 안해요. 제가 2005년에 동네 이웃집 김 장하는 데는 가서 잘 도와주고 그 집도 우리 집에 와서 도와줬었어요. 그런데 요즘은 안 그래요. 5월 달 되면 과일 나오고 서로 바쁘잖아요. 우리 집도 바쁘고 다른 집도 바쁘지만 서로 해주는 사람도 없어요.

▮6년 전 그때로 돌아간다면, 다시 남편과 결혼할 수 있을까?▮

(웃으며) 생각해봐야죠. 우리 신랑이 나이 좀 있잖아요. 저는 젊고, 어 디 나가면 같이 다니기가 창피하고 부끄러웠어요. 진짜로 처음에는 나 가지도 못했어요. 왜 그런 생각이 들었는지. 왜냐하면 사람들 눈에 자꾸 보이기 때문에 부끄러웠어요. 첫째 애가 병원 갔는데요, 저희 신랑 같이 안 갔어요. 우리 시어머니랑 같이 갔거든요. 왜냐하면 제 생각엔 병원에 가보니까 여성병원에 가니까 다 젊은 부부들이 많이 오잖아요. 그래서 우리 신랑은 저기 멀리 떨어져서 앉아 있고 그랬어요. 그렇다고 맨날 시 어머니랑 같이 갈수도 없고. 시어머니랑 원장님이 얘기하고 했어요. 시 어머니가 애 때문에라도 신랑한테 같이 가라고 가라고 했는데 안 된다 고 해서 맨날 내가 데리고 갔었어요. 원장님이 신랑 몇 살이냐고 물으시 면서, 나이 좀 있어도 괜찮다고 앞으로도 많이 와야 하는데 창피하고 부 끄러워하지 말라고 하거든요. 그래서 그런지 요즘은 자주 같이 나가요.

아기 아빠는 담배를 피워요. 담배를 열심히 피우기 때문에 제가 끊으 라고 말해요. 그러면 한 이틀은 안 피우고 또 다시 피워요. 하지만 방에 서는 못 피우지요. 우리 애 둘이 아빠 담배 피우면 "엄마, 아빠 또 담배 피워요"하고 일러줘요. 할머니 할아버지한테도 다 일러줘요. 우리 어머니가 담배 연기 싫어하거든요. 뭐라 뭐라고 잔소리해도 안 되는 거예요. 왜 담배를 못 끊는데요? 이유나 좀 알아보자고 하면, "내가 독한 사람 아니라서 못 끊겠다"고 말해요.

▌나는 어디서 온 사람인가? ▌

말 안하면 다른 사람들은 한국 사람인 줄 알아요. 말하면 "아, 어디 사람이세요?" 하고 물어요. "저 한국 사람인데요!" 하면 "아닌데?" 그러더라고요. 그냥 말 안 하면 차이가 별로 없어서 외국 사람인 줄 잘 몰라요. 좀 알고 나서 사람들이 묻잖아요? 어디 사람이냐고? 솔직하게 얘기해요 베트남 사람이라고. 내가 뭐 잘못한 거 없잖아요? 내가 와서 열심히 살고 평범하게 살면 되지. 외국사람이라서 그렇지 잘못한 거 없잖아요? 당당하게 얘기해요. 처음에는 많이 느꼈지만 이제는 거의. 이제는 어린이집에 가도 어머니들 모임이나 행사에 가면 알잖아요. 자기들도 다문화에 대해서 어느 정도 아니까 무시하지도 않고 저에게 친절하게 대해줘요. 사람들 전화번호도 물어보고 연락도 하고 모르면 가르쳐주고 모르면 묻고 그랬거든요.

거의 어려운 것도 별로 없고 모르면 물어보면 바로 설명해주더라고요. 처음에는 말이 안 통해서 자주 밖에 안갔어요. 한동안 이렇게도 생각하고 저렇게도 생각하면서, 내가 밖에서 뭐를 물어 볼 때, 한국 사람들이 저한테 어떻게 대답해주고 설명해주어야 하는지 겁나고, 신경 쓰였을 거예요. 입장 바꾸어보면 좀 그렇다는 생각이 들어요.

▌늦은 제사시간, 형식적인 제사음식 ▌

제사요! 이해 안가요. 베트남에서는 제사를 낮에, 점심 때 쯤에 지내거든요. 한국 사람들은 밤에 12시에 늦게 하니까 이해 안가요. 베트남은

낮에 점심 때, 주로 점심시간에 지내요. 왜냐하면 일하러 갈 때 점심을
먹을 수 있고요, 친척들도 많이 모일 수 있어요. 우리 시집에도 제사 많
거든요. 우리 할아버지 할머니 제사는 밤에 지내잖아요. 음식은 주로 생
선이에요. 생선하잖아요. 저는 이해 안가요. 왜 생선하는지. 우리 베트남
에서는 자기 먹고 싶은 것, 돌아가신 분이 드시던 음식이나, 전통음식을
올려요. 처음에 제가 이해 안 갔어요. 왜 그리 제사를 밤에 하는지. 그래
서 그런 지 요새는 저녁 8시나 9시에 지내요.

　제사음식 만들면서 제가 신기하게 생각한 건, 음식은 주로 생선에 밀
가루를 묻혀서 전 하잖아요(부치잖아요). 우리 시집에서 주로 그렇게 하
는 데, 왜 그런지 모르겠어요. 우리 베트남 사람들은 자기 전통제사 음
식들도 있지만, 자기 먹고 싶은 음식이나, 돌아가신 분이 옛날에 많이
드시던 음식을 하거든요. 시집 할머니 할아버지 제사하면 가족들과 친
척들이 다 모여요. 고모들 오고 시누도 오고 그래요. 손자, 자식들은 안
오니까 신기했어요. 왜냐하면 할머니 할아버지 제사하는 데는 다 와야
하거든요. 우리 베트남 사람들은 양가가 다 친하게 지내요. 할아버지 돌
아가시면 외가 집에도 누가 대표로 오거든요.

▮ 살아있는 사람에게 하는 세배 ▮

　그리고 특히 우리 베트남에서는 돌아가는 사람들에게만(죽은 사람들)
절 올리지, 살아있는 할아버지, 할머니들께는 절하는 거 없어요. 그게
좀 신기했어요. 그리고 돈 주는 거는 있어요, 세배는 안 하지만요. 한국
은 시아버지의 손자, 손녀들이 와서 세배하잖아요. 저는 죽은 사람도 아
닌데 왜 절하지? 처음에는 제가 신기했어요. 한국에서는 설날 절한다고
하지만, 아 그래도 진짜 죽은 사람도 아닌데 왜 절을 해야 되는지, (웃
으며) 제 혼자 제 혼자만 그렇게 생각했어요. 왜 그러는지. 그런 거는
이해 안 갔어요. 베트남에서는 죽은 분들에게만 절하고 제사만 하거든

요. 지금 건강하게 살고 있는 사람이 왜 절을 받는지, 일찍 죽고 싶은지, 그런 생각이 들어요. 한국사람 신기해요. 저도 설 때는 시아버지한테 (웃으며) 절 했지요. 해야죠. 해야 돼요. 지금은 계속 해봤으니까. 저한테는 신기했어요.

▎재산분배는 큰 집에 집중적으로 ▎

그리고 설날 제사 모실 때 보면 우리는 방에 있었어요. 베트남은 남자 여자가 똑같이 제사 지내요. 부모님 돌아가시면 재산 분배 똑같이 해요. 시집간 딸도 마찬가지로 재산 분배해 줘요. 잘 사는 사람은 좀 적게 주고요. 어려운 사람은 부모님 모시고 제사 모시는 사람은 좀 많이 주고, 얼마 얼마씩이라도 모두 분배해 줘요.

한국에서는 설 되면 세배 가야 되잖아요. 제가 사는 집이 큰집이라서 다 우리 집에 오잖아요. 우리 베트남에서는 큰집이더라도, 작은 집에 세배하러 다시 또 가야되거든요. 한국은 안 그래서 신기해요. 내가 큰집이니까 다 받아먹을 수 있고 안 나눠줘도 된다. 그런 생각이 들어요.

▎처갓집은 안가도 돼 ▎

시아버지는 처갓집에는 안가도 된다고 그러시더라고요. 그래서 제가 "딸만 데려오고 처갓집하고는 인연을 끊는 거예요" 라고 제가 말씀 드렸거든요. 제가 맨날 우리 어머니보고 어머니 작은 집에 가야되는 거 아니냐고 밀씀드려도, 안 가도 된다고 그랬어요.

▎음식준비는 여자만 ▎

그리고 베트남에서 음식할 때 여자남자 다 같이 하거든요. 그런데 우

리 집에서는 저하고 시어머니랑 둘이만 음식 하잖아요. 시아버지랑 신
랑은 방에 앉아있고, 아무것도 안하고, 제가 섭섭했어요. 제가 열 받았
어요(언성이 높아지며). 우리 신랑보고, "왜 안하는데?" 나는 힘들고 허
리도 아프고, 그래도 지짐도 굽고 몇 시간 동안 앉았는데, 같이 좀 도와
주던지, 그랬다고요 제가. 그러면 신랑은 안 그래도 "내가 하면은 난리
났다"고 시아버지, 시어머니 알면 난리 났다고, 말해요. 왜 여자만 힘들
고 남자는 왜 도와줄 생각을 하지 않는지 모르겠어요. 우린 안 그래요.
공동으로 다 만들고, 서로 도와서 일해요. 이런 거 알았으면, 한국을 더
자세히 알았으면 안 왔죠.

▌나물을 좋아하는 한국 사람들 ▌

한국 사람들은 자연 나물, 산에 이런 나물 많이 뜯어 먹잖아요. 저는
베트남 사람이라 그런지 먹으면 독나물인지, 좋은 나물인지, 나쁜 나물
인지, 독 있는 나물인지 모르잖아요. 그래 잘 안 먹어요. 그렇지만 한국
사람들은 무조건 산에 있는 나물은 다 좋아. 좋아하고 먹는 것 같아요.
제가 혹시나 잘못 뜯으면 독도 있잖아요(웃으며). 죽을 수 있으니까. 한
국 사람들 버섯, 송이버섯 생 거 먹잖아요. 그런데 아, 저는 못 먹어요,
냄새나고 향기 좋아요? 저는 못 먹어요.

▌날 것을 좋아하는 한국 사람들 ▌

한국 사람들은 생걸(날것) 좋아하잖아요. 낚시로 금방 바다에서 잡은
거 회로 먹잖아요. 한국 사람들 낚시하고 금방 잡아서 회로 먹어서 제가
깜짝 놀랐어요. 저는 집에 가서 우리 집에서 샤브샤브로 먹고요, 우리
시어머니는 생고기 드세요. 우리 동네 사람들 친척들 거의 노인들이였
다고요. 이거 먹으면 뭐 뭐 배탈 안나냐 몸에 안 좋은 것도 있는데, 왜

그래 먹냐고. 한국 사람들 나중에 텔레비전 보세요. 낚시 한 입에 다 넣는 거 한 마리 다 먹는다고요.

그리고 소생간. 저희 시아버지 직접 드시니까 봤어요. 아(손사레치며), 저는 못 먹겠어요. 보면서 겁이 나는데요. 생간을 어떻게 먹어요. 아, 한국사람 또 뭐 생고기, 소고기 육회, 저는 (웃으며)완전 피나오고, 저는 못 먹겠어요.

처음 와서 생선 회 제가 못 먹었어요, 요즘은 좀 먹지만. 다들 맛있다고 맛있다고 먹어봐라 먹어봐 라고 하지만 보기만 해도 좀 그래서 못 먹겠더라고요. 그래서 한국사람은 무조건 맛있다고 텔레비전에 나온 거는 맛있고 좋은 거라고 다 먹는 거예요. 좀 웃긴다 그죠? (웃으며) 지금은 회도 좀 먹지만.

▌된장이 익숙해지기까지 ▌

된장은 잘 먹었어요, 처음에는 냄새 났어요, 처음에 된장 끓여서 오면 베트남에서 돼지한테 주는 밥처럼 생각될 정도로 냄새 났어요. 제가 이거 어떻게 먹어요? 했는데 요새는 진짜 잘 먹어요. 냄새 처음엔 진짜 독했어요. 독해요. 청국장은 더 독해요, 청국장은 아직도 못 먹어요 저는. 처음 와서는 된장 냄새 나지요, 음식에 빨간색이 많지(웃으며).

▌출산하고나서는 미역국만 ▌

처음 미역국은 냄새나고 해서 못먹었어요. 아기 낳고 주로 족발 많이 먹었어요. 모유 잘 나오라고. 시어머니가 국도 끓여주고 죽도 끓여주고 했는데, 베트남에서는 국은 거의 안 먹어요. 우리 동생이 아기 낳고 시어머니가 미역국을 계속 주잖아요, 그러니까 전화해서 "엄마 나는 한국에서는 계속 국을 먹으라고 해" 하고 말했어요. 엄마가 국 먹지 말고 다

마른 것, 좋은 것만 먹으라고 했어요. 우리 시어머니는 저한테 애기할 때 한국 풍습이라서 그렇다 이렇게 애기해요. 그런데 베트남에서 애기 태어나서 국 많이 먹으면, 나중에 나이 늙어서 화장실에 자주 가거든요. 몸에도 안 좋고 그래서 먹지 말라고 한 대요. 그런데 한국은 완전 반대 예요. 한국 사람은 미역국 밖에 몰라요. 그래서 저도 미역국 많이 먹었 어요. 하루에 세 번, 네 번 먹었어요. 그것도 큰 그릇에. 시어머니가 먹 어야 된다고 해서요. 먹어야 애기가 산다고 그래서 많이 먹었어요.

족발도 사주었는데 시어머니가 이거 안 좋다고 먹지마, 이거 먹고, 미 역국 먹으면 피 잘 나오고 먹으면 좋다고 했어요. 시어머니는 "나는 옛 날에 없어서 못 먹었지" 그랬다고 많이 먹어야 된다고요. 그래서 계속 먹었지요. 이거 한 그릇 다 먹었어요. 제가 또 병원에서 3일 있는 동안 시어머니가 미역국을 작은 그릇에 가져와서 주었잖아요. 끓여 가지고 와서 먹으라고 먹으라고 그랬어요.

▎한국 양념, 마늘과 고춧가루 ▎

마늘하고 고춧가루요. 마늘은 필요한 음식에만 들어가고요 안 필요한 데는 거의 안 넣고요, 한국음식에 주로 마늘 넣잖아요. 저는 처음 음식 할 때 거의 모든 음식에 마늘 넣었는데, 요즘에는 제가 마늘 싫으면 안 넣어요. 원래 넣어야 하는데 안 넣는 음식은 국 있잖아요. 국 끓일 때, 나물국에는 잘 안 넣어요. 저는 마늘은 자주 빼요. 시어머니는 "자가, 또 마늘 안 좋아하구나" 그래요. 그래도 시어머니가 해주는 대로 먹어야 된다고 해서 꼭 넣어야 되면 넣고 웬만한 건 안 넣고 그래요.

▎베트남 양념, 젓갈과 간장 ▎

저희는 생선 젓갈, 김장할 때 넣는 젓갈 있잖아요. 그거 많이 넣고요,

주로 우리는 간장을 많이 사용해요. 간장으로 간을 해요. 한국에는 된장하고 간장 있잖아요. 우리는 주로 생선 젓갈로 간을 해요. 한국에는 간장을 콩으로 만들잖아요. 콩된장, 콩 뭐 간장도 콩으로 만들잖아요. 우리는 생선이나 새우로 젓갈을 만들어요. 그래서 처음에는 된장하고, 콩으로 만든 간장을 제가 못 먹었어요. 너무 냄새가 나서요.

우리 시어머니 보니까 젓갈은 김치 만들 때, 김장할 때만 많이 들어가지 다른 데는 전혀 안 들어가요. 하지만 베트남 음식 중에 쌀국수나 월남쌈은 소스 만들 때 젓갈이 빠지면 안 되거든요. 젓갈이 빠지면 맛이 안 난다고요. 그런데 젓갈로 소스를 만들면 한국 사람들도 잘 드시거든요. 그런데 그냥 한국에서처럼 국간장이나 간장으로 소스를 만들면, 그 맛 안 나고 좀 이상한 맛이 나요. 왜냐하면 젓갈이 들어가고 레몬즙이 들어가면 서로 섞여서 맛, 새콤한 맛이나서 맛있잖아요.

▎삼겹살 즐기는 한국 사람들 ▎

처음에 삼겹살 있잖아요. 구워서 먹으면 그게 제일 맛있었어요. 우리는 원래 그렇게 안 먹어요. 고기 잘 안 구워 먹었어요. 그런데 제가 처음 한국 와서 이렇게 구워주니까 맛있어서 제가 많이 먹었어요. 그랬는데(웃으며) 요즘은 인제 잘 안 먹어요. 많이 먹어서 그런지 요새는 잘 안 땡겨서요. (베트남에서) 저희는 삼겹살을 잘 안 먹었어요. 여기 와서 먹어보니까 맛있구나라고 생각했어요. 처음 제가 와서 삼겹살 사먹으면 좀 웃겼어요. 이거 왜 삼겹살 먹지? 기름도 많잖아요. 우리는 주로 뒷다리살이나 앞다리살 먹거든요. 기름 없는 거. 그래서 우리 시어머니가 삼겹살을 사오면 제가 안 먹는다고 "사오지 마세요" 그랬어요. 시어머니는 "이거 맛있는 거야, 최고 맛있는 거다, 왜 안 먹냐"고 했어요.

▮인사를 열심히 하는 한국 사람들▮

인사는 한국 사람들 열심히 인사합니다. "안녕하세요." "고맙습니다." 열심히 하더라고요. 제가 적응하지를 못했어요. 시어머니는 금방 나갔다 와서 10분정도 있다 나가면, 다시 인사하고, 들어오시면 인사해야 되잖아요. 처음엔 제가 안했어요. 나가면 인사하고 들어오면 인사하고. 그래서 우리 시어머님이 얘기하더라고요. "내는 인사 안 해도 되지만, 니 시아버지 한테는 인사해야 된다"고 잠시 나가더라도. 그래서 제가 "한 집에 사는데요?" "밥도 같이 항상 먹는대요?" 왜 그래야 되는지 제가 물어봤어요. 시어머니가 풍습이 그렇기 때문에 해야 된대요. 나는 자주 나가기 때문에 안 해도 되지만, 시아버지는 어른이잖아요. 남자이기 때문에 해야 된다고요. 요즘은 안 해요 저는. 남편은 저보고 한국에서는 인사 잘하면 80점 90점 받았대요. 시어머니도 나갈 때 인사하고 들어오면 인사해야 된다는 데, 저는 못 하겠더라고 왜 인사해야 되는지요.

우리는 가족들 사는 집이라도 나갈 때는 잠시나 옆집에 놀러 갔다 오면 인사 안 하잖아요. 멀리 일보러 가면 인사하고 저녁 때 오고 인사하고 하잖아요. 한국 사람들은 열심히 인사해요. 동네 사람은 모르는 사람하고도 모든 사람들하고 인사하라고, 인사해야한다고 시어머니가 시켰어요. 모르는 아저씨한테도 인사하고요. 모르는 할아버지한테도 인사하고요. 할 수 없이 인사해야지요. 뭐 무조건 모르는 사람이라도 인사하고. 시어머니가 시켜요 "니는 동네 사람 보면 인사하고, 어디 나가더라도 동네에서 멀리 안가면 누구 보다라도 인사해야 된다"고. 인사 안하면 안 된다고 그래서 할 수 없이 인사 했지요.

(베트남에서는) 처음 만나면 "안녕하세요"하고 인사 하고, 그 다음엔 인사안하고 지내거든요 친한 사람이더라도. 버스 탈 때마다 아저씨한테 인사하고 고맙습니다 하고 다 했어요. 요즘은 또 해요(입에 붙어서). 진짜 열심히 하더라고요 인사. 한국 사람보니까 어딜 가더라도. 요즘은 할

수 없는 거예요. 안하면 욕을 먹을 수 있고 나쁜 거도 귀에 들어오니까. 인사 안하면 그 집에 그 집 며느리가 인사성도 없고 (버르장머리 없다고 그렇다고 해서). 그래서 어떤 아저씨는 등산 가는 아저씨가 누구 집 며느리가 인사 잘 한다고. 나는 모르는데요 그랬다고요. 저 아저씨도 몰라요 그냥 인사했어요.

내가 몰라도 인사하는 경우는 내가 칭찬받기 위해서 하는 부분도 있지만 결국 내가 알고 있는 다른 사람을 위해서 인사하는 것이라는 생각이 들어요. 시어머니나 남편이 욕먹지 않도록 하기 위해서 하는 것 같아요. 나를 위해서 하는 것 같지는 않아요.

┃ 체면치레 ┃

베트남에서 제가 살던 곳은 잘 모르겠지만, 요즘에 자기 마음대로 사는 사람들도 많아요. 그래서 자기는 취직하고 싶으면 시어머니가 애기도 봐줘야 되기 때문에 어린이집에 안보내면은 자기 시어머니가 가도 돈 다 줘야 되고 시집처럼 해야 되고 보니까 자기 마음대로 며느리 마음대로하고 사는 것 같은데요. 제가 보니까 제가 아는 친구가 나이 좀 많아요. 결혼 한 지 이년인가 삼년 됐는데 여자는 취직하고 싶어하고, 시어머니가 애기 안 봐주면 외갓집에서 애를 키워줘야 된다고 해서, 할 수 없이 시어머니가 애기 봐주고 집에서 살림 다 해주고 며느리가 밖에 나가고 일하고 해요. 많이 바뀌었어요. 저는 보니까. 제가 많이 바뀌었구나 나는 그대로 살고, 저는 애만 키우잖아요. 아직까지는 내가 하고 싶은 대로 사는 것도 아니고 맨날 신랑보고 나도 하고 싶은 대로 하고 살고 나가고 싶고(목소리가 점점 작아지며).

▌추운 겨울에도 짧은 치마를 ▌

한국에서 아가씨들이나 학생들이 날씨 추운데 짧은 치마 입고, 얇은 스타킹 신고, 상의도 두 개 정도로 얇게 입고 나가는 게 제가 보기엔 좀 신기했어요. 아(한숨), 어떻게 그렇게 입고 나가는지. 베트남은 덥잖아요. 여긴 추운 데도 그러는 거 보면, (웃으며) "저거 제 정신 아닌 거 아니가." 그런 생각이 들어요. 나는 추워 벌벌 떠는 데, 안 추운지. 아, 예뻐 보이지만 몸은 생각해야죠.

▌특별한 날이 아닌 명절에 입는 한복 ▌

처음 와서는 추석이나 설 때 한국전통 옷 입잖아요. 저는 그거 이해 안 갔어요. 베트남은 아오자이 입잖아요. 아오자이는 행사에만 입지 설에는 잘 안 입거든요. 행사하는 날이나 선생님들이 학교 갈 때 입기도 하지만, 안 입을 때도 있고요. 요즘 학생들은 교복을 입지만, 설이나 추석에는 입지 않아요.

▌한국 주택의 천장이 낮다 ▌

한국에 처음 도착 했을 때 집이 좀 신기했어요. 한국 집은 천장이 다 낮은 집이잖아요. 너무 낮았어요. 그게 좀 신기했고요. 베트남에서는 날씨가 더우니까 천장이 높은 집을 많이 짓거든요. 그리고 처음 시댁 동네에서 보니까, 한국 사람들은 밖에 나갈 때는 창문이나 대문 안 잠그고 나가데요. 우리 베트남에서는 나갈 때 다 잠그고 나가거든요. 그게 좀 신기했어요.

▮아이가 클수록 걱정이▮

지금 이 생각 들어요. 왜냐면 애기가 클수록 학교 들어가야 되고 숙제도 해야 되고 교육은 또 어떻게 가르쳐 줘야 하는지 걱정이거든요. 지금 굉장히 많이 걱정하고, 애가 학교가면 적응할 수 있는지, 아빠가 잘하면 애가 더 잘 할 수 있지만 아빠가 못하면 저도 못하잖아요. 그러니까 걱정도 많이 하고 쟤가 잘 따라가고 나갈 수 있는지 다른 애들 놀리는 것도 있고, 그래서 저는 살기는 여기는 별로 불편한 거 없고 애들 때문에 걱정이 많이 나고요. 내가 말을 잘해도 내가 애들 책을 봐도 모르잖아요, 그래서 좀 걱정이 많아요. 조금 걱정하는 거 아니에요 많이 걱정해요.

학교 가서 공부 못하고 선생님이 애한테 관심 없고, 그러면 진짜 큰 걱정이에요. 저는 이런 거 몇 달 전에 느꼈어요. 왜냐면 우리 애들이 지금 어린이집에 다니고, 3월부터는 유치원에 보내거든요. 학교유치원에 보내는데. 큰애가 요새 "엄마 나 어린이집에 가기 싫어" 이렇게 말해요. 왜? 저한테 이유도 말 안 해주고요.

어린이집에서 처음에 선생님이 계속 전화했었어요. 어머니는 큰애가 7살 돼서 계속 어린이집에 보내도 문제없다고 그런 얘기 많이 했어요. 작은 애도 얘기 많이 하고요. 그런데 큰애는 선생님이 지가 어린이집을 옮겼기 때문에 지한테 관심이 별로 없구나. 처음에는 잘 해줬는데 지금은 관심 없고. 자꾸 지한테는 무관심하다고 생각하나 봐요. 요새는 가기 싫어서 그런 생각이 드나봐요. 어린이집에 들어가면 애들도 많이 있잖아요. 유치원하고는 달라서 애들도 똑똑한 머리, 똑똑한 애들도 많고, 뭐 말도 잘하는 애들도 많기 때문에 그게 좀 걱정이 돼요. 전에는 안 그랬는데 큰애는 요새는 가기 싫다고 안 가려해요(목소리가 점점 작아지며).

▌베트남 가고 싶다는 생각은 ▌

지금은 생각 안 나요. 내가 살기도 바빠요(웃으며). 제 친구가 베트남 갔다 왔는데 한두 달 갔거든요. 한국 오기 싫다고 그러더라고요. 여기 살더라도 베트남이 많이 그리워서 그런 건 좀 있더라고요. 지가 생각을 너무 많이 해서 병이 났다고 얘기했어요. 그래서 제가 얘기했다고요 "니는 요기가 집이고 애들 둘이 있고, 나중에 니 지금 열심히 벌면, 나중에 니가 베트남에 2년, 3년 갈 수 있잖아" 무슨 걱정이냐고. 그랬어요. 그래도 베트남 갔다 오니까 한국 안 오고 싶다고 해요. 베트남에는 온 가족들이 있지만, 한국 오니까 신랑도 일하러 나가고, 애도 어린이집에 가니까 지는 맨날 집에 혼자만 있기 때문에 그런가 봐요.

베트남에서는 한 동네에서 우리 집처럼 살잖아요. 사람들마다 다 알고 살기 때문에 이 집에도 가고, 저 집에도 가고 하잖아요. 한국에서는 제가 사는 집에 지금 현재 사는 집이더라도 집집마다는 자기만 알지 다른 집은 모르는 거예요. 저도 다른 집에 놀러 가고 싶어도 대문이 계속 잠겨 있잖아요. 아파트에 살면 모르겠지만 같은 한 동네에 사는데 좀 친하게 살면 좋겠어요. 살기도 바쁘니까, 또 할 수 없긴 한 것 같아요.

▌후회, 나는 어디에 있는가? ▌

전 많이 후회했어요. 처음에 한국에 잘못 왔다고 생각했었어요. 베트남에 좋은 남자도 있고, 괜찮은 사람도 있는데, 왜 거기서 결혼 안했느냐고 내가 왜 나이 많은 한국 사람이랑 결혼했냐고 그런 생각 들었어요. 하지만 갈수도 없어요. 아는 사람이 있으면 갔겠지요, (그때 심정으로는) 가고 싶었어요. 시어머니와 남편이 잘 해주지 않았으면 돌아갔을 거예요. 아마 지금까지 한국에서 살고 있지 않을 거예요.

왜?? 내가 완전히 소개할 때와는 다르잖아요. 그래서(웃으며) 소개한

거와는 다르니까. 내가 뭐가 부족해서 나이 많은 사람이랑 결혼하고, 낮
선 곳에서 살고 있지? 그런 생각도 들었어요.

그런데, 애기 낳고나서보니 남편도 불쌍하더라고요. 내가 뭐하면 아
저씨는 평생 혼자 살거고, 또 뭐 같이 살고 일하면서 생각하니까 "어떻
게 혼자 사냐?" 그런 생각도 들고요. 그래서 제가 맨날 신랑보고 나한테
고맙다고 백번 인사해야 된다 말해요(웃으며). 그래 제가 옛날에 이런
고생도 하고 살았으니, 그랬다고 나중에 다 돌아가시면 "니 마음대로
해라" 이렇게 요즘은 말해요. 지금도 저보고 니 마음대로 하라고 해요.
"내가 돈 잘 벌면 내가 마음대로 살게요" 이랬어요(웃으며). 저쪽 비
행기장에 나가면은 그 곳에 또 아파트 들어서고 땅값도 많이 올라간다
고 했는데, 언제 나가는지 모르겠어요. 안 나갈거예요 제 생각에는.

전미화

전미화

이름	전미화(1978년생)
출신국	중국(길림성)
출신국 가족사항	할아버지, 아버지, 어머니, 여자형제 2명
한국 가족사항	시아버지, 시어머니, 남편, 아들1(9세), 딸1(5세)

▮남편과의 만남▮

저는 한국에 뭐 누구 소개로 오거나 결혼 하려고 중국에서 한국사람 만나고 그런건 아니었어요. 연애결혼? 연애결혼했어요. 결혼은 2003년에 했고, 그 이후로 계속 대구에서 살았어요.

저희 신랑은 중국에서 고등학교 졸업하고 일 좀 하다가 저를 만났을 때 29살이었어요. 그 학년에서 제일 나이가 많더라고요. 근데 중국어 연수로 저희 동네 그 대학에 왔어요. 한 30명쯤? 교수님하고, 엄마가 저희 집에 와서 그때 좀 아파가지고, 병원에 와서 진찰을 받고 집에 돌아가는 도중에 같은 버스를 탄 거예요. 그 교수님하고 근데 그 교수님은 답사하러 가시는 거예요 백두산으로. 저희 집이 연길하고 중간에 백두산 사이에 엄마 집이 있었어요. 자꾸 졸고 계시더래요. 별 아저씨가 자꾸 기댄다면서 기분 안 좋으셨대요. 딱 눈 뜨시더니만 인사 되게 깍듯하게 하시면서 "저희 내일 백두산에 가는데 아주머니 집에서 어떻게 좀 점심을, 학생들이 한 30명이 있는데 점심을 먹고 가면 안 되겠나?" 이러시는 거예요. 우리 엄마는 또 흔쾌히 대답을 한 거예요. 대답을 해놓고 보니까 혼자서 할 방도가 생각 안나니까, 연길에 있는 딸 둘을 다 부른 거예요. 그때 어영부영 우리 둘째는 남자친구가 있었고, 저는 그 때 혼자였었거든요. 그때 우리 엄마 남편을 되게 마음에 들어 해서 사위하겠다고 막 그런 상황이 있었어요. 결국엔 그때 그리고 3년 있다가 제가 왔거든요.

▮혼인신고는 둘이서▮

저희는 저희들끼리 만나서 결혼했어요. 중개업체도 안 통하고, 그래도 결혼 중국에 혼인신고 받으러 갔다가 퇴자 맞아가 또 다시 한 번 하고 진짜 사연이 많은데, 결국에는 혼인신고를 먼저 해야 오거든요? 저희는 혼인신고가 4월인가 6월에 돼요 그리고 7월에 왔거든요.

▮한국 그리고 시댁에 도착했을 때▮

제 동생이 3년 전에 여기 와 있었거든요. 근데 공항에 둘이 마중 나와 있더라고요 인천공항에. 동생이 너무 예뻐진 거예요. 원래 몸매가 좋긴 했는데, 진짜 예뻐진거예요. 그날 오는데 느낌이 어땠냐하면 터널이 진짜 많고 길이 정말 예쁘더라고요. 진짜 그걸 느꼈어요. 인천에서 내려올 때 그리고 다리를 지나는데 너무너무 예뻤어요. 진짜 괜찮다면서 근데 오는 길이 시간이 너무 긴 거예요. 비행기 타고 멀미나서 두 세 시간 왔는데 여기 오는 시간이 더 긴 거예요.

저녁에 도착했는데 저희 어머니집이 아파트가 좀 낡은 옛날 아파트에요. 한 10년 아니 20년 거의 돼가는 아파트거든요. 근데 저는 대한민국이 되게 잘 사는 거라고 생각을 했잖아요. 저는 중국에서 아파트 살고 있었잖아요. 2001년에 지은 거거든요 아파트 살다가 왔는데 더 험한 거예요. 사실은 그리고 집도 정말 아, 이렇구나 그런 생각을 했어요. 좀 내가 생각했던거 하고 다르구나.

그리고 그때 동생도 같이 왔다가 서울에 좀 가서 같이 좀 놀다가 다시 내려왔는데 지금 와서 생각해보니까 우리 어머니가 제가 온다고 꽃병에다 꽃도 꽂아놓으시고 되게 정성스럽게 해주셨는데, 들어왔을 때 그 느낌이 너무 강해서 그거를 너무 고맙다고 생각하면서 지금 와서 우리 어머니 진짜 며느리 기다리는 마음이 있었겠다 몇 년 전에 그거를 느꼈어요. 되게 정성스럽게 반찬도 다 해놓으시고 밥도 다 해놓으시고 대신 와 가지고 그래서 반찬투정을 안 했어요. 어머니가 해주시는 음식이 다 맛있는 거예요. 그러니까 우리 어머니가 너무 좋아하시는 거예요.

▮한국에 와서 느끼기를▮

처음에 한국에 왔을 때는 그냥 서럽고(웃으며) 낯설고, 그냥 그랬어요. 저는 중국에 있을 때 제 주변에 친구나 가족들이 한국에서 살거나 살았던 사람은 없었어요. 그래도 한국에 대해 많이 듣고, 한국 제품을 많이 봐서 한국은 우리보다 괜찮은가보다 잘 사는가 보다 이렇게 생각 했었어요. 제가 살던 곳에는요, 그 아웃렛이라 해가지고 큰 매장이 있어요. 한국매장이 있어요. 여기로 치면 아웃렛, 애들 옷파는 롯데아웃렛, 성보호텔, 성보호텔인데 그 호텔 안에 아웃렛이니까 되게 잘 되있었어요. 근데 그 분들이 2주 전에 일본에서 옷이 유행하면 한국에 2주 후에 오잖아요. 근데 한국에 유행하던 옷이 2주 전에 중국에 들어올 지경이었어요. 제가 있을 때도, 십년 전인데도, 경제적으로 한국이 우리나라보다는 훨씬 낫다는 그 얘기는 많이 들었지만, 제가 살던 곳에 있죠. (연길에) 갔다 오시는 분들은 일단은 경제적으로 다 괜찮았어요. 한국 가면 돈은 많이 버는가, 그 정도는 생각하고 있었죠. 그리고 친구 그 한국에서 가는 대학생이 통역을 한 번씩 맡은 적이 있었거든요. 대학교 때? 그러니까 대화를 하다보면 예의가 바르다는 것을 그쪽도 많이 들었었고, 그러니까 어르신들 그 예의가 한국에는 되게 바르잖아요.

　중국에는 같이 담배피우고 그런 것도 있거든요. 그래서 되게 더 마음에 들었고, 중국에는 먼지가 되게 많아요. 제가 여기 있다가 한 3개월 후에 갔고 몇 달 후에도 갔었는데 그때 제가 되게 힘들었었거든요. 먼지가 진짜 많거든요. 황사가 아니에요. 저희 고장에는 황사가 없어요. 한국보다도 없어요. 도로가 이렇게 아스팔트로 되어 있는데도 먼지가 많아요, 나는 이해가 안 돼요. 갔을 때는 공사 중이라서 막 갔다 오고 나면 그리고 또 아파트 옆에 보면 연탄 떼는 아파트도 있어요. 저희 아파트 옆에 이층짜리 연탄 떼는 아파트가 있었어요. 그러면 아침에 저녁에 막 세수하다보면 콧구멍이 새까맣고 막 그런 거 있잖아요. 애를 데리고 갔는데 너무 힘든 거예요. 그런 거를 좀 많이 들었어요. 한국에 가면 되게 깨끗하다는 말, 주워서 많이 들었죠. 오기 전에는. 깨끗하고 그리고 또 예의바르고, 그리고 내가 처음에 뭐라고 했지? 돈도 많이 벌고, 경제적으로 되게 발전됐다. 그런 얘기를 많이 들었죠.

▮연길▮

연길에는 한국 사람들 많아요. 지금도 10명 중에 1명은 한국 사람일 걸요? 지금은 아마도 더 많을 거예요. 원래는 그분들이 한국 분들이세요. 그 사람들이요. 한국에서 있잖아요, 신용불량이 됐다거나 아니면 도주 중이라던가 그런 사람들이 국내에서 살지 못하는 경우에 좀 소액의 그 돈을 가지고 가면 중국에 가면, 그때는 돈이 환율이 차이가 진짜 많았어요. 여기 돈 10,000원이면 거기 돈 100원이었으니까. 그 100원이 여기 돈에 몇 만원, 백만 원에 가치도 십만 원에서 어쨌든 가치 되게 있었어요. 그때는. 그러니까, 그분들이 여기에서 100만원 한 들고 와도 거기에서 가게를 차릴 수 있는 그런 정도도 됐었죠. 그러니까 다시는 오지 못하는 사람들이 거기서 정착을 해서 거기 중국 여자들하고 결혼하는 사람도 있고, 지금 성보호텔에 거의 다 한국 분들 많아요. 절반은 아마 중국분들도 있을 거예요.

▮그리운 음식▮

집에서는 그냥 보통 먹는 거 비슷해요. 한국하고 뭐 생선도 먹고 김치도 먹고 장도 먹고, 이래 다 먹고. 외식하면 양고기 양꼬치 무슨 또 샤브샤브 개고기도 먹고 중국에는 외식이 너무 많잖아요. 그리고 뭐 밀가루 전병, 전병 자체가 많고 한국에 오면 없죠. 임신 했을 때 제일 먹고 싶죠. 저는 감자볶음을 되게 좋아하거든요. 고춧가루 넣고 마늘 넣고 하는 건데, 우리 할머니가 하는 그 감자볶음이 너무 먹고 싶은 거예요. 임신했을 때 못 먹잖아요. 내가 할 수도 없으니까 우리 어머니가 재료를 다 썰어놓고, "야야, 니가 코 막고 니가 해서 먹어라." 안 맛있다. 근데 여기 오니까.

그니까 아예 못 맡았어요. 3개월 동안 그러고 있었어요. 보통은 다들 마늘냄새나 특유의 무슨 향 때문인 줄 아는데 음식 냄새를 아예 못 맡았어요. (귤껍질을 코에 가져가 대는 흉내를 내며) 맨날 귤껍질 여기다 올려놓고 있었어요. 그래 우리 어머니가 "야야 밥을 그래 안 먹으면 우짜노." 굴비를 구워오고 이렇게 조개 그런 것도 구워오는데 못 먹겠더라고요. 그때는 그냥 무조건 엄마 음식이 생각나는 거에요.

근데 결국은 뭐 지금 둘째 때는 그렇게 생각이 안 났던 것 같아요. 샤브샤브 막 이런 게 생각나는데 지금 애들은요. 요 근처에 중국 슈퍼가 많거든요. 먹으면 되는데 나는 워낙에 안 나가니까, 고거를 몰랐던 거죠. (신세를 한탄하듯) 양꼬치 있는 것도 몰랐고 왜 없었겠어요. 다 있었지. 그냥 몰랐죠. 그러니까 못 먹고 입덧을 그래 했죠.

근데 그 간장하고 맛이 다 달라요 중국하고. 그러니까 음식을 똑같이 해놔도 중국 맛이 안나요. 우리 할아버지는 오실 때 간장 이런 거 다 들고 오세요. 그러면 중국 맛이 나거든요. 순대도 다르고. 우리는 찹쌀 순댄데 여기는 당면 순대잖아. 근데 거의 못 먹는 건 없었어요. 추어탕 못 먹었어요 추어탕. 지금은 먹어요. 지금은 못 먹는 게 없네요. 그러고 보니.

▌가끔은 후회할 때가▐

한국에 온 걸 후회한 적 많아요. 왜 왔을까? 중국에서는 더 잘 살았을 건데. 중국 갔을 때 친구들이 월급 장난 아니에요. 그런 거보면 집 큰 거 짓고 사는 거 보면, 집도 없이 개고생인가 싶어 가지고, 지지리 궁상처럼 사냐고. 그렇게 뭐 잘 살 거라고는 생각은 안 했는데 한국이 돈 벌고 살기 더 힘들거든요. 중국에는 지금 뭐 지금 중국가도 저는 일절 한 푼 없이 가도 살 수는 있잖아요. 그만큼 마음이 편하게 일을 할 수 있고, 먹고 사는 게 문제가 없어요. 큰돈을 벌고 막 그러질 못해서 그렇지.

여기는 매일 아득바득 해야 되잖아요. 세금 싫어요. 싫어요. 그거는 싫어요. 그거는 지금도 싫어요.

시어머니 애 안 봐주는 거? 어머님이 가게를 하셔서 못 봐주세요. 저희는 시어머니 다 봐주는데. 신랑이 안 도와주는 거? 뭐 이런 거? 그냥 사소한 거? 가족과의 관계가 난 제일 중요했던 것 같아요. 왜냐하면 다른 사람들하고 그렇게 어울리지 않았으니까 저는요. 친구가 없는지 요즘 알거든요? 중국 사람들이 이렇게 많은지 처음 알았어요. 진짜 작년에 알았어요. 저는 그래도 아는 사람 꽤나 있다고 생각했는데, 한 사람을 통하니까 그 사람이 아는 사람이 스무 명도 더 많은 거예요. "아, 이래 많았었구나" 내가 진짜 작은 울타리 안에 있었구나. 우물 안 개구리였었구나. 그 생각을 해요. 혼자서 만족하면서 살았는데(웃음).

▌말하지 않아서 소통의 문제가 ▌

한국 와서는 더 따뜻하고 좋죠. 말하는 것 중에서는 미안하단 말, 그런 거, 대화가 좀 안 됐죠. 그러니까 똑같은 한국말은 하는데 인사 같은 거 좀 깍듯한 거 있잖아, 좀 현명하게 처신하는 거 그런 거 못 했죠. 어른들한테도 너무 더 공손하게 해야 되는데, 그러니까 잘못했으면 또 미안하다 그 자리에서 얘기하고 풀고 해야 되는데 저는 입 꾹 다물고 있었죠. 그래서 자꾸자꾸 오해가 더 쌓여가고 안 좋은 게 쌓여가고 그런 게 나는 또 내 마음이 힘들고, 의사소통에 문제가 있었죠.

▌교육에 대해서는 ▌

뭐 그렇게 중국이랑 다르다기보다는 큰 애한테 정말 미안한 게요. 시댁에 이렇게 힘들어서 사니까 큰 애한테 아무것도 못 해줬어요. 애들 책을 많이 읽어야 된다는 건 누구나 다 알고 계시잖아요. 근데 책도 변변하게 못 사줬던 것 같고, 그러니까 애가 5살 여기 6살 때 왔거든요. 여기 오면서 제 삶이 많이 바뀌었어요. 대구에 오면서. 다문화센터도 다니면서 그때부터 조금 자격증도 취득하면서 그러면서 자신감이 생기고 하니까 제 자신이 편하니까 그런 게 하나하나 보이더라고요. 그래서 저는 책, 책 진짜 많이 많이 저희 집엔 거실에 거의 다 책이에요. 거실 안방 다 책을 많이 보게 하는 편이고, 그리고 티비 이런 건 다 기본이잖아요. 근데 센터 작년에도 센터를 활용을 했었거든요.

이중 언어 해가지고 큰 효과는 못 봤어요. 큰 효과는 못 봐서 이번에 그게 뭐더라? 복지관에서 이중 언어 그런 거를 많이 하더라. 그리고 학교 가니까 다문화아이들은요, 멘토 이런 거 있잖아요. 그런 게 너무 많아요. 지금. 지금도 이제 센터에서 문자왔는데 우리 둘째 아이가 또 학습지를 또 할 수 있는 그런 것도 신청하고, 그런 게 너무 많아요. 큰 애는 학습지를 계속 하고 있다가 제가 끊었거든요. 근데 요즘에 제가 자꾸 바뀌니까 일단 공부 중요해요. 공부 중요한데 공부가 다가 아니라는 생각도 좀 들어요. 진짜로, 공부 잘한다고 석사, 박사 나오고 실업자들 더 많잖아요 사실은. 그리고 공부 많이 해서 꼭 다 성공한다는 보장도 없고. 그래서 그 뭐더라? 일이학년은 조금 더 놀게 해주고 싶은 마음도 있고 해가지고 일단은 그만두게 했어요.

예능 쪽으로 많이 해주려고 해요. 피아노도 해주고, 태권도도 좀 많이 해주고, 그리고 제일 중요한 거는 멘토 이런 걸 많이 활용해요. 가정방문도 있고, 센터 가서 하는 것도 있고, 토요일 날에는 전국 각지를 방문할 수 있는 그런 것도 있고, 그게 다 무료니까 그래서 저는 그 영어를 잘 못하면 엄마들이 그 뭐야 돈이 되면 유학 보내잖아요. 그래서 저도 언젠가는 우리 애들 중국 보내고 싶어요. 지금은 안돼요. 지금은 못 보내요. 만약에 보냈으면 학교 취학하기 전에 왜 안 보냈을까하는 생각에 지금 후회는 돼요. 그래서 아무튼 여러 가지 이유가 있어서 못 보내니까 조금 큰 다음에 중국 보내서 중국어는 기본으로 해야 되지 않겠어요. 중국어는 기본으로 해야 돼요. 그래서 영어는 아직 안 시키고 싶어요.

제가 방문과외 하는 것도 힘들어요. 왜냐하면 방문은요 오후잖아요. 오후니까 우리 애는 누가 봐줘요. 우리 애는 다른 사람이 봐야 되니까 그게 싫어요. 저는 그게 싫어서 안 해요. 학원도요, 지금 오라는데 많아요. 그래서 이번에 센터 엄마들이 우리 학교. 엄마들이 되게 좋아해서 작년에 서너 명 같이 시켜 줬거든요. 올해도 기대하고 있는데. 나는 집에 또 방문하는 멘토가 또 있으니까 지금 저기 그 복지관에서 할 때 교사도 같이 모집하더라고요. 근데 아직 신청 안 했어요. 신청하면 너무 일을 벌여놓으면 힘들 것 같아 가지고.

▌엄마는 아이의 거울▐

요새요, 애들 학교 가니까, 기본으로 50만원 들어가요. 애한테. 시간이 없어서 못 시키잖아요. 한국은 애들한테 좀 극성 맞는 것 같아요. 난리에요. 난 그게 싫어요. 그래서 제가 공부가 다가 아니라는 거예요. 지금 그래서 하는 소리에요. 나는 그게 정말 싫어요. 그래서 요새 있잖아요. 제가 강의도 많이 듣는다고 그랬잖아요. 그 성공자들이 자꾸 얘기를 하면 자기 애 키운 것도 있잖아요. 제가 하는 일이 계속 책 읽고, 성공자들 테이프 듣고, 계속 그 책을 읽어요. 제 스스로의 자기계발 책 진짜 많이 읽거든요? 애가 따라가요. 그니까 애들은 엄마 뒷모습을 보고 자란다 카잖아요.

그리고 진짜 엄마가 변해야 돼요. 진짜. 근데 우리 아들이 무슨 얘기 하는 줄 알아요? 큰 아이가 지 동생보고 내 거울이라고 얘기해요. 똑같이 하거든. 그래서 엄마가 잘 해야 돼요. 엄마 하는 걸 보고 큰 아이가 똑같이 하고, 큰 아이가 하는 걸 보고 작은 아이가 따라 하니까. 그래서 내가 책을 드는 게 최고고 우리 신랑이 없을 때 없는 게 도와주는 거죠. TV를 안 트니까(웃으며).

저도 뭐 엄마들 모임에 가기는 가요. 한 달에 한 번씩이니까 너무 안 가는 것보다는 나을 것 같아서 가는데 그렇게 자주는 아니고 근데 엄마들이 또 다행히 우리 반 엄마들이 되게 막 나서는 엄마들이 없어 가지고 참 다행인 게 또 2학년 올라가면 또 어떤 선생님이 배치 될런지 매년마다 걱정이에요. 엄마들 다 그래요. 걱정이에요. 우리 큰 아들은 어릴 때 태교를 잘 못해서 맨날 밥만 먹고 태교해서 애가 정말 차이가 나요. 둘째하고 정말 차이가 나요. 그래서 정말 힘들어요. 정말 태교 잘 해야 된다는 말을 요새 정말 실감하거든요. 맨날 스트레스 받았거든요. 매일.

▎아이들이 중국어를 배우려하면 언제든지 중국으로 보낼 수도 ▎

지금 그게 제일 중요해요. 요즘에 저는 일부러 엄마들한테 당당하게 얘기를 해요. 우리 애는 나중에 부러워하는 엄마들도 되게 많아요. 큰 아들은 중국어도 할 수 있고, 아무 때나 중국 갈 수 있어서 좋겠다. 하면서 부러워하더라구요. 그래서 좋아요 저는 좋잖아요. 나는 아무 때나 중국어 하고 싶다 하면 중국 보내버릴 건데? 그러니까 우리는 무슨 무슨 혜택이 있는데 참여해볼란가. 저는 당당하게 일부러 얘기해요. 근데 속은 한 번씩 뭉그러질 때 있어요. 이거를 일부러 또 반대로 하는 행동 하는 경우가 있죠. 제가 자꾸 주눅 들면 안 되잖아요. 애까지 주눅 드니까. 그거를 표현을 안 하려고 하는 거죠.

▎언어는 중요 ▎

오늘도 사실 미팅하는데도 중국 애들도 있거든요. 요새 중국애들 진짜 많이 만나요. 대화가 안 되잖아요. 애들이 발음이 꼭 어눌하거든요. 중국애들이나 베트남이나 엄마가 말이 안 되면 진짜 발음이 어눌해요. 근데 어린이집을 보냈어요. 어린이집을 보냈는데 선생님하고 대화가 안 돼요. 애들은 선생님하고 대화가 되는데 엄마하고 선생님이 대화가 안 되는 거예요. 그러니까 오늘도 저보고 선생님 항상 잘 한다 좋다 좋은 얘기만 하는데 실제적으로 자기는 모르겠다는 거예요. 근데 애가 제일 중요한 거는 애가 아침에 안 갈라해요. 그럼 문제가 있다는 거잖아요. 그 어린이집하고 그 선생님이 마음에 안 들면 어린이집이 많은데 더 좋은 환경 찾아가라. 상담 진짜 많이 해줘요. 제가 그런 상담을. 다 답해줬죠. 많아요, 정말 많아요. 나는 중국 사람들 이래 많은지 요즘에 일 하니까 나가 다니니까 알겠어요. 근데 그 사람들도 바보가 아니고 그 사람들도 나름대로의 중국에서 건강에도 관심 있고, 모든 거에 자녀 교육에도 관심 있고, 모든 그거에 관심 있는 사람들인데 그 대화 언어가 안 된다는 그 이유로 인해서 자기가 하고 싶은 말을 못하고 듣고 싶은 거를 못 들으니까 속 터지죠 뭐.

▌중국에서는 뭐든 잘 했는데, 한국에 와서는 ▌

처음부터 한국에 대한 이미지 나쁘지 않았죠. 저는요 여기 오면 정말 적응 잘하고 잘 살 줄 알았거든요. 왜냐하면 언어 되죠, 언어가 일단 되잖아요. (외모도) 차이가 없잖아요. 그리고 또 나름대로에 자랑은 아니고, 자랑은 아닌데, 저희 집 어릴 때는 시골이었어요. 그런데 제가 학교 다니면서 제가 혼자 중국에는 농민후보가 있고 공인후보가 따로 있어요. 그런데 공인이라야 연길시내에 집을 살 수 있어요. 저는 제 이름으로 된 아파트도 있었어요. 제가 그러니까 지금 그게 3배로 막 뛰어서(웃으며) 우리 엄마가 낚아챘어요. 제가 엄마 드렸거든요.

근데 그 나름대로 시골에서 혼자 대학생이었고, 그러니까 어릴 때부터 너는 잘 한다 뭐든지 잘 할 수 있다 그런 말을 좀 많이 들으면서 컸던 것 같아요. 그러니까 어디 나가도 나는 괜찮겠다 싶었는데 그거 아니었죠. 어느 순간에 확 무너졌죠. 누구를 다 이끌 수 있고 그냥 그랬어요. 진짜로 거짓말 안하고 진짜 그랬었어요.

그리고 못할 거 그러니까 나는 뭐를 못한다고 생각을 해본 적이 없거든요. 그러니까 내가 이거를 하면 못한다 그런 생각을 하면서 커본 적이 없어요. 생각도 안 해봤구요. 항상 잘 한다는 소리만 들어가지고, 근데 여기오니까 그게 아니더라고요? (점점 목소리가 작아지며) 다 저보고 못 한다 못한다고 해서 처음에는 많이 슬펐어요. 그게 많이 바뀌었어요. 중국에서도 의과대 나오고 제일 좋은 병원에 취직해서 있을 정도면 괜찮거든요. 더구나 한 번도 어떤 면에서도 못한다고 생각도 안하고 안 듣다가 여기 와서는 다르니까 왜 왔나 싶었어요.

▎시어머니가 인정하기 까지 ▎

이메일로 전화로 연락하다가 서로서로가 보지는 못해도 좀 믿음이 하나 있었던 것 같아요. 그러니까 그냥 그게 고마워서 왔어요. 여기 와서도 다른 환경에 처하면 다른 여자들도 있었을 텐데, 기다려주고 그랬거든요. 집에 오자마자 나는 얘랑 결혼 할 거라고 하더래요. 그전에 벌써 오자마자 사진을 딱 보여주면서 나 얘랑 결혼할거라고 이러더래요. 우리 어머니가 니 미쳤다 캤대요. 우리 어머니가. 우리 신랑 180cm에 인물도 좋거든요. 그러니까 니가 뭐가 못나서 하필이면 중국 애를 만나냐고 하면서 우리 어머니가 막 화를 냈대요. 근데 그래도 자기 결단을 딱 내리고 있으니까 우리 어머니가 그러면 기도하는 사람이니까 기도 좀 해보자. 이름 좀 불러다오. 그래 기도를 하니까 환상이 너무 좋게 나오시더래요. 막 파란 새싹이 파릇파릇 돋고, 참 스토리가 많죠? 소설이죠? 영화 찍어도 된다니까요(웃으며). 그러니까 우리 어머니가 그럼 됐다 하면서 내가 하나님이 하라고 하는데 내가 뭔 수로 막겠냐 하면서. 그때부터 저희 신랑도 중국 왔다 갔다하고 그랬어요.

❚한국에서의 꿈은❚

저는요, 요새 왜 바쁜가 물어보잖아요. 하고 싶은 게 있거든요. 제가 하고는 있어요. 공부는 아니고, 그러니까 요즘에 강의도 많이 들으러 다니고 좋은 강의도 듣고, 근데 제일 중요한 거는 꿈이 생겼어요, 꿈이 생겨서 좋아요. 목표도 생겼어요. 그래서 그거 제가 할 수 있는 만큼 열심히 하려고요. 그래서 요즘 바쁘게 많이 뛰어다녀요. 근데 재밌어요. 너무 재밌어요. 그러니까 차 마시면서 옛날에는 애 보내놓고 한가한 시간에 엄마들끼리 앉아서 시댁, 시댁 욕하면서 커피 마셨거든요? 근데 요즘에는 아, 우리 내년에는 뭐할까? 뭐하고 싶어? 그런 거를 하면서 커피 마시니까 너무 재밌어요.

작년에 학교에 이중 언어 강사로 취직했는데 거리가 너무 멀고, 아이들 때문에 못갔어요. 신랑이랑은 거의 주말 부부고, 제가 아이들을 봐야 하는데 작년에 우리 아들이 8살이니까 학교 갔잖아요. 그럼 학교에 좀 더 불려다녀야 되잖아요. 도저히 할 수가 없는 거예요. 그러면 제가 그 까지 가려면 30분이라고 쳐도 제가 집에서 8시엔 출발을 해야 되는데, 우리 애는 어떻게 보내요. 그리고 저녁에 4시 반에 딱 와서 애들이 5시 집에 도착했다면 그때 밥을 해야되는데, 나는 그때 피곤이 쫙 몰려와서 애한테 신경 쓸 겨를이 없더라고요. 그래서 알게 된 애들 보내놓고 한가한 시간에 그래서 너무 재밌었던 것 같아요. 그니까 직장 생활을 지금도 어디가면 할 수 있어요. 저는 회사도 갈 수 있고요. 어디가든 그 직업센터도 계속 전화 오거든요. 근데 제가 안 해요. 제가 왜냐하면 9시부터 6시까지라 하면 그 9시부터 6시간을 그 사람을 위해서 온전히 제가 투자를 해야 되잖아요. 그래서 저는 꿈이 사회복지사였었거든요. 요양원 차려서 어르신들 도와주는 게 제 꿈이었어요.

한 번씩 굴곡이 있어요. 그래서 아 난 우리 신랑은 믿는데 우리 신랑 직장을 못 믿겠는 거예요. 그거를 깨달았어요. 그러니까 못 믿겠는 거예요. 근데 제가 말띠인 것도 있지만 옛날 어렸을 때부터 지나다니는 사람들이 보면 말띠는 밖에 나가서 뛰어 다녀야 잘 먹고 잘 산다고 그런 소리를 많이 들었어요.

그리고 중국사람들은 거의 일을 하거든요? 그러니까 나는 집에서 이렇게 계속 있을까 이런 생각을 한 번도 해본 적 없어요. 여기 와서 8년 동안 아무것도 안 하고 있었지만, 어느 날인가는 나는 일할거야. 어느 날인가 나는 잘 될거야라는 생각을 항상 머릿속에 갖고 있어요. 근데 그게 정말 중요해요. 지금은 어떠냐 하면 나는 내 수입이 우리 신랑을 초과하면, 우리 신랑하고 잘 살 수 있고, 우리 신랑을 직장 그만두게도 할 수 있겠네. 이런 생각을 해요.

저는 그런 꿈도 갖고 있어요. 우리 어머니가 어느 날인가 저한테 며느리 진짜 잘 얻은 거 같다 그 소리 정말 듣고 싶어요. 시누들하고 와서 "니 진짜 우리 집의 복이다"이런 말 듣고 싶고, 엄마 아빠한테 엄마 아빠가 "그래, 우리 큰 딸 진짜 내가 잘 낳았어"이런 말을 난 듣고 싶어요. 그게 제 꿈이에요.

그리고 애들 요즘에는 엄마 뒷모습을 보고 자란다 그러잖아요. 그러면 나중에 그 분의 꿈은 우리 아이가 컸을 때 난 엄마 아빠가 내 엄마 아빠라서 너무너무 좋아. 이런 말을 자기가 듣고 싶다 그래요. 근데 사실 그거 들으면 정말 감격이겠는 거예요. 근데 시댁에서는 꼭 그런 얘기 듣고 싶어요. 정말 듣고 싶어요. 그러니까 저는 무슨 일을 하던지 간에 일을 할꺼예요.

저는 제가 이 나이에 조금 이런 거 깨우쳤다는 게 너무 좋아요. 제 마음이 꽉 차니까요. 다른 게 좀 아름답게 보여요. 그래서 좋아요. 제가 처음에 볼 때보다는 그래 좀 밝아진 얼굴이 더 좋지는 않아요? 그런 말을 요새 많이 들어요. 그래서 좋아요. 근데요 제가 일을 하잖아요. 우리 어머니랑 우리 시누랑 태도 진짜 달라졌어요. 정말 달라졌어요. 우리 친구가 어제도 갔는데 그니까 "야, 나는 다른 것보다 너거 시어머니랑 니한테 하는 태도가 달라져서야 난 그게 좋다 야"하면서 그러는 거예요. 원래도 뭐 그렇게 나쁘게는 안하셨지만, 많이 도와주실라 하고, 제가 자꾸 이렇게 웃는 왜냐하면 옛날에는 저희 어머니가 싫은 소리를 하잖아요. 그러면 제가 대답을 안 하고 가만히 있으면, 그럼 내가 기분 나쁜 걸 어머니한테 알리는 거잖아요. 요새는 그렇게 안 해요. 제가 자꾸자꾸 사람을 만나다보니까 부정적으로 얘기할 필요는 없잖아요. 그러니까 우리 어머니가 그니까 이삼일 엄마가 우리 집에 와 계실 때 이삼일 안가면 전화가 와요. 제가 전화를 해요 그러면 빨리도 한다 하면서 이런 식으로 얘기를 해요. 그러니까 그러면 다른 때 같으면 아니고 뭐 뭐 제가 무슨 일 있어서 가지고 막 그랬어요. 막 이렇게 변명을 할 건데, 어머니 저 많이 보고 싶으셨나봐요? 하면서 능청스럽게 어른들한테 막 그렇게 하니까 맞아요? 제가 요즘 좀 바빠서요. 제가 어머니 많이 보고 싶다고 놀러 갈게요, 보러 갈게요. 하면서 그렇게 하면요 바로 풀어져요. 그러니까 사람 관계가 되게 좋아졌어요. 우리 시누도 지금 전화 자주하고, 우리 애 재롱잔치에 다 오신대요.

▮중국과는 다른 인간관계▮

중국사람들은요, 친해지면요, 정말 친형제보다도 더 친해요. 니가 내 하고 니하고 내하고 친하다 안 해도 눈으로 느낄 수 있을 정도로 있잖아요. 마음과 마음을 나누는 그런 사이에요. 처음에 한국에 오면 근데 우리는 시댁살이도 하고 여러 사람을 만날 때 어떻게 보면 현명한 거에요. 항상 얘기하지만 내가 지한테 조금 불만이 있고 안 좋은 거 있어도 그 장소와 때와 장소를 보면서 화를 낼 수도 있고, 또 이렇게 얼굴로는 표현을 안 할 수 있는 그런 게 있잖아요. 그러니까 그게 힘들었어요.

왜, 니 속이 안 좋으면 안 좋다고 얘기를 하지, 왜 그거를 말을 안 하냐고, 그게 이해가 안 됐어요. 지금은 저도 그래 하고 있지만. 그게 오히려 보면 더 현명한 거죠. 그 방법을 바꿀 수 있는 거잖아요. 지금은 이 상태에서 얘기를 하고 조금 화가 가라앉은 다음에 나중에 아, 내가 그때는 그랬었는데, 이랬다 기분이 안 좋았었다. 지금 얘기하고 그렇게 한 번 쉬고 얘기하는 것도 좋은데, 중국은 안 그렇거든요. 화가 나면 쉴 필요도 없어요. 와다다다다 이렇게 얘기해야 돼요. 그리고 풀고 그런 게 있어요. 그러니까 처음에 와서 뭐를 못 느꼈냐하면 친한 친구라 해도 그 친한 끈끈한 그거를 못 느꼈어요. 쟤하고 내하고 친하나? 지금도 한 번씩 느껴요. 그게 없었어요.

▎한국인들의 인간관계는 혼란스러울 때가 ▎

진짜 솔직히 얘기하면 겉과 속이 다르다? 이런 것도 느껴져요. 겉으로는 친한 척 하는데 속으로는 어떤 생각하는지 알 수가 없어요. 그래서 한 번씩 혼란스러워요. 그게 그러니까 쟤하고 내하고 친하나? 쟤는 말로는 내하고 친하다 해도 도대체 무슨 생각을 하는지 알 수도 없고, 쟤가 속에 뭐가 구렁이가 하나 들어있나? 막 이런 생각도 해보고, 우리는 안 그렇거든요. 우리는 진짜 한 번 사귀면 십년지기, 뭐 평생친구 이런 건데요. 근데 한국에서는 어떻게 보면 분명 있어요. 있을 수도 있는데 한 번 어려운 일을 겪어야 그 사람하고 친한지 안다고 이런 말도 있다시피 잘 모르겠어요.

서로가 이익을 따지는 것도 있고 이익이 없으면 안 친할 수도 있고 근데 그거는 어느 나라라 마찬가지지만 제가 여기 와서 느낀 거는 조금 그런 게 더 많은 것 같아요. 우리는 그리고 잘 살고 못 살고 상관없거든요. 친군데 잘살고 못 살고가 무슨 문제예요. 근데 여기는 물은 물끼리 놀잖아요. 그런 것도 이해가 안 됐어요.

▋한국에서 아이를 낳고도 공부를 하려고 ▋

중국에 있을 때는 그냥 단순하게 생각하거나 아무렇지 않게 생각했는데 실제로 한국 와 보니까 다른 게 많아서 내가 뭘 해야 될지를 몰랐어요. 근데 저도 생각이 바뀌면서 하나하나씩 할려고 노력했던 것 같아요. 처음 한국에 왔을 때 환경은 일단 깨끗했잖아요. 환경은 되게 마음에 들었어요. 그리고 여기 올 때 일을 못 할 거라는 생각은 했어요. 근데 하고는 싶었어요. 뭘 해야 될지를 몰랐어요.

그리고 제가 국적을 취득하고 그때 그러니까 2006년도에 했을 걸요? 2006년인가 2005년인가 3년 만에 2년 좀 넘어서, 저는 뭐 와서 애 낳고 그냥 살고 있으니까 바로 바로 했었어요. 그리고 제가 3년을 내가 사람이었나 뭔가 싶었을 정도로 정신이 없었어요. 그러면서 국적 취득하고 조금 조금씩 들어오는 정보도 있고 해서 자격증도 좀 따서 학원도 좀 알아보려고 하니까 애가 있으니까 안 되는 거예요. 거는 오후부터 저녁까지잖아요. 그래서 망설여지고 대학교에 편입을 좀 생각했었어요. 생각을 했는데 토익, 토플이 있어야 되는 거예요. 근데 중국엔 토익 토플이 필요 없거든요. 저는 또 일어를 했기 때문에. 그래서 또 포기 했죠.(아쉬워하며)매일 뭐 아쉽죠.

▋명절은 힘들었고 제사는 어색하기만 ▋

근데 사실 어머님, 아버님 때문에 그렇게 힘들지는 않았어요. 와서 추석이 됐잖아요. 추석 명절 진짜 제사, 우리 아버님이 여섯 형제에요. 그럼 숙모가 다섯 명이겠죠. 질부를 얼마나 불러대는지. 저희도 제사를 지내거든요. 할아버지가 경상도분이시기 때문에.

제사는 너무 어색했어요. 왜냐하면 저희는요. 조그마한 원탁에다가 아침에 할머니 할아버지 새벽에 일어나셔서요. 뭐 무나물 볶고 콩나물

볶고 그리고 생선 하나 놓고 그리고 이렇게 서너 개 정성스럽게 해서 그냥 사진 딱 놓고 있잖아요. 제사 지내고 옆에 또 났다가 술 따르고 절하는 게 다 였었거든요. 근데 여기 오니까 그 어마어마한 완전 있잖아요, 하루죙일 하는 거잖아요.

남자들은 모르죠. 근데 (강조하며)정말 정말 힘들었어요. 그거를 저녁에 다하고 우리는 무조건 12시에 지내야 되잖아요. 두시, 세시까지 다하고 나면(한숨)와아, 진짜 이건 아니다 싶었어요. 진짜. 옛날에는 그 시간이 있대요. 그 시간에 제사 안 지내면 집안이 안 좋다고 한대요. 그래서 우리는 아직도 12시에 지내요. 우리는 다 교회 다녀요. 우리 아버님만 안 다니세요.

그 다음에 2월 설에는 저희가 1일, 2일 다 제사 있거든요. 1일 날에 명절제사 지내고, 그 2일 날에 또 바로 음식해서 2일 날에 12시 제사 또 지내야 되거든요 그러니까 사람 죽잖아요. 제사가 너무 힘들었어요.

▎많은 가족들이 버거울 때가 ▎

그러고 제일 힘들었던 거는 우리 도련님 시누 때문에 제가 오니까 저희는 위에 시누가 있고 저희 신랑이고 남자 도련님이 있어요. 시누가 결혼을 안했다고 우리 신랑도 다 그렇게 처음부터 결혼해야 된다고 어르신들 그러잖아요. 근데 우리 시누가 우리 아버님이 그랬어요. 시누를 딱 앉혀놓고, 얘네는 이미 혼인신고해서 왔고 그러면 니가 올해 결혼을 안하면 나는 올해 말에 얘네를 결혼 시키겠다. 그러니까 우리 시누가 그 해 말에 결혼을 한 거예요. 서른 셋에. 그래서 우리가 그 다음 해에 결혼을 한 케이스거든요. 근데 교회를 갔다가 딱 나오는데 우리 시누는 허니문 베이비해서 저보다 두 달 더 앞당겨서 10월 달에 결혼하고 바로 임신했고요. 그러니까 저보고 나오면서 얼마나 못되게 했냐면, 저는 임신하고 결혼했잖아요. 4개월 때 결혼한 셈이잖아요. 그러니까 "니들은 좀 계획적으로 하지"하면서 이렇게 얘기를 하는 거예요. 그때 진짜 상처 많이 받았거든요. 누구 때문에 그랬는데 하면서 내가 누구 때문에 이렇게 하는데 그런 마음이 들어서 우리 시누가 진짜 미웠어요.

근데 우리 아버님이 11시에 들어오시면 저는 10시에 애 재워놓고 그때 일어나서 장 끓이고 모든 걸 해야 돼요. 추석 쇠고 우리 시할머니가 오셨네요. 제가 그때 애기가 추석이니까 애 낳은 지 8일 정도 됐잖아요. 문도 문소리도 막막(말을 더듬으며) 문이 뿌서져요. 나와 설거지하라고 하고, 진짜 괴롭혔거든요.

▎한국에 와서 제일 힘든 것은 ▎

시댁이죠. 근데 이건 다른 사람들도 비슷한 것 같아요. 중국사람 아니라도 한국사람들도 시댁이 힘든 것 같은대요? 일반 사람들의 관계보다 시집이란 그 울타리 속에서 한국 사람들이 겪는 시집살이하고 똑같이 겪은 거네요. 그죠?

그리고 한국사람 현명해서 좋다고 하잖아요. 중국 사람들은요, 마음하고 마음을 나누는 그런 사람들이 되게 많아요. 어떻게 보면 우둑지다 그게 맞아요. 그러니까 니하고 내하고 마음만 맞으면 화냈다가도 미안하다는 말을 절대 잘 안 해요. 죄송하다, 미안해 이런 말을 안 해요. 니내 마음 알제 이런 식으로 해서 둘이 풀어지고, 부모님한테도 죄송해요, 미안해요. 자식한테도 요새는 미안하는 얘기를 하잖아요. 그게 처음에는 정말 어려웠어요. 그게 지금 생각해보니까 제가 조금만 더 현명하게 처신을 했으면 좋았을 껄 이런 생각해요.

한국 분들 이렇잖아요. 안 좋은 거를 밖에서는 티를 안 내잖아요. 속은 막 문드러지더라도 얘기를 안 하잖아요. 여자들은 또 그렇게 하더라고요 보니까? 그게 어려웠어요. 그러니까 내가 기분이 안 좋으면 얼굴이 나도 표현을 했던 것 같아요. 그러니까 우리 시누도 더 얄미웠을 수도 있고 지금 생각해보면, 지금은 다 좋죠. 사이가 좋죠. 지금은 너무너무 좋아요. 그러니까 거기에는 제 자신도 있다고 생각하거든요. 그때는 그게 안 보였어요. 내 자신이 힘드니까 모든 게 다 싫었어요. 다 싫어보였어요.

시댁 다음으로 힘들었던 게 언어예요. 언어가 많이 힘들죠. 언어 때문에 어디 가서 말을 잘 안했죠. 말투. 억양. 그거 땜에 말만 하면 어디가면 물어보잖아요. 귀찮았어요. 귀찮았고, 저는 오자마자 또 교회를 나갔기 때문에 교회에서 좀 따뜻한 관심을 받을 수 있었던 것 같아요. 교회를 되게 열심히 다녔었어요.

우리 어머니는 뭐 시어머니니까 잔소리 이런 거 좀 불편한 거 같이 살다보면 꼭 불편하거든요? 그런 거 있지. 저희 어머니는 저한테 되게 잘 해주셨어요. 아버님도 또 잘 해주셨어요. 지금 생각하면 저희 시누이도 시댁에서 힘들어서 왔을 때 내가 조금만 더 잘해줬으면 좋겠다. 잘해줬으면 얼마나 고마워했을까 그런 마음을 갖고 있어요. 근데 그때는 그게 안 보였어요. 내가 왜 이렇게 힘든지, 힘든 거만 생각나서.

▎한국에 와서 사람들과의 관계는 ▎

거의 관계를 안 맺었죠. 3년을요. 어떻게 다녔냐면요. 우리 그 앞에 가게 앞에 옷가게가 있었거든요. 옷가게 한 번 안 갔어요. 가게, 집, 교회, 가게, 집, 교회, 이렇게 다녔어요. 그러니까 친구가 없었어요. 아예 없었어요. 그냥 우리 어머니하고 놀았던 것 같아요 매일. 그러니까 교회 가면 교회, 그냥 인사하고 예배드리고, 애가 태어났으니까 애하고만 있었고, 친구 자체가 없었어요. 그리고 3년 있다가, 5분 거리로 이사를 했거든요.

그러면서 애가 4살이 되니까 어린이집 가잖아요? 아침에 같이 태우는 엄마들이 있어요. 그 엄마들하고 친해져서 지금도 연락하고 잘 지내기는 하는데, 그때부터 조금 조금씩 해방이 됐던 것 같아요. 해방이. 가족들 그게 사실은 제일 제일 많이 부딪히니까 제일 많이 힘들었고, 시장 같은데 가면 좀 빗대어서 어우 그 집 아들은 인물도 좋은데, 왜 하필 하면서, 이런 말도 좀 들어봤고, 그런 것도 많이 들어봤죠. 그러면 속상하죠, 집에 오면 속상하죠.

▌경제적으로 힘들 때도▐

경제적으로는 어려웠죠. 저희 신랑이 한국 오니까 직장이 없잖아요. 대학교 금방 졸업했잖아요. 그러니까 저희 신랑이 와서 한 몇 달은 잠간 막일도 했었어요. 한 달 정도 하고, 서울에서 그때 면접 봐서 그때 우리 신랑이 서른하나였어요. 그러니까 건설회사 같은 데 갔는데, 그때 월급이 150만원 이었어요.

근데 우리 저희가 차를 샀어요. 차를 사니까 매달매달 할부금이 40만 원이 나가더라고요. 그러고 또 학자금 26만원 있다했잖아요. 다 빠지고 나니까 나한테 생활비 10만원도 안 들어오는 거예요. 근데 그때 너무 고마웠던 게 애를 낳고 우리 동생이 3년 와서 먼저 있었고, 남자친구가 있어서 결혼하고 있을 때였거든요. 그 집 애가 우리 집 애보다 17일이 딱 늦어요. 그러면서 같이 제가 젖을 먹여줬어요. 동생이 젖이 없어서 그 집에 가서 6개월 있으면서 거의 빌붙어서 살았죠. 그러니까 없잖아요 아무것도 없잖아요 그러니까 그냥 안 썼어요. 안 쓰고 경제적인 거 되게 많이 했어요.

그리고 그러니까 3년 동안 옷 한 벌 사 입을 줄도 몰랐고, 그리고 외식? 우리 어머니는 또 옛날 분이라서 피자, 치킨 같은 것을 잘 안 시켜 드시는 거예요. 거의 안 시켜 드셨어요. 우리 시누가 한 얼마 되가지고 집에 와서 피자를 딱 시켜주는 거예요. 아, 이런 것도 있구나. 근데 그것도 또 시어머니들이 안 좋아하시니까 눈치가 보이는 거예요. 기저귀 하나 시키는데도 눈치가 보여서 다른 집으로 배달하려고 하는데 아는 집이 없잖아요.

그런 것도 있었어요. 그러니까 우리 어머니가 옷을 되게 좋아하시면 같이 사고 막 그리 하면 되는 데 두 분 다 옷 이런데 관심 없어요. 저는 또 옷을 좋아하거든요. 나는 조금 절약해서 먹어도 옷을 사 입어야 되고. 그런 생각하면 지금도 슬퍼요.

그리고 말 안하면 어디 가서 말 안하면 저는 말 안하면 모르잖아요. 근데 한 3년 지나니까 아는 사람은 알고 모르는 사람은 모르고 엄마들도 모르더라고요? 애 어린이집 보냈는데 제가 중국에서 왔다고 얘기를 하니까 아, 그러냐 하면서 자기들 몰랐다하면서 그냥 강원도 쪽인 줄 알았다면서. (작은 목소리로)내 동생은 완전 한국사람 이에요. 경상도가 힘들거든요 악센트가.

▮중국에서도 한국에서도 주변인▮

저는 한국 와서는 한국 사람이라고 생각했는데, 다른 사람들은 한국 사람으로 안 보는 것 같았어요. 그리고 처음 와서는 내가 한국 사람이라고 해야 될지, 중국 사람이라고 해야 될지 모르겠더라고요. 근데 한 10년 사니까, 누구나 한 10년 살면 안 느낄 거예요. 이제는 거의 안 느껴요. 이제는 저도 중국이 더 불편해요. 오히려 태극기 올라가는 게 더 그거 하고, 처음에 왔을 때는 뭐 그럴까 싶었거든요. 절대 안 그런다 하면서, 한국말만 하고, 한국말도 절대 안한다 하면서 그게 뭐 3개월 못 가던데요.

근데요, 지금 저희는 한인 3세나 뭐 이렇게 되잖아요. 지금도 한 번씩 느끼고, 예전에는 더 많이 느끼지만 내가 중국에서도 중국 사람이 아니고, 한국에서도 한국 사람 아니고, 그러면 난 도대체 뭐냐고? 난 도대체 뭐냐고? 우리는 완전한 게 없잖아요. 그러니까 중국에서는 조선족이라고 해서 소수민족 취급받고, 완전한 한족 취급이 아니잖아요. 그러니까 항상 뭐를 하면 똑같이 한족하고 조선족이 하면 한족이 월등하죠. 똑같은 위치에서 누구를 뽑으면 한족을 뽑지요. 근데 우리 지역에 특별히 저희 지역은 그래도 조선족들이 많이 살아서 그런 게 조금 적었어요. 한족들하고 잘 지내는 그런 편이었는데, 한국에 오니까 또 외국인이잖아요. 거기다가 또 우리는 외국인까지 됐잖아요. 결국은 여기서나 저기서나 외국인이잖아요. 그러니까 서러운 게 저희 할아버지예요.

▌우리 할아버지는 경산이 고향인데 ▌

저는 연길에서 살았잖아요. 근데 어떻게 연길에 살게 됐는지는 모르겠어요. 할아버지가요. 저기 경산 ○○면에요. 제가 알기로는 땅만 ○○평이 있어요, 땅만. 지금 제가 저번에 가서 찾았거든요. 집도 원래 집들이 옛날에 부자셨어요. 그 마을에 제일 큰 부자셨어요. 근데 우리 할아버지 아버지가 중국을 먼저 가신 거예요. 그때 그러니까 할머니는 그때 잘 몰라서 서류상으로 어떻게 해가지고 사촌한테 그 서류를 넘기고 간 거예요. 그런데 할아버지가 8살 때 그때 가신 거예요. 갑자기 그때 막 항일 그러니까 일본 이름도 있고 다 있더라고요. 호적 찾아보니까? 가셨는데 그러니까 거기에서 뿌리를 내리셨죠. 뿌리를 내리셨고, 그리고 우리 외할머니는 또 북한에서 오신 분이고, 그러니까 거기서 만나서 엄마 낳고 저 낳고, 이랬잖아요.

지금 보면 사실은 뭐 그러니까 중국하고 그 정부의 무슨 그런 문제도 있다 하지만 저는 그 개인이 나는 한국에 와서 뼈를 묻을 거라고 얘기를 하면 나는 그거는 충분히 해줘야 된다고 생각을 해요. 근데 할아버지가 지금 국적으로 넘기고 싶은데 왜 보지도 못하던 6촌 형제, 8촌 형제들의 사인이 필요하냐고요. 맞잖아요.

유전자를 뭐 어떻게 하던지 간에 그리고 강산이 70년이 변하니까 할아버지가 지금 80세가 다 되가니까, 70년이나 지났으니까, 땅이 이 사람

저 사람, 저 사람 저 사람 갔다가 우리 것도 없어요. 그러니까 너무 너무 그 형제들이 있잖아 어떻게든 그 사촌의 형제들의 사인을 받아야 되는데, 그 사람들은 자기들이 가질라고 안 해주는 거예요.

근데 자기들도 지금 못 받거든요. 그러니까 너무 억울해요. 그러니까 지금 엄마도 사실은 중국 안 가셔도 되거든요. 아빠가 지금 뇌경색으로 저번에 안 좋으셔가지고, 안 가셔도 되는데 비자가 만기가 된 거예요. 근데 지금 엄마가 55세 이상이라 해서 제가 초청을 하면 3개월 비자 밖에 안 나와요. 저는 정말 어디 나가서 얘기하고 싶어요. 이거를. 너무 안타까운 상황이거든요. 할아버지, 아버지가 돌아가실 때 저희 할아버지한테 유언이 "넌, 니만은 한국 좀 가라, 한국 가서 뼈 좀 묻어라."였어요. 할아버지 지금 80세 되셨는데 언제 돌아가실지 장담 못하시잖아요. 저희 할머니는 한 번 한국도 못 나오셨는데, 그게 정말 애매해요. 그러니까 저는 결국엔 외국인이잖아요, 전 무슨 한국인이고, 외국인이 아니라 다문화가족 그냥 다문화 세 글자죠.

▌나의 정체성은? ▐

한 번씩 까먹어요. 근데 한국 사람들하고 어울리다보면 나도 이제 한국 사람이구나. 이렇게 하다가도요, 또 이런 문제에 부딪히면 그럼 난 도대체 뭔데? 근데 또 우리한테는 '다문화'라는 꼬리표 세 글자가 딱! 붙어 있잖아요. 그럼 나는 분명히 외국인이죠. 제가 무슨 한국인이에요. 아니잖아요. 우리 그러니까 지금은 초등학교라서 잘 모르겠는데, 나중에 또 우리 애가 속 썩인다고 하면 더욱 더 정체성에 대해서 고민하겠죠. 우리 애한테 너무 미안해지고 그거 하겠죠. 왜 안 하겠어요. 하죠. 그나마 어디 가서 엄마가 표가 안 나서 고거라도 고마운 거죠. 걱정이에요 우리 애가.

그리고요. 학교에 다솜반 있어요. 다솜반. 다문화를 차별화 안한다면서 다솜반을 왜 만들어놨는지 모르겠어요. 안가요. 죽어도 안 가요 저는. 그러니까 말로는 뭐 그 차상위 계층부터 시작해서 한다고 해도 거기에는 다문화 이름 자체가 그렇지 않아요? 다솜반은 뭔지? 다솜반이 있는 자체가 기분 안 좋아요.

한국에 살면서 이렇게 저렇게 좋은 일도 있고, 나쁜 일도 있는데, 그래도 한국에 산지도 오래됐고, 한국에서 사니까 한국 정체성을 가지고 살아야 돼요. 그렇게 안 살 수도 없고, 안 살면 안 되죠. 근데요. 평상시에는 그런 생각을 안 해요. 이런 건 미국가도 마찬가지 일거고, 사람이 상황이 되면 미국가도 허전하고, 뭐 그럴것 같아요. 근데 요즘은 애들이 있으니까 그냥 우리는 여기서 잘 지내야죠. 이제는 어려울 것도 없는데 허전한 건 조금 있는 것 같아요. 그리고 거기에서 또 좋은 사람들 한 번 마음 맞는 사람 만나면 그래도 또 허전한 게 있어요. 그리고 한국 사람들하고 이렇게 몇 명이서 같이 어울릴 때 그때 왠지 모를 소외감도 한번씩 느낄 때도 있고, 그러니까 오히려 더 친해지려고 노력할 때도 있고, 그니까 아 그 사람들 다른 눈길로 안 볼까? 저 사람이 내가 중국에서 왔다고 하면 어떻게 생각할까? 근데 요즘은 스스로를 막 아니야 내가 뭐 어때서, 내가 못났나? 카면서 혼자서 혼자 막 중얼거릴 때도 있어요. 그게 항상 좀 신경이 쓰이죠.

▌인생관이 조금은 바뀌었는데 ▌

옛날에 중국에 있었을 때는 잘 모르겠는데, 한국 와서 인생관이 좀 바뀐 것 같아요. 중국에 있을 때는 뭐든 항상 잘했으니까 그냥 내 일만 잘 해야지라고 생각했는데, 지금은요 저 자신이, 저 자신이 되게 중요하다고 생각해요. 저 자신이. 자녀도 제가 있어야 되고요. 남편도 제가 있어야 돼요. 제가 중심이에요. 그건 안 바뀌었어요. 그리고 꿈도 뭐 아직도 사회복지사. 그거 관심 있어요, 계속 할 거예요.

그리고 자녀교육은 옛날에는 공부 잘하고 그런 쪽으로 생각했다면 오히려 인성 쪽으로 더 생각하는 편이고, 저 또한 이전에 그냥 일자로 가는 길을 선택했다면 요즘에는 옆에도 뒤도 돌아보면서, 다른 사람도 같이 가는 그런 거를 택하는 편이에요. 저는 집에 가면 그냥 엄마예요. 다그래요. 시댁가면 그냥 며느리고, 제가 몸이 되게 안 좋거든요. 우리 옆집에 동생이 저보고 언니는 집에 오면 폐인이라 하면서 비오는 날에 폐인이라고. 요새는 많이 좋아져서 집에 가면 그렇게 다 편한 바지에 다그런 상황인데, 근데 제가 누구한테도 그 얘기를 해줘요. 니 마음을 채워라. 제 마음을 채워야 돼요.

제가 마음이 텅 비니까요. 아무것도 안 보여요. 여기에 나쁜 것만 들어차니까 나쁜 것밖에 안 보여요. 다 세상이 노랗게 보이고 부정적으로 보여요. 지금은 안 그래요. 그냥 이런 사람도 있고, 저런 사람도 있고, 그러니까 제가 그런 것을 다 겪으니까 걔네들을 다 알겠는 거예요. 니는 이래서 힘들구나, 또 너는 이래서 힘들구나 생각해요. 몸이 다 아프니까. 걔네들이 왜 아픈지도 알겠는 거예요.

어떻게 보면 8년이라는 시간이 정말 힘들고 꿈도 없고, 그냥 오늘 살고 내일 살고, 지금 이 젊은 나이에 이렇게 얘기하면 안 되지만 저 인생에서는 그 8년이 어떻게 보면 안 좋은 8년인데, 그 8년이 있기 때문에 조금 더 조금 더 그쪽으로 안가기 위해서 내가 아등바등 더 애를 쓰고 있지 않나 그런 생각을 해요.

▌우울증▐

제가 일 하면서 자꾸 대화가 되니까 저희 신랑이 둘째 낳고 되게 우울증이 많이 왔어요. 첫째 낳고도 일단 왔지만 그냥 우리 신랑이 죽이고 싶을 정도로 미운 거예요. 그냥 미운 거예요. 그거를 말을 못하겠더라고요. 그러니까 신랑만 보면 신랑한테 잔소리를 하고, 신랑한테 안 좋은 소리를 하겠죠? 그러니까 우리 신랑은 집에 오면 대화 말을 안 해요. 말을. 입을 딱 닫아버렸어요. 그런 시기가 있었어요. 나도 보면서 아, 이건 아닌 것 같은데도 그거를 내가 통제를 할 수가 없어요. 통제를. 그러니까 내 가슴 안에서는 마악 자꾸 치밀어 오르니까 사람 보면 어떻게든 풀고 싶고, 근데 그 대상이 우리 신랑이었어요. 우리 신랑은 집에 와서 또 위로받고 싶고, 아늑한 이런 거를 하고 싶은데, 자꾸자꾸 잔소리하고 막 그러니까 죽을 지경인거예요. 서로가 힘든 거예요.

▌이젠 긍정적으로 ▌

다행히 이거는 냈지만 근데 그 와중에 제가 또 바뀌면서 제가 우리 신랑한테 조근조근 얘기하고 대화식으로 얘기하니까 우리 신랑이 더 얘기도 많이 하고 문자도 많이 하고, 진짜 많이 바뀌었어요. 요새 진짜 많이 느껴요. 작년 1년동안 저는 정말 많이 바뀌었어요. 저는 이 상태로 계속 가도 나쁘지 않을 것 같아요. 애들만 잘 커준다면! 거창하지 않아요. 저는 가족을 떠나서 뭐를 할 수 없다고 생각해요.

아
이
다

아
이
다

이름	아이다(Junushova Aida, 1983년생)
출신국	키르키즈스탄(이식쿨)
출신국 가족사항	아버지, 어머니, 오빠 5명, 언니 2명.
한국 가족사항	시아버지, 시어머니, 남편, 본인, 아들2(6세, 2세)

▍만남과 결혼 ▍

결혼하기 전에 한국에 대해서 거의 알지 못했어요. 그냥 한국이라는 나라가 있는 정도밖에 몰랐어요. 남한도 있고, 북한도 있다 그 정도였어요. TV에서 들어 본 적 있었지만, 그 당시에는 별다른 관심이 없었어요. 그 당시 일본 제품은 키르키즈스탄에서 굉장히 인기가 많아서, 일본에 대해서는 많이 들었어요. 우리 남편을 어떻게 만났냐 하면 남편이 그 당시 한국회사에서 일을 하고 있었는데, 출장을 오게 된 거예요. 그 때 남편친구가 키르키즈스탄에서 장사를 하고 있었는데, 러시아 말을 조금 할 줄 알았고, 그 친구 소개로 남편을 만나게 되었어요. 그 때 저는 이제 막 대학교를 졸업했으니까 스물 네 살이었어요. 그 당시에는 남편을 그냥 만나보겠다고만 생각했지, 결혼을 꼭 해야겠다고 생각하지는 못했어요. 근데 어렸을 때 외국 사람하고 결혼한다고 엄마한테 얘기했대요. 제가 왜 그랬는지 모르겠어요. 저는 원래 부모님들한테 저는 크면 꼭 외국 사람하고 결혼한다고 했어요. 근데 그때는 한국 사람하고 결혼한다가 아니고 미국이나 영국, 아니면 아무튼 외국 사람이랑 결혼한다고 그랬어요. 저는 외국 사람에 대한 거부감 같은 거는 전혀 없었어요. 왜냐면 초등학교 2학년부터 부모님들과 떨어져 혼자 생활을 했어요. 어디 가도 혼자 살 수 있다고 생각하고 무서운 거야 당연히 있지만 별로 신경 쓰지 않았어요. 서로 문화가 달라서 불편할까봐 그런 건 좀 걱정됐죠. 아무래도 다른 나라에 가서 살아야 되니까.

남편이랑 살아보니까 남편이 한국 남자잖아요. 저는 근데 사실 우리 남편이 경상도 사람이잖아요. 이렇게 무뚝뚝한지 몰랐어요. 너무 잘해줬어요 연애할 때. 일어나면 앞에 커피 막 주고(웃으며), 막 맨날 아무튼 알죠? 연애할 때는 하나도 몰랐어요. 그 당시는 꽃도 사주고 했어요. 그래서 남편이 무뚝뚝한지 몰랐어요. 근데 결혼하고 한국 와서 애기 낳고, 나서 다른 아줌마들한테 들어보니까요. 아 경상도 사람이 무뚝뚝한 게 맞는 것 같아요. 옛날에는 저한테 잘해주었는데 지금은 왜 그때처럼 잘해주지 않는지 모르겠어요. 옛날 한국 속담에 "잡힌 고기에게는 먹이를 주지 않는다"는 속담이 있다고 해요. 그래서 남편도 연애할 때 저한테 잘해줘야지 결혼할 수 있다고 생각했나봐요. 가만히 생각해보니 맞는 것 같아요.

저는 처음에는 그냥 사귀어보자고 생각했어요. 남편은 처음에 저를 보고 제가 딱 자기 스타일이라고 생각했대요. 처음에는 저보다 남편이 저를 더 좋아했어요. 저는 그냥 사귀어보자 어차피 저 대학교도 졸업하고 좀 있으면 결혼해야 되니까. 3개월 동안만 사귀어보자고 생각했어요. 그러다가 남편이 결혼하자고 했어요. 키르키즈스탄에서 결혼하고 한국으로 바로 왔어요. 그 때가 2006년 10월이에요.

저는 처음에 와서 다른 것이 하고 싶다기 보다가 엄마 아빠를 너무 보고 싶어서 사진보고 울고 그랬어요. 그 때 하고 싶은 말도 많았는데 한국말을 몰라서 아무 말도 할 수가 없어서 너무 답답했어요. 키르키즈스탄에 가고 싶기도 했는데, 그때는 우리가 키르키즈스탄에서 온 지 얼마 되지 않았기 때문에 키르키즈스탄에 갈수가 없었어요. 애기 낳고 요즘 간혹 키르키즈스탄에 가요.

▌이식쿨 생각 ▐

고향집에는 한 달에 네 번 다섯 번 정도? 거의 매주 일주일에 한 번씩 전화를 해요. 키르키즈스탄으로 전화하면 전화비가 비싸요. 키르키즈스탄은 전화비가 싸거든요. 인터넷전화가 싸니까 인터넷 전화하면 되는데 우리 집에는 엄마 아빠가 시골에 계시고 연세가 많아서 인터넷을 사용할 수가 없어요. 키르키즈스탄이 다른 나라 10배 정도 비싸요. 도시에서는 오빠들한테는 채팅과 같은 인터넷으로 연락을 하고요. 엄마 아빠는 시골에 계시니까 휴대폰으로 연락을 해요. 다른 집은 잘 모르겠는데 저는 부모님한테 전화하면 그냥 전화해요. 내가 하고 싶으면 하고 안하고 싶으면 안해요. 남편도 거기에 대해서 꼭 물어보고 전화하라고도 안하고. 일일이 물어보고 전화하는 집은 왜 물어 봐야 되는지 이해가 안돼요.

고향집에 가끔씩 돈도 보내드려요. 한 50만원 정도까지는 그렇고 1년에 한 두 번 20만원에서 50만원정도 보내드리고 선물도 보내드려요. 특히 부모님 생신 때나 보내드리고 싶을 때 보내드려요. 하지만 한국에서는 대개 부모님 생신 때 꼭 보내드려야 해요. 키르키즈스탄에서는 돈을 보내드리지 않아도 특별하게 섭섭하게 생각하지 않아요.

한국 온 지 6년 반 됐는데 세 번 갔다 왔어요. 3년에 한 번씩. 세 번? 세 번 갔어요. 대부분 가족이랑 같이 놀러 갔다 와요. 부모님도 볼 겸.

▌남편을 통해 한국을 알다 ▌

키르키즈스탄에 있을 때도 한국에 대해서 알고는 있었어요. 원래 저는 키르키즈스탄에서 처음 남편을 만났을 때 한국에 대해서 알게 되었어요. 그 전에는 한국이란 나라가 있는 건 알고 있었지만 남편이랑 만나고 나서 한국에 대해 관심을 가지게 되었어요. 키르키즈스탄에서 코리아인들 살고 있는 모습을 보고 너무 부지런하다 라는 느낌을 받았어요. 제가 초등학생, 중학생 그 당시에 한국보다 일본이 더 잘 알려져 있었어요. TV, 냉장고. 그 당시에 돈이 있는 사람들만 살 수 있었어요.

누구 집에서 일본제품을 샀다고 하면 "와, 완전 부자다"라고 말 하는 거예요. 그래서 남편을 만나고 나서 그때부터 다른 사람들을 통해서 듣게 됐어요. 키르키즈스탄에 한국인들이 많이 살고 있는데 그 사람들은 많이 부지런해요. 그 사람들이 열심히 일하는 모습을 보고 한국 사람들도 이렇게 열심히 일한다고 생각했어요.

▌한국에서 살기 ▌

우리 남편 월급은 일정하지 않아요. 겨울이면 200만원, 여름되면 300만원, 400만원 정도 돼요. 근데 이걸로 한국에서 살기 충분하지 않아요. 키르키즈스탄 가면 적은 돈은 아닌데 그렇다고 많은 돈도 아니에요. 키르키즈스탄도 물가가 많이 올라서 한국이랑 비슷하거든요. 저도 3년 만에 갔었는데 놀랐어요. 생각보다 잘 사는 사람들이 많더라구요. 한국에서 따로 쓰는 용돈은 없어요. 그냥 같이 카드만 써요. 보험하고 쓸거 쓰면 저금은 많이 못해요. 그래서 맞벌이를 해야 돼요. 조금 더 잘 살려면 둘이서 맞벌이를 해야 돼요.

남편하고는 재미있어요. 우리 남편 절 외국 사람으로 안 느꼈대요. 그냥 한국 사람하고 살고 있다고 그래요. 그냥 어떨 때 한 번씩 답답할 때 한번씩 "아, 우리 마누라가 외국사람이구나." 그렇게 생각한대요.

▌음식 ▌

저는 한국에 와서 가족하고도 별로 문제가 없고 언어도 좀 힘들었지만 괜찮았고, 음식도 괜찮았어요. 저는 원래 음식을 많이 안 가려요. 처음에는 조금씩 먹었고, 지금은 거의 다 먹어요. 회까지도 잘 먹어요. 멍게는 지금도 잘 먹지 못해요. 해삼? 그것도 형님보다 더 잘 먹어요. 제가 다 잘 먹는 거예요. 우리 남편이 아이고 다행이라고 제가 혹시 음식 가리면 힘들게 되잖아요. 처음에는 뭐 힘들었죠. 아침 점심 저녁 계속 밥만 먹으니까 매운 것도 못 먹잖아요. 좀 힘들었어요. 6개월 동안 힘들었어요. 먹어보니까 괜찮은 것도 있고, 노력도 했어요. 왜냐하면 키르키즈스탄에서는 요리할 때 기름 같은 것을 많이 사용해요. 특히 양고기요리나 빵을 만들 때도 기름을 사용하기도 해요. 볶는 요리가 많기 때문에 채소는 많이 먹지 않아요. 그런데 한국에 와서 보니 채소가 몸에도 좋고

TV도 틀어보면서 피부도 좋아진다고 해서 그래서 열심히 채소를 먹고 있어요.

이것저것 먹어보니까 또 맛있는 건 맛있더라구요. 그래서 한국음식에 적응하는데 1년도 안 걸렸어요. 처음에 두 달 정도는 힘들었어요. 키르키즈스탄의 주식은 빵이잖아요. 그래서 한국에서 빵집에 갔는데 빵을 사려고 보니 너무 달더라구요. 한국에서 먹는 빵은 대부분 다 달더라구요. 키르키즈스탄에서 먹는 빵은 전혀 안 달아요. 빵을 만들 때 먼저 반죽을 하고 발효를 시키고 오븐에서 구워내요. 근데 한국에 와서 처음 빵이 먹고 싶어서 빵집에 갔는데요. 가보니까 완전 맛이 다른거예요. 파리바게트 있잖아요. 거기는 조금 괜찮아요. 그래서 처음에 파리바게트 빵을 사먹어 보고 우리나라 빵과 비슷해서 이제부터 이것을 사먹어도 되겠다 싶었어요. 그런데 빵이 너무 비싸요.

다른 빵은 먹고 싶어도 너무 달아서 입에 맞지 않는 거예요. 그리고 마트 가면 버터 있잖아요. 근데 버터도 소금이 들어가 있는 거예요. 키르키즈스탄에서는 버터에 소금이 안 들어가거든요. 근데 찾아보니까 소금 없는 버터도 있더라구요. 처음에는 친구들이 가르쳐줬어요. 마트가면 이런 이런 게 있고, 이렇게 노란색 버터가 있는데, 모두 우리 입에 안 맞을 거라고. 그래서 제 입에 맞는 거 사서 먹었죠.

처음에는 별로 저는 음식을 별로 하지 않았어요. 왜냐하면 초등학교 2학년부터 도시에서 공부하고 기숙사 같은 데는 음식 다해주는 거잖아요. 우리 그냥 먹고 자고 공부하고. 그래서 저는 거의 음식을 안 했어요. 여름 방학 때만 가서 집에 그냥 놀고 다시 공부하러 왔잖아요. 저는 이제 초등학교 2학년부터 음악학교에 다니고 고등학교 졸업하고 바로 음대에 입학했잖아요.

음대에 들어가서 연주한 악기가 '코무스'라는 거예요. 코무스는 만도린처럼 생겼는데 줄이 세 개 예요. 저는 대학교 때 기숙사에 살았는데 친구가 음식 너무 잘해가지고 친구가 맨날 음식만 하는 거예요. 저는 그냥 설거지만 하고 청소만 하고 그러다 보니까, 저는 음식을 거의 한 번도 해본 적이 없는 거예요. 그래서 대학교 들어가자마자 한국사람 결혼하고 아이고 힘든 거예요. 처음에는 2년 동안 남편이 계속 음식 해주는 거예요. 제가 이제는 음식을 해요.

　제가 임신했을 때는 고향음식이 생각나서 먹고 싶었어요. 고향음식을 어떻게 만드는 지 계속 언니들한테 전화로 물어 봤어요. 그런데 이렇게 해라 저렇게 해라 가르쳐줘서 음식을 해도 안 되는 거예요. 원래 저는 소질이 없어서 음식을 만들어도 맛이 없어요. 러시아 우즈베키스탄 식당, 우즈베키스탄 음식이 비슷하잖아요. 그래서 어떨 때 한 번씩 임신했을 때, 가끔씩 시내 가서 음식을 먹었어요. 우리 남편한테 우리나라 음식을 만들어 주고 싶었는데, 제가 만드는 방법을 몰라서 음식을 만들어 줄 수가 없었어요. 인터넷에 들어가 보니까 러시아사람들이 남편에게 고향음식을 해주는 것을 보니까 맛있게 먹더라구요. 저도 남편한테 고향음식을 만들어 주고 싶지만 잘 만들수가 없어요. 우리남편이 양꼬치 같은 키르키즈스탄 음식을 잘 먹더라구요. 다른 것도 만들어 보고 싶은데 잘 몰라서 못 만들어 줬어요.

　그래도 이제는 좀 하는 편이에요. 그렇지만 한국음식을 더 많이 합니다. 어쩔 수 없이 하는 거예요. 저도 혼자 있으면 김치하고 밥만 있으면 되는데 애들 있으니까 간식도 해야 되고, 이제 맨날 인터넷 뒤져보고 만들어요. 옛날에 한국어를 이해 다 못하니까 그것도 힘들었는데, 지금은 이해가 돼서 음식을 하는데 불편함이 없어요. 저는 키르키즈스탄 음식보다는 한국음식을 더 많이 알아요. 이제 많이 배웠어요. 한국 재료로 한국 음식을 그대로 만들어요. 그래도 임신했을 때는 한국음식 보다 키르키즈스탄 음식 먹고 싶었어요. 다행이 입덧은 안했는데 음식이 먹고 싶더라구요.

▌종교 ▌

이슬람이요. 부모님, 할머니 할아버지 때부터 이슬람을 믿어서 저도 자연스럽게 이슬람을 믿게 되었어요. 그런데 엄격하게 따지지는 않아요.

▌일상생활 ▌

한국이랑 키르키즈스탄하고는 많이 달라요. 다른 사람들은 한국 드라마도 보고 한국 TV 보면서 좋아하면서 한국 가면 잘 살겠다고 생각하는 사람도 많은 데 그 때 저는 원래 몰랐었어요. 그냥 뭐 고려인들 사는 모습을 보고 저도 한국가면 잘 살겠다고 생각하고 있었지만, 그것보다는 남편이 잘 해주는 것이 좋았어요. 아무리 돈이 많아도 남편 될 사람이 잘해주지 않으면 결혼할 수 없잖아요.

저는 외국사람인데 다 한국사람이라고 그래요. 그래서 이번에 염색했어요. 조금 외국사람티 나려고(웃으며). 왜냐하면 저는 맨날 어딜 가도 저한테 할머니들이 병원이 어디냐고, 이것이 무엇이냐고 저한테 물어보면 제가 "죄송합니다. 제도 외국사람이라서..." "아, 외국사람이예요?"라고 할머니들이 말해요. 아직 국적은 안 받았어요. 지금 별로 생각없어요. 혹시 나중에 우리 키르키즈스탄으로 다시 갈 수도 있어요. 우리 가족이 모두 다 갈 수도 있어요. 그래서 국적을 신청하지 않았어요. 키르키즈스탄에서는 지금이 겨울이예요. 제가 올 때는 영하 26도 였어요 밤에. 낮에는 16도. 겨울은 너무 춥고, 여름에는 덥고 건조한 날씨예요. 비는 자주 오지 않아요.

▌시어머니의 사랑 ▌

한국 와서 시어머니랑 시아버지 다 만났거든요. 보통은 한국에서 며느리하고, 시어머니하고 갈등이 많거든요. 근데 저희 시어머니는 저한테 잘해줘요. 아직까지는. 6년 반 정도 살고 있지만, 한 번도 저한테 나쁜 이야기를 한 적이 없어요. 한국에 처음 왔을 때 다문화가족지원센터에서 많이 공부를 했어요. 그 당시 큰 아이를 시어머님이 다 키워주셨어요.

그래서 특별히 문제가 없어요. 원래 우리 식구들 우리 남편 누나나 동생도 저한테 너무 잘해주시고요. 아무래도 제 생각에는 한국에서 시어머니와 잘지내는 것이 제일 중요한 것 같아요. 어차피 제가 어디가도 고향에 가도 부모님들 시어머니 잘 해주냐고 그거 먼저 물어보는 거예요. 제가 고생할까봐 물어보시는 것 같은데 저는 안 그렇거든요. 근데 제 친구들한테 많이 들어요. 시어머니이나 시누이들이 왜 이렇냐 저렇냐 시집살이를 시킨다고 들었어요. 그런데 우리 시형님이나 시어머니는 시집살이 시키실 분 아니에요. 제가 부탁할 일 있으면 통화로 "형님, 저 도와주세요." "이거 어떻게 해야 돼요?" 하면 다 도와주고요. 우리 두 아기의 옷을 저는 한 번도 제가 사준 적이 없어요. 다 형님 준거예요. 그 정도로 잘해주세요. 친언니보다도 더 잘해주세요. 그래서 언니라는 생각도 들어요.

그래서 한국에서 특별하게 다른 사람하고 관계가 안 좋거나 그런 것도 없어요. 근데 시어머니가 잔소리하는 거 저는 나쁘다고 생각 안 해요. 제가 혹시 잘못하면 잔소리 할 수도 있잖아요. 그거는 제가 시어머님이 이렇다 저렇다 이야기 할 수 없어요. 거기에는 그런 거 제가 뭐 어떨 때 잘못했는지 살다보면 그럴 수도 있잖아요. 한 번씩 잔소리해도 저는 괜찮다고 생각해요. 그래서 갈등은 전혀 없어요. 6년 동안 전혀. 원래 시부모님이 집에도 자주 안 오세요. 제가 무슨 일 있으면 애들 맡기러 가면 그냥 어머님 아버님 집에 가서 애기 맡겨 놓고, 할 일 보고 다시 애기 데리러 가고, 자주 안 오시고 뭐 우리 집에 한 번씩 오시지만.

▮ 육아와 요리 ▮

아기들 키울 때 제일 힘들었어요. 처음에는 힘들었지만 지금은 괜찮아요. 저는 사실 요리하는 것도 힘들어요. 이제 겨우 요리해요. 5년 동안 음식을 잘 만들 줄 몰랐어요. 음식을 해도 맛이 없는 거예요(웃으며). 그래서 남편이 집에 와서 이러이러한 양념이 부족하다고 하면 고춧가루 막 넣고 다른 양념도 넣고 했어요.

▮ 한국어 배우기 ▮

처음에 왔을 때는 언어가 통하지 않아서 어려웠어요. 처음에는 언어를 배울 곳도 없었어요. 센터가 있는 줄도 몰랐거든요. 처음에는 저 원래 센터 같은 거 몰랐어요. 그땐 형님 집 옆에 살았어요. 왜냐면 우리 남편 친구가 없으니까 형님은 옆에서 무슨 일이 생기면 도와주려고 옆에 살았어요. 남편 일하러 가고 그때 임신 중 이었어요. 그 당시 형님 집에 네 살 정도 되는 딸이 있었는데, 그 딸이 보던 한글 책을 보고 공부했어요. 기역, 니은, 디귿, 기린 이런 동물 그림들, 뭐 여러 가지, 사진 그림 같은 거 보면서 배웠어요. 왜냐면 우리 형님의 딸이 한글 공부하는 것을 벽에 붙여 놓고 공부하면 저도 따라하면서 공부를 했어요. 형님이 딸에게 한글을 가르칠 때 저도 옆에서 한글을 배웠어요. 형님이 많이 도와 주셨어요.

한국말을 배웠던 건 자존심이 상하는 일 때문이기도 하지만 좀 더 잘 살기 위해서 한국말을 배우려고 해요. 아무래도 한국말 잘 알면 러시아어를 하는 사람이 별로 없기 때문에 저에게 기회가 많이 주어질 것 같아요. 저의 첫 번째 목표는 아기를 잘 키우는 거예요. 두 번째는 우리 가족이 건강하고 잘 사는 거예요. 아무리 돈이 있어도 건강이 최고잖아요. 그래도 잘살기 위해서는 여기가 한국이니까 한국말을 잘해야 될 것 같아요. 그래야 어디를 가도 제가 하고 싶은 것을 할 수가 있어요. 그래서 올해는 될 수 있으면 한국말을 더 열심히 배울려고 해요. 제가 키르키즈스탄에서 음악을 전공했거든요. 만약에 제가 한국어를 열심히 공부해서 능력이 된다면 대학원도 가보고 싶어요.

▌아이 키우기 ▌

애기가 유치원 들어가고 6살이니까 앞으로는 초등학교 들어갈 꺼 아니예요.다른 사람들이 보기에 초등학교나 중학교에 진학을 해서 우리 아기가 다문화가족 아기라고 해서 왕따를 당하거나 할 수 있잖아요. 학교에 들어가면 그럴 수도 있을 것 같아요. 아무래도 엄마가 외국 사람이니까. 하지만 우리 애기는 2개국 또는 3개국 말을 할 수 있잖아요. 그래서 사실상 미래에는 더 많은 가능성이 있는 것 같아요. 이번에 키르키즈스탄 갔다 왔잖아요. 그럼 키르키즈스탄어도 러시아어도 조금씩 하는 거죠. 큰 아이에게는 러시아어를 가르치고 있어요. 나중에 애기가 커서 이중 언어를 구사하면 도움이 되잖아요. 그래서 이중 언어를 가르치고 있어요. 작은 아이에게도 이중 언어를 가르칠 거예요. 나중에 다른 아이들보다가 더 많은 기회를 얻을 수 있잖아요.

▌새로운 희망 ▌

저는 이제 대학교 졸업하고 일하고 있었어요. 학교. 학원에서. 음악학원에서 일하고요. 그저는 졸업하고 음악학원에서 선생님 되고 싶었어요. 지금 당장 할 수는 없지만 악기는 연주할 수 있기 때문에 사람들에게 강의하거나 기회가 되면 연주를 하러 다녀요. '코무스'는 제가 15년 동안 연주하고 공부했으니까, 제가 심심할 때 집에서 연주하기도 하고 강의에 나가기도 해요. 어떨 때는 페스티벌에 참가하기도 해요. 한국에서 악기 가르칠 수 있는 기회가 많지는 않을 것 같아요. 아무래도 제 생각에 한국 사람들은 '코무스'를 안 배울 것 같거든요. 모르겠어요 혹시 또 배우게 될지.

악기 가르치는 거 말고는 그냥 저는 한국어를 더 배워서 한국어능력시험에 합격하고 싶어요. 그래서 요즘 한국어 고급반을 듣고 싶었는데 애기가 어려워 할 수가 없어요. 저는 통역 일을 하고 싶어요. 강의도 하고 싶지만 쉽지가 않아요. 애들이 있기 때문에 하루에 한 두시간 정도 시간을 내서 일을 하고 싶어요. 애기 키우는 것은 사실 경험이 없기 때문에 어려워요. 키르키즈스탄 사람들은 결혼해서 옆에 부모님 언니들이 있으면 도와주는데 여기는 한국이잖아요. 여기서 한국말도 힘들고, 그래서 너무 어려움이 많아요. 그래도 형님이 많이 도와주셨어요.

▌다름과 차이▐

제가 처음에 한국에 왔을 때 아파트가 너무 높아서 인상적이었어요. 왜냐면 키르키즈스탄에서는 제일 높은 아파트가 16층 밖에 없었어요. 지금은 더 큰 아파트도 많을 거예요. 다른 거는 한국의 골목은 너무 좁잖아요. 그것도 너무 신기하고, 그리고 겨울 되면 마스크를 쓰잖아요. 저는 그때 10월 달에 왔으니까 이제 겨울이잖아요. 마스크 쓰는 거요. 한국에서 앞에 보니까 마스크 다 쓰고, 아, 이 사람 다 감기 걸렸구나 생각했어요. 그런데 마스크 쓰는 것은 좋은 것 같아요. 저도 이제 겨울 되면 마스크 써요. 마스크 쓰는 것이 신기해요. 키르키즈스탄에서는 마스크보다는 목도리를 더 많이해요.

대학교를 졸업하자마자 결혼했기 때문에 남편 말고는 다른 한국 사람이 어떤지는 잘 알 수가 없어요. 만약 키르키즈스탄 사람과 살다가 한국 사람과 결혼하면 알 수가 있는데, 전 사실 경험을 안 해봐서 잘 모르겠어요. 그런데 한국 사람들은 너무 열심히 사는 것 같아요. 남편 따라 한국 와서 보니까 다들 그렇더라구요.

키르키스스탄 사람은 키르키즈스탄에서 일자리가 별로 없어서 열심히 사는 사람이 있기도 하고 없기도 해요. 그런데 한국의 우리 남편의 경우 하루 한 다섯시간, 여섯시간 정도 잠을 자요. 왜냐하면 에어컨 일을 하고 있기 때문이예요. 여름 되면 일이 너무 많아서 밤 열 두 시 돼서 와요. 여름 되면 에어컨 일 너무 많아서 밤 12시에 와서 집에 와서 자면 6시에 일어나서 또 다시 나가야 해요. 그렇게 되면 하루 다섯 시간 여섯 시간만 자는 거예요. 키르키즈스탄 사람이랑 한국 사람이랑 성격도 좀 다른 것 같아요. 근데 제 생각에는 어딜 가도 사람 다 똑같은 거 같아요. 성격은 좋은 성격도 있고, 나쁜 성격도 있고 나라만 다르지. 근데 보니까 한국 사람도 술 잘 먹잖아요. 소주는 20도 정도 되지만, 보드카는 45도 잖아요. 저는 못 먹어요.

옛날에는 아파트는 별로 없었는데. 지금은 좀 많을 것 같아요. 제가 키르키즈스탄에서 오기 전에는 이식쿨이라는 지역에서 살았어요. 거기는 아파트가 거의 없어요. 거의 다 주택이예요. 그랬었는데 한국에 오니까 너무 다른 거예요. 처음에는 아파트 너무 높고 건물이 너무 많아서 그거 너무 인상적이었죠.

다른 사람들은 한국에 오면 문화가 다르고 적응하기 힘들어서 어렵다고 하는데 저는 그런 쪽으로는 전혀 어려운 점이 없었어요. 어려운 거 뭐 애기 키우는 거 밖에 없었어요. 아무래도 키르키즈스탄 사람하고 결혼해도 아무래도 첫 애기니까 힘들겠죠. 다른 거 한국 사회에 대해서 어려운거는 남편한테 물어봐요. 보통 뉴스 같은 데는 어려운 말 많이 나오잖아요. 이제 뭐 6년 되니까 별로 어려운 것은 없어요.

그거 말고는 아버님 어머님 생신을 차려드릴 때 한국에서는 주로 음력으로 하잖아요. 그거 계산하는 게 아직 어려워요. 맨날 까먹어요. 원래는 제가 들었던 것은 며느리가 시어머니 시아버지 생신 때 전화를 드리고 해야 된다고 하는데 아직 까지 그것이 힘들어요. 키르키즈스탄에서는 시어머님 시아버지 생신 때 전화를 해도 되고 안 해도 돼요. 하지만 한국에서는 꼭 해야 돼요.

키르키즈스탄에서는 그런 거 없어요. 아직까지 힘들어요. 우리 남편 며느리가 한국에서는 전화도 하고 어머니 아버지 생신 축하드려야 하니까. 맨날 형님은 우리한테 전화해서 "내일 엄마 생신인데 뭐할까?" 라고 하시면 그 때 아, "어머니 생신이에요?" 그때 아, 전화 드려야지 그렇게 해요. 원래는 꼭 제가 그랬어요. 달력에 표시해 가지고 미리 연락해야 되고. 그런데 그게 너무 힘든 거예요. 저한테는 계속 헷갈려요. 지금 사람들은 양력으로 하잖아요. 옛날 어른들은 음력으로 하니까 그거 때문에 계속 헷갈리는 거예요. 근데 처음에는 한국에 와서 그때 적응할 때까지 상을 한 번도 차려드린 적이 없어요. 그냥 어머님 집에 가서 용돈정도는 드렸어요. 하지만 직접 상을 차려드린 적은 없어요. 처음에는 하고 싶었지만 애기가 어리다 보니까 못했고, 그래서 올해는 한번 해볼까 생각하고 있어요.

그리고 키르키즈스탄에서는 나이 많은 사람을 존중하지만 한국에서처럼 특별하게 대접하진 않아요. 그냥 자기가 하고 싶을 때마다 안부전화를 하는 거예요. 한국에서는 생신 뿐 아니라 명절 때에도 전화를 드려야 하고, 평소에도 안부 겸 전화를 자주 자주 해야 되더라구요.

키르키즈스탄에서는 따로 기념일 챙기는 거 없어요. 그냥 여성의 날 있잖아요. 그때 뭐 돈 있으면 돈 주고 돈 없으면 그냥 선물 주고 선물 없으면 그냥 생신 때도 마찬가지예요. 꼭 상차리고 꼭 선물은 아니에요. 그냥 전화해도 저는 근데 진짜 엄마 아빠 생신 때, 전화하고 뭐 그냥 어쩔 때 한 번 선물 보내고, 그런 거 한국에서는 꼭 해야 되는 거잖아요. 안 하면 안 돼요(웃으며). 그래도 어머님 저한테 한 번도 그런 거 이야기 안 하셨어요.

▮적응하기▮

외국인이 한국에 오면 다들 쳐다 보구 그렇잖아요. 근데 저는 처음 와서 그런거 그런 거는 별로 느끼지 못했어요. 베트남이나 필리핀 같은 데서 오면 피부색이 다르니까 바로 알 수 있잖아요. 하지만 우리는 아시 아에 속하니까 크게 차이나지 않는 것 같아요. 차이가 많이 나서 사람들 이 쳐다보고 그러면 기분은 안 좋을 것 같아요.

제가 한국 사람들에 비해서 좀 큰 눈이라고 하는데, 한국 사람들도 큰 눈이 있어서 외모상으로는 별로 차이가 없는 것 같아요. 혹시 한국 사람들도 키르키즈스탄 가면 뭐 그래도 차이가 있지만, 우리는 투르크 쪽이잖아요. 별 차이가 없어요. 뭐 근데 자세히 보면 그래도 차이가 있 겠지만.

▮나는 누구인가?▮

저는 아직은 아무래도 외국 사람이죠. 그래도 아직은 한국말이 서툴 러서 제가 하고 싶은 것도 말 때문에 못하는 경우도 있어요. 그래도 한 국에서 지내는 시간이 오래 되니까 이제 한국사람 같아요. 제가 고향에 가면 3개월 정도 머물러요. 그런데 그 3개월 동안 한국이 너무 오고 싶 고, 한국의 음식이 먹고 싶어요. 남편도 보고 싶고 빨리 한국에 오고 싶 은 거예요. 아무래도 제가 결혼을 했으니까 제 집은 한국이잖아요. 그래 서 계속 한국으로 오고 싶은거예요. 다음에는 그냥 한달 만 있어야 되겠 다고 생각했어요. 엄마는 이식쿨에 계시고, 언니는 비쉬퀘크에 있는데, 이식쿨까지 차로 서너시간 정도 걸려요. 언니가 엄마집에 와서 있을 때 언니가 빨리 자기집에 가고 싶어 하는 거예요. 언니도 자기집이 편하다 고 해요. 그 말이 맞는 것 같아요.

이
영

이
영

이름	이영(1975년생)
출신국	중국(할빈)
출신국 가족사항	할아버지, 할머니, 부모, 형제, 자매
한국 가족사항	시아버지, 시어머니, 남편, 아들2(4세/2세)

▌한국에 온 이유 ▌

제가 한국에 오고 싶은 생각은 그렇게 많이 없었었어요. 근데 친구들이 있는데, 한국 분들 이제 중국으로 오셔가지고 장사 같은 거 많이 했잖아요. 보따리 장사죠. 한마디로 보따리 장사. 그리고 여행도 많이 와요. 그러면서 그 한국으로 시집오게끔 남자 분들 사진가지고 와요. 소개시켜 준다고 그래서 친구들이 많이 오고 싶어서 해요. 그러니까 한국 분들이 와가지고 얘기를 해요. 이렇게 저렇게, 그러면 한국에 가고 싶으냐고 물어봐요. 그러면 아, 가고 싶다고. 이렇게 해서 사진도 찍어 가지고 이런저런 해서 많이 보내더라고요. 근데 저는 그때 이상하게 그런 건 없었었어요.

지금 생각해보면 그 사람들이 왜 한국가고 싶어했냐면요, 진짜 한국 오면 하늘에서 돈이 떨어지는 줄 알아요. 그렇게 다 잘 사는 줄 알아요. 그래서 다 한국으로 오려고 그러잖아요. 한마디로 한국으로 이제 나 하나만 희생하면 우리 가족을 살릴 수 있다라는 그런 생각으로 다 오는 거예요. 왜냐면 한국에 오면 한국남편이 집에다 돈을 보낼 거 아니에요. 제가 아는 친구 누나분이 한국에 왔어요. 한국에 왔는데 한국에서 이제 남편 만났잖아요. 그 집에 가면 한국 티비 있고 라디오 있고, 한국제품 많아요. 그리고 집도 지어주고, 그때 전에는 90년 초에는요 돈이 일대일이었잖아요. 여기 돈 백만원이면 중국 돈으로 만원이었잖아요. 만원이면 큰 돈이에요. 일년 동안 중국 돈으로 만원이면요 일 년동안 뼈 빠지게 벌어야 만원 벌까말까 해요. 오백원이면 여기 돈으로 그때 당시는 중국 돈 천원이면 여기 돈으로 얼만가? 십만원이요? 십만원이면요. 건물 하나 사요. 건물이 아니라 이런 집 하나 사거든요.

그러니까 한국에 시집 간 분 그 집에 가면 그때 90년 초에는 벽돌집이 최고로 좋은 거였어요. 벽돌 집 짓고 안에 한국제품 있고. 이거 보니까 한국 가면 저렇게 잘 살 수 있나. 그리고 한국 드라마 보면요. 아파트 나오고 다 승용차 몰고 다니고 너무 깨끗하거든요. 진짜 깨끗해요. 저는 진짜 한국에는 쓰레기도 없고 먼지도 없는 줄 알았어요.

저희 고모할아버지가 한국에 한 번씩 왔다 가거든요. 야, 한국가면 휴지도 들고 다닐 필요가 없어. 거기 가면 와이셔츠도 일주일 입어도 깨끗해 이러더라고요. 그래서 와! 한국은 진짜 깨끗하고 밥솥도 저희는 그때 밥솥 있어도 그런 밥솥은 아니잖아요. 그때는 밥솥이라는 게 저희 집은 그래서 잘 사는 편이어도 그렇게까지는 현대화는 아니잖아요. 여기는 전화 한 통만 하면 뭐 먹을 거 온대요. 뭐 그런 좋은 데 있나. 완전히 하늘에서 돈이 떨어지고 부자 되는 줄 알아요. 근데 제가 한국에 와보니까 (어이없다는 웃음을 보이며) 아니더라구요.

▎한국에 오기 까지▎

저희 할아버지가 한국분이시잖아요. 할아버지 형님이 인천에 계셨어요. 그래서 제가 중국에서 한국 오기 전에는 여행사 가이드 했었거든요. 한국 분들도, 그거 하다가 어떻게 고추, 참깨 이런 거 있잖아요. 많이 심어서 이제 한국으로 보내면 돈을 많이 번다고 그런 소리를 들어서. 그 전에 할아버지네 방앗간 했었거든요. 방앗간 했어요. 그래서 거기서 심어가지고 한국에 수출하는 거 했으면 해서 할아버지가 저를 불러들인 거예요. 그래서 왔는데 와서 96년도에 와서 98년 그때 IMF 터졌잖아요. 그 바람에 하는 게 다 생각대로 안 되가지고. 아무튼 그때 할아버지가 불러서 오게 됐어요.

제가 중국 있을 때 현지에서 다 사고 심었어요. 고추랑 깨랑 다 심어가지고, 제가 심었으니까. 이제 요쪽에서는 할아버님이 컨테이너 운행하는 거 책임지고. 저는 심어서 수확하는 거만 책임지고, 그렇게 해가지고 들여오다가 IMF터지면서 물량이 근수차이가 이제 얼만큼 밖에 못 갖고 오고, 중국 고춧가루도 이런 거 방부제 같은 거 있죠. 많이 검사하더라고요. 세관에서 그런 거 많이 검사하더라고요. 여름에 한 달씩 묶여 있으니까. 그 안에 물건이 다 상하잖아요. 그때 많이 좀 손해 봤어요. 그래서 저 혼자 6년 동안 할아버지랑 방앗간 하다가 이제 저 혼자 독립했어요.

▌남편을 만나던 그때 ▌

독립해서 힘들 때 남편 만난 거죠. 제가 음식점에서 일을 했어요. 일을 했었는데 아빠가 점심에 일을 하다보니까 저희 가게에 자주 식사하러 오시더라고요. 그러다보니 어느 날인가 저녁에 밖에서 기다리더라고요(웃으며). 그래서 처음에는 제가 아직은 한국, 국적이, 제가 처음에 왔을 때는 보통 일주일이면 한국국적을 취득했었어요. 결혼하기 전에. 아니, 결혼하는 게 아니라 저는 할아버지가 초청해서 할아버지 딸로 국적을 했어요. 저뿐만 아니라 결혼 하신 분들은 그때 당시에는 와서 일주일만 되면 국적이 바뀌었어요. 저는 와서 11월 달 왔잖아요. 저는 한 한달 반 지나서 국적 취득했어요. 그래서 남편한테 집에 가서 허락받고 오라 그랬어요. 보통 제 주위에 보니까 다른 나라에서 아내를 데려오면 다 싫어하더라고요(웃으며).

부모님한테 저는 한국사람 아니, 국적은 한국국적이지만 그래도 부모님한테 둘이 좋아도 다른 사람이 옆에서 반대하면 못 살잖아요. 더 정이 들기 전에 제가 허락받고 오라고. 이러니까 아빠가 바로 내려와 가지고 일주일 있다가, 저는 서울 수락산 근처 갈비집에서 일을 했어요. 저희 남편은 인천요. 일을 하면요. 다 돌아다니잖아요. 그 당시에는 저희 가게 근처에서 일을 했었나봐요. 저희 가게 식사하러 오시면서 자주 만났거든요. 자주 식사하러 오시다보니까 이런 이런 얘기하다가, 그냥 그때는 친구로 나이도 똑같고 스물여덟 살이잖아요.

저는 왜냐하면 한국 오기 전에 중국에 남자친구 있었어요. 근데 제 어머님이 제 남자친구가 한족이거든요. 저희 집은 조선족이잖아요. 한족이기 때문에 중국에 있는 남자친구 엄마가 너무 반대해서 헤어졌어요. 헤어지는 바람에 저는 다시는 이제 내가 마음에 드는 사람 만나도 결혼하고 싶은 생각이 안 생길 것 같다고 그래서 부모님한테 제가 만약에 스물 네 살 전에 결혼 안하면 영원히 결혼 안 하겠다고 그런 마음을 가졌었거든요.

제가 그 전에 할머니한테 엄마가 할머니한테 전화를 해가지고 만날 남자친구 소개하는 선이라는 거 있잖아요. 그런 거 많이 보라고 했어요. 근데 한 번도 마음에 드는 사람이 없었었는데 아빠는 일하는 모습은 못 봤었지만 그때는 참 성실하다 이런 생각이 들더라고요.

그래서 아빠가 집에 와서 일주일 있다가 집에 와서 통장을 보여주는 거예요. 그때 연애할 때 통장을 이제 갖고 왔어요. 신정 때 한 번 이제 아버님이 보고 싶다고 그래서 왔어요. 와서 집에 오니까 친척들 다 모인 거예요. 아버님하고 이런 저런 얘기를 하고 제가 이제 할아버지는 한국분이서도 저는 중국에서 태어났기 때문에 한국에 대한 문화도 이런 거 부족하니까 이런 거 괜찮냐고 여쭤봤더니 아버님은 그냥 허락하시더라고요.

▌조선족이라도 한국에 대해서는 알지 못했지만 ▐

할아버지가 한국으로 저를 불러서 오게 됐는데, 원래 할아버지가 좀 무뚝뚝하셔서 할아버지에 대해서 별로 아는 게 없어요. 그래서 한국에 대해서 어떻게 생각했는지, 한국 오기 전부터 한국을 잘 알고 있었는지, 그런 할아버지 생각들을 잘 몰라요. 말을 잘 안 해요. 그리고 저희는 어렸을 때부터 할아버지가 조선족이니까 저희도 조선족이잖아요. 근데 어렸을 때부터 저희 아빠는요, 한국에 와서 자기 본인 한자 한글이름을 쓸 줄 알았어요. 그 전에는 몰랐거든요. 그러니까 저도 마찬가지예요. 집에서는 인제 혼날까봐 할아버지 앞에서 할아버지 할머니 간단한 거는 이제 (한글로)할 줄 아는데 대화하는 건 잘 못해요. 중국에 살 때에도 조선족인데도 한글을 안 배웠거든요. 할아버지도 안 가르쳐 주셨어요. 이유는 모르지만 그 당시에는 중국에 살았으니까 그렇지 않았을까요? 왜냐하면 저도 할아버지가 저희 중국에서는 남조선이라고 하잖아요. 남조선 방송 많이 들어요. 보고 싶은 얼굴 이제 가족 찾는 그런 방송요. 그거 지금 생각나거든요. 왜 할아버지 맨날 그거 들었을까 이제 와서 제가 생각하는 게 할아버지도 고향에 오고 싶어서 맨날 고향 소식을 듣고 싶어서 그걸 들었구나. 그때 당시는 몰랐었거든요. 아니 왜 저 왜 알아도 못 듣는 걸 저걸 맨날 틀어놓고 저걸 듣나 그런 생각했거든요.

▌한국에 내리다 ▌

처음에 제가 공항에 김포공항에 딱 내리는 순간 이상하게 여기가(가슴에 손을 대며) 돌덩어리가 막히는 생각이 드는 거예요. 제가 생각했던 것보다 공기가 안 좋고 안 좋더라고요(웃으며). 그리고 저기 공항에서 차타고 이제 저희 삼촌이 절 데리러 나온 거예요. 김포공항에서 인천으로, 인천에 계시잖아요. 처음엔 저희 할아버지네 집에 있었잖아요 남편 만나기 전에. 차타고 가는데 왜 이렇게 시커매요. 제가 생각했던 거랑 완전히 틀린 거예요. 그리고 집도 제가 생각한 것처럼 그렇게 좋지도 않고(웃으며), 진짜 안 좋은 거예요. 제가 생각한 거는 아파트 아주 좋은 거 깨끗하고, 거리도 깨끗하고, 공기도 되게 좋을 것 같고, 그렇게 생각했었는데, 아, 이건 아닌 거예요. 공항도 별로 마음에 안 좋고. 그래서 아, 한국도 이런 곳이 있구나.

그리고 이제 할머니 집에 갔는데, 할머니집도 그다지 잘 사는 편은 아니었어요. 그리고 방앗간도 보면 기계 몇 개 있고 이제 그거 뿐 이에요. 그러니까 제가 생각하던 거랑 완전히 틀리잖아요. 근데 딱 와서는 아, 이거는 아닌 거예요. 근데 제가 할아버지한테 얘기한 게 있으니까 약속은 지켜야 되잖아요. 그래서 할아버지랑 같이 일을 하다가, 처음에는 처음엔 진짜 제가 무슨 얘기를 해도 못 알아들어요. 상대방이, 상대방이 무슨 얘기를 해도 제가 못 알아듣고, 이제 방앗간이라 할머니 할아버지들 많이 놀러오시잖아요. 그러면 할아버지들 자주 모여서 막걸리 있죠. 막걸리를 자주 드시더라고요. 그래서 저는 처음에 왜 저렇게 쌀뜨물을 먹나 했어요. 쌀뜨물 있죠? 저거를 왜 저렇게 자주 드시나 했다니까요.

보통 술을 맨날 그렇게 안 마시잖아요? 저희 술은 중국에서는 맥주는 노란 색깔이지만 다른 건 다 하얀 색깔이잖아요. 그런데 맨날 그거를 드시는 거예요. 그래서 저거 뭐 영양제인가? 그래서 하루는 이제 너무 신기해서 할아버지한테 여쭤 봤어요. 왜 맨날 그거 드시냐고 몸에 좋은 거예요? 하니까 저한테 한 번 먹어보라고 주시는 거예요. 그래서 제가 조금 먹어 봤어요. 근데, 뭐 이런 맛이 있나. 처음에는 이제 술도 저희 집에서는 55도 진짜 고량주 빼갈 마셔요. 여기 술은 마시면 딱 먹는 순간 알코올 냄새밖에 안나요. 저희 술은 무슨 냄새 나냐면 벼, 벼 탄 냄새 나거든요. 중국 술은 벼를 이렇게 해가지고 만든 술이라. 근데 한국 술은 알코올 냄새 밖에 안나요. 마셔도 마셔도 별로 취하지는 않는데 머리가 많이 아프더라고요. 맥주는 별로 맛없고(웃으며). 막걸리를 조금 먹었는데 막걸리는 좀 먹을 만 하더라고요. 소주보다는. 소주보다는 좀 괜찮더라고요. 아무튼 처음엔 막걸리인줄 몰랐어요.

처음에 왔을 때 얼굴 모습은 똑같았어요. 말하는 거나. 저 가만히 있으면 한국 사람인 줄 알아요. 그런데 말을 시키면 "아, 외국에서 왔어요?" 제가 처음에 왔을 때는 저보고 필리핀이나 베트남에서 많이 왔다고 그러더라고요. 제가 좀 이목구비가 거기랑 비슷한가봐요. 그렇게 물으면 전 그냥 중국에서 왔다고 말해요. 중국에서 왔다고 하면 사람들이 막 이런 거 저런 거 물어 봐요. 뭐, 왜 왔냐? 거긴 어떻니? 딱 만나서 막 얘기를 하면, 아! 한국 분 아니세요? 시작해서부터 어디서 왔어요? 고향 어디에요? 이렇게 물어보고, 중국에서 왔어요. 하면 아! 중국에 대해서 좀 물어보고, 뭐 집에 안 가고 싶은가, 부모 안 보고 싶은가, 이런 거 물어보고요. 사는 게 어때요? 물어보고.

▌중국 생활 ▌

저는 중국 하얼빈에서 생활했어요. 가족은 저랑 할아버지, 할머니, 부모님, 형제, 자매 있고요. 아버지는 트럭 운전사셨고, 엄마는 그냥 회사 다녔어요. 회사원이요. 한국에서는 월급으로 소득을 계산하는데 저희 집은 한 달 아니고 몇 개월에 한번 오시면 인민폐로 5천원씩 가져 온거 같아요. 한국 돈으로 계산하면 한 25만원정도 돼요. 85년도에 25만원이니까 작은 편은 아니에요. 아버지가 돈을 많이 버시는 편이셨어요. 금광을 했었거든요. 돌도 싣고 다니고, 배달도 하고. 그리고 저희 집은 할아버지가 좀 높거든요. 여기 말하면 군대에서 좀 높은 계급이 있어 가지고 저희 집은 그래도 중국에서는 한 중상으론 살았어요.

▌시집살이 그리고 한국에 적응하기 ▌

처음 왔을 때는 서울에서 지냈는데, 서울에서 내려 온지 2년 됐어요. 그래서 시아버님이랑 같이 산지도 2년 됐죠. 2010년에 내려왔거든요. 근데 내려오고 싶은 생각은 없었어요. 여기 와서 어떻게 사나, 1년에 한번 두 번 밖에 안 오잖아요. 구정에 한 번, 추석에 한 번 오잖아요. 와보면 시골이라 아, 이런 데서도 살 수 있나. 그런 생각에 못 살잖아요. 살고 싶은 생각이 하나도 없어요. 근데 아빠가 한번 애 키울 동안만 학교 가기 전까지만 와서 아버님이랑 같이 살자, 상의를 해가지고 왔어요. 처음에는 올 때는 맨날 집에서 박혀 있으려고 그렇게 왔거든요. 친구도 없잖아요. 처음에 오면 시골에 매 할머니 할아버지 밖에 없잖아요. 친구도 없고요.

여기 와서 시아버님이랑 같이 산 지 2년째 됐죠. 다들 말하는 시집살이는 처음인데, 중국도 시집살이 해요. 저희 어머님이 좀 시집살이를 심하게 했거든요. 지금은 결혼하면 다 분가해서 결혼하지만 그 전에는 살면 무조건 부모님이랑 같이 살아야 하기 때문에 저는 저희 엄마가 시집살이 하는 거 봤거든요. 그래서 제가 어렸을 때 다 크면 너는 맏며느리다, 무조건 맏며느리다, 이랬는데 저는 안 하고 싶었었거든요. 맏며느리안 하고 싶었어요.

저희도 중국에도 맏이가 책임이 강해요. 강해도 한국만큼은 안 강해요. 한국은 맏이가 무조건 다 책임지잖아요. 근데 남편은 둘째니까 괜찮겠다 싶어서 왔는데 저희가 지금 맏이하고 똑같아요(역할을 다해요).

처음에 왔을 때 아버님이랑 음식이 안 맞았어요. 처음에는 아버님 식사부터 아버님은 강하게 드시잖아요. 뭐든지 짜게 맵게 무조건 짜요! 저희는 좀 싱겁게 먹고 애도 있으니까 싱겁게 먹잖아요. "아버님 왜 그렇게 짜게 드세요?" 이렇게 여쭈어는 안 봤기 때문에 국을 해서 딱 올리잖아요. 그러면 소금을 한 숟갈 타서 드세요. 진짜 그래서 아버님 너무 짜게 드시면 안 된다 이렇게 얘기를 하면요, 아버님이 그래도 입에 맞게끔 먹어야지, 입에 안 맞게 먹으면 맛없대요. 그래도 너무 짜게 드세요. 근데 요즘에는 제가 일부러 싱겁게 하잖아요? "괜찮다" 그냥 무조건 드세요. 요즘에는 진짜 아버님하고 모든 대화를 하면요, 다 통해요.

음식 말고도 생각도 안 맞았죠. 무조건 제가 다해야 되고 최씨 집에 왔으면 죽을 때까지 최씨(웃으며). 최씨 집에 왔으면 이 집 귀신이 될 때까지 규칙은 무조건 다 지켜야 된다, 그렇게 해요. 그리고 이제 맨날 그 얘기를 하거든요. 그리고 앉아서 저희 할아버지가 6.25 참전군이에요. 그러면 술 드시면 제가 처음에는요. 10시고 11시고 12시고 할아버지가 이제 한잔 드셔서 얘기를 하면요. 날 샐 때까지 앉아서 들었어요. 지금은 딱 술 드시고 오시면 방에 들어가서 불 딱 끄고 있어요. 어렸을 때, 전쟁 얘기, 어렸을 때 가난했던 얘기부터 밥을 못 먹어서 굶었던 얘기, 이제 군대 갔다 온 얘기부터 그걸 계속해요. 그거를 맨날 맨날 들어봐요. 처음에는 아아 재미있더라고요 처음에는 제가 모르는 거니까. 재미있었는데 계속 듣다간 자겠어요.

그리고 애들이 밥 먹다가 남긴 거 있죠. 그거 무조건 먹어야 된대요. "애들 먹다 남긴 건 엄마가 먹어야 된다." 이러는 거예요. 그거는 괜찮은데 저기 남긴 거(웃으며) 어떤 거는 못 먹는 것도 있죠. 옛날에는 이런 거 없어서 못 먹었다. 아버님 때까지만 해도 괜찮은데 얘네 앞에서는요, 옛날 얘기를 하면, 얘네는 이해를 못할 거예요. 그걸 또 얘기해줘야 된대요. 역사에 대해서는 아버님이 진짜 고지식해요. 지금도 있죠. 제가 와서 이제 모든 게 다 바뀌었거든요.

맨날 꿰매 입어요. 양말도 빵꾸난 거 신고. 그래서 내가 아버님, 내가 이거 아까워서 그런 게 아니고, 아버님 새 거 뒀다가 좀 듣기 싫은 얘기로 이거 아껴뒀다가 돌아가시면 신을 거예요? 제가 얘기하거든요. 아끼지 말고 입으세요. 새 거 입으세요. 이러면 처음에는 안 듣더니 요즘에는 그래도 맨날 깨끗한 거 하더라고요. 그릇 같은 것도 버리지를 못하게 했어요. 근데 1년 지나서 제가 없는 사이에 다 태워버리고, 다 버리고 그래요. 요즘에는 많이 바뀌었어요. 아버님이. 처음에 좀 힘들어서 그렇지 요즘에는 참 제가 제 의견에 뭐 사온다 이러면 싫어했어요. 사오지 마, 뭐든지 사오면 안 된다고 했어요.

▌육아에 관해서 이해해주시는 아버님 ▐

이제는 좀 바뀌셨어요. 이제 제가 하는 대로 하면 다 맞으니간요. 왜냐면 처음에 이제 아들 있잖아요. 맨날 저기서 놀다가 서울에는 친구가 많잖아요. 맨날 문만 나가면 공원이잖아요. 공원에 친구들 많아요. 근데 혼자 딱 친구 없어요. 맨날 울었었어요. 진짜 한 달 내내 울었어요. 그래서 내가 "아버님 얘를 어린이집에 보내요." 이렇게 얘기를 하면 어린 걸 보내서 어떻게 하려고 애를 어린이집에 보내면요. 애가 잘못 돼서 오는 줄 알아요. 할아버지가. 한 달 두 달 이렇게 아버님이랑 하다가 15개월, 16개월 되는 그때 이제 보냈어요. 아버님 그럼 딱 하루만 보내봐요. 애가 좋아하나 안하나 하루만 딱 보내봐요. 애가 갔다 왔는데 울기는 커녕 매 좋아서 난리거든요. 너무 좋아하는 거예요. 애기가. "아버님 봐봐요, 좋아하죠?" 거기서부터 이제 제가 무슨 얘기를 하면 따르려고 하더라고요. 모든 것을.

그리고 한 번은 감기가 심하게 걸렸었어요. 제가 보기에는 아버님이 감기 기운이 있는 것 같은데 고집쓰는 거예요. "내가 이틀만 참으면 떨어진다." 이러는 거예요. 그래서 내가 아버님 그거는 옛날 말이고요. 지금은 아버님 연세도 있고 바이러스도 그만큼 강해졌기 때문에 약을 꼭 드셔야 돼요. 그랬더니 안 드시는 거예요. 그러다가 작년에 한 달 아팠어요. 그리고 나서부터 이제 후회되나 봐요. 제가 무슨 얘기를 하면 아, 맞다. 모든 게 저 얘기대로 하더라고요. 그리고 처음에 왔을 때는 제가 시아버지 뜻대로 다 했어요. 시키는 대로.

▮현재 우리 가족▮

지금은 집에 다섯 명이 같이 살고 있어요. 작년까지는 남편 형제가 같이 다 살았었는데 지금은 다 나가고 올해 요번 달 부터는 조용해요. 지금 현재는 시아버님이랑 남편이랑 아이 둘이랑 같이 살아요. 아이들은 4살, 2살이예요. 저는 75년생이고, 서른 여덟이예요. 남편이랑 동갑이예요. 저희는 특이하게 중국에서 안 만나고, 한국에서 만났어요.

▌한국에서의 생계 ▌

한국의 집은 그렇게 잘 사는 것 같진 않아요. 논하고 밭하고는 할아버지 거니까 우리 앞으로는 아무것도 없거든요. 남편 한해 소득이, 1800만원 정도 되니까 한 달에 150만원 정도 돼요. 남편은 현장에서 전기공사 일하거든요. 매달 꼭꼭 150만원 들어오는 건 아니고, 일하는 만큼 가져오니까 못 벌어 올 때도 있어요. 이건 그냥 기본이고요. 일하는 만큼 가지고 오거든요. 수입이라는 게, 한 달에 열 번 일하면 보름 일하면 보름만 딱 가지고 오고, 일당이니까요. 일이 없어서 못 하면 못 갖고 와요. 이거는 그냥 그냥 제일 많이 갖고 왔을 때. 제일 많을 때 계산한 거예요.

저는 저한테 따로 용돈이 없는데 생활비는 남편이 월급 주면 그걸로 대충 해요. 없으면 나가 사먹고, 또 없으면 안 사먹고 그래요. 남편이 월급 줘도 보험하고 매달 나가는 지출이 있잖아요. 참 좋은게 처음부터 월급 관리를 제가 했어요. 처음부터 그렇게 딱 주더라고요? 만나서 처음에. 그거 하난 좋아요(웃으며). 다른 집처럼 싸우지 않아서.

중국에는 고모나 이모집 식구들 친척들만 다 있고, 부모님은 한국에 계세요. 제가 와서 다 초청해서 왔거든요. 그래서 한국에 어머니랑 동생하고 와 있어요. 아버지는 돌아가셨고요. 그래서 중국으로 부모님한테 돈 보낼 일은 없는데, 우리 작은 고모님한테는 달마다 한 이십 만원씩 요렇게 제가 용돈 생겼을 때 보내요. 그건 남편 몰래 보내요(웃으며). 작은 고모가 할머니도 모시고 좀 고생했어요. 지금 좀 현재 어렵게 살거든요 그래서. 이십 만원 보내면 이렇게 생활비 많이는 아니지만 좀 바쁠 때 보태나 봐요. 조금씩 보내요.

▌할아버지에 대한 기억 ▌

할아버지가 굳이 한글을 못하게 일부러 한 건 아닌데 집에 와서는 한국어를 했어요. 근데 저희는 그거 하기 싫어서 할아버지 곁에 안 가는 거예요. 할아버지 방에 안 가는 거예요. 왜냐면 여기 거실에 있다가도 할아버지만 나오면 숨어버려요. 왜냐면 말을 시킬까봐. 그 당시에도 조선족 학교에서는 한글을 가르쳐 줬어요. 근데 저는 한족 학교를 다녔고, 할아버지가 왜 조선족 학교를 안 보냈는지 그건 잘 모르겠어요. 그래도 집에서는 반드시 한국어를 써야 됐으니까. 한국어를 써도 한국에 대해서는 못 들었어요. 알아도 잘 안 해줘요. 한국에 대한 얘기 안 해요. 왜냐면 옛날엔 다 비디오 보잖아요. 가수 현철씨, 현미 그 분들 테이프는 자주 틀어서 봐요. 가요를 좋아하니까. 저희 아버지도 가요를 좋아하니까. 그런 거는 잘 봐도 한국에 대해서는 얘기는 별로 안 하더라고요. 그냥 이제 한국에 한 번 가보고 싶다. 이런 얘기는 하거든요. 그리고는 할아버지는 제가 11살 때 돌아가셨어요. 저희 할아버지가. 그러니까 어렸을 때니까 얘기 했는지 안 했는지도 지금은 잘 생각이 안나요. 어렸을 때 돌아가셔가지고.

▌좋아하는 한국음식 ▌

청국장이나 회 말고는 맛있는 음식은 많은 것 같아요. 저는 감자탕 좋아해요. 저는 집에서도 잘 해먹어요. 어제도(웃으며) 아버님이 우거지 데쳐놨더라고요. 그래서 어제 남편보고 "가서 등뼈 사오세요" 해서, 두 덩어리 사가지고 와서 어제 먹고 오늘 아침도 먹고 점심도 먹고 왔어요. 어떻게 하냐면요, 뼈를 이제 우리잖아요. 그럼 한 번 삶아서 버리고 푹 삶아요. 같이 우거지랑 넣고 푹 삶다가 된장도 풀어 넣고, 생강도 넣을 때 있고요. 그리고 처음에는 들깨를 안 넣었어요. 근데 다른 분들이 들깨 넣으면 맛있다 해서 들깨도 넣고, 이것저것 넣으니까 맛있어요. 진짜 좋아요. 감자탕 진짜 좋아요.

┃종교┃

종교는 중국에 있을 땐 불교죠. 불곤데 한국 와서 할머니, 할아버지 교회 다녀요. 바로 앞에 큰 교회 있어요. 장로교회, 왜냐면요, 할머니, 할아버지들 잘 안 가요. "그런데 왜 교회가요?" 그러면 "장사하는 사람은 다 교회가야 된다"해요. 왜냐하면 교회가면 사람 많잖아요. 다 알아 보면 장사 잘 된다고 그래서 교회가는 거예요. 그래서 저도 바로 교회 앞에 있다 보니까 맨날 와서 가자고 해요. 저는 못 알아들어요. 아, 못 알아들어도 괜찮아요. 가서 앉아만 있으면 된대요. 그래서 어쩔 수 없이 6년 다녔었거든요. 근데 6년 다녀도 몰라요. 아무것도 몰라요. 그런데 6년 다니는데. 남편 만났는데, 남편도 불교에요. 제사 지내니까. 맨날 불국사가요. 지금은 아무것도 안 믿으려고 해요. 왜냐면 제가 힘들 때 계속 그쪽으로 의지를 하면요 되는 거는 좋은데, 안 되는 거는 맨날 탓만 하잖아요. 그래서 교회는 믿고 싶은데 아버님이 반대해요. 절대. 왜냐면요, 제가 처음에 와가지고 친구 없잖아요. 어린이집 선생님이 "교회 다니세요," 그래서 저보고 이제 한 번 나오라고 그러는 거예요. 저는 가면 애기 엄마들도 많고 하니까 좋잖아요. 갔어요. 갔다 왔어요. 근데 동네 할머니들 많잖아요. 저는 할아버지 몰래 갔는데 몰래 갔다 왔는데 나 할아버지 모를 줄 알았더니 할아버지가 와가지고 "할머니가 그러는데 교회 갔다 왔나? 교회가지 마라." 이러는 거예요. "아니요, 아버님 교회 믿으려고 간 게 아니라 심심해서 갔어요." "심심해도 가지마라" 이러는 거예요. 그래서 이제는 안가요, 못 가요. 안 가는 게 아니라 못 가요. 왜냐면 할아버지랑 같이 있을 동안만은 안 가려고요. 왜냐면 제사 지내야 되잖아요. 제사 지내면 제사 음식을 먹어야 되잖아요. 어쩔 수 없이 안 가요. 아무것도 안 믿으려고 그래요. 집에 있을 때는 불교, 중국은 기독교가 요즘에는 많지만은 기독교라는 거 없었어요. 그런 거 몰라요. 저희는 그냥 성탄절이지 여기처럼 막 이렇게 안 지내요. 없어요. 중국에는 성탄절.

▮한국 와서 힘든 것은 역시 언어▮

제일 어려웠던 거는 한국에 딱 와서 언어소통이요. 언어소통 제일 힘들었고요. 먹는 거는 좀 저는 잘 먹는 편이어서 먹는 거는 별로 그런 게 없었어요. 언어소통 제일 힘들었어요.

지금은 아주 좋아요. 자신 있어요. 이제는 못 알아듣는 건 그냥 넘어가요(웃으며). 그 전에는 다 알려고 했는데 지금은 못 알아들으면 아, 그냥 넘어가요. 넘어가고 이제 알아듣는 것만 얘기해주고. 남편하고도 처음에는 남편이 가르쳐 주는 게 참 고마우면서도 싫더라고요. 왜냐면 막 대화를 저는 신나게 대화를 해요. 그러면 남편이 딱 가운데서 "너, 그렇게 얘기하면 안 돼" 이렇게 얘기를 해요. 지적해 주는 건 좋은데, 그러면 둘이서 할 때는 괜찮은데 여럿이 얘기 할 때 그렇게 해주니까 그 방면에서는 좀 안 좋더라고요.

▮무엇이 나를 무너지게 하는가?▮

중국에서는 자신만만했고, 다 좋았는데 여기오니까, 그런 자신감이 다 없어져요. 하루아침에 모든 게 무너지더라고요. 저는 진짜 중국에 있을 때는 모든 면에서 자신 있어요. 모든 면에서 진짜 남자들보다 더 우월하게 사회 나와서 사회생활 진짜 우수하게 했었거든요. 모든 게 누구 못지않게 잘 했었거든요. 근데 한국 와가지고, 하루 아침에 완전히 이거는 뭐라고 얘기를 못하겠어요.

힘들 때 그때는요, 진짜 가슴이 진짜 제가 그날 그렇게 힘들 때요, 한국소주 7병 넘게 마셨었어요. 왜냐면 내가 확 취하고 싶었어요. 그런데 안 취하는 거예요. 안 취하더라고요. 그냥 아침에 머리만 좀 아프고 더 속상하더라고요. 그때는 그래서 이제 삼촌한테 월미도 있죠? 바닷가 어디 있냐고 물어보니까 월미도 가면 있대요. 그래서 나 거기 좀 데려다 주세요. 그래서 거기 가가지고 밤중에 소리를 지르고 오니까 많이 좋아지더라고요. 그 다음부터 좀 답답하면 한 번 소리 지르고 오면 좀 좋아지고 그리고 이제 아, 이렇게 살면 내가 폐인 되겠다 싶어가지고, 할아버지한테는 글을 배우기 시작했어요. 근데 문자 같은 건 못 보냈었어요. 이제 글을 배워두니까 자신 있게 조금 조금씩 하게 되더라고요. 그래서 맨날 고모랑 이제 언니들한테 물어봐가지고 이렇게 하면 돼요. 조금 조금씩 배우다보니까 지금은 그래도 좀 많이 좋아졌어요. 지금은 그래서 웬만한 건 할 수 있어요. 근데 저는 여기 와서 문화원에 와서 참 잘 되어 있다고 생각해요.

문화원이 있어서 완전 자신감을 얻었어요. 나도 취직을 할 수 있다는 생각에서 정말 좋은 것 같아요. 음식점에서 일하는거 말고. 왜냐하면 서울에는 친구 분들이 학원, 중국어 학원 많이 차리고 있거든요. 저는 그때 초창기에는 가서 좀 도와줬어요. 근데 후에는 너무 많이 생기니까 자격증이 필요한 거예요. 근데 저는 자격증을 어디서 해야 하는지도 몰라요. 그러니까 그때 그렇게 하고 나니까 자신감도 다 떨어지고, 아, 나는 이런 거 하는 거 아니다 이렇게 생각하고 나니까 다 포기되는 거예요. 그래서 맨날 그런 데 가서 일을 하고 여기 와서 공부를 하면 자격증 따면은 좋은 데 원하는데 취직할 수 있다라는 자신감을 주니까, 진짜 자신감이 생기는 거예요. 그래서 열심히 공부하고 있어요.

그리고 선후배 있는 거 진짜 그건 힘들더라고요. 사람 사이 문제라서 더 어떻게 해야 될지도 모르겠더라구요. 다른 건 별로 다 괜찮은 편이었어요. 옷 입는 것도 괜찮았고, 기후도, 기후는 처음에 왔을 때 제가 추울 때 왔거든요. 저는 할빈이 더 추워요. 근데 여기 추위가 더 힘들더라고요. 습해요. 너무 습해요. 습해서 진짜 저는 외롭고도 처음에 혼자여서 그런지 그렇게 추울지 몰랐었어요. 한국의 겨울이 참 추웠어요. 너무 추웠어요. 아직까지도 안 잊혀져요. 저는 제가 추운 곳에서 살다가 와서 추운거는 자신 있다고 생각했었었는데, 여기 추위는 진짜 누구도 말 못해요. 안 당해본 사람은요. 저는 진짜 추웠어요.

▮음식에 대한 적응▮

처음 와서 음식 먹을 때 회나 청국장 먹을 때 힘들었는데, 매운 건 저희도 잘 먹거든요. 저희도 집에서 매운 거 진짜 잘 먹거든요. 그리고 한국에서는 다시다 쓰더라구요. 중국에는 다시다 없어요. 근데 생각보다 맛있더라구요. 다시다 없으면 반찬이 안 돼요(웃으며). 지금 중국에도 다시다가 완전 짱이에요. 중국 분들도 그거 사다가 많이 먹이거든요. 다시다.

그리고 여기는 참기름, 참깨, 그리고 제일 인상에 남는 건 보약이요 보약. 한약, 몸을 그렇게 잘 챙기는 건 진짜 한국사람 인것 같아요. 중국에는 그런 거 없거든요. 탕약은 있어도 아프면 먹거든요. 근데 여기는 안 아파도 먹잖아요. 처음에는 그게 이해 안 갔어요. "아파서 드시나?" 근데 아니에요. 봄하고 가을하고 이렇게 먹어줘야 된다고 그러더라고요.

▮남편과의 우여곡절도▮

교제를 하다가 2002년도에 그때 그냥 결혼식 안하고 둘이 동거했어요. 동거하고 2005년도에 결혼식 올리고 살았거든요. 근데 살다가 아이고, 애기가 안 생겨요. 큰애는 7년 만에 가진 거거든요. 저도 다 포기한 상태에서 임신이 안 되서 병원도 많이 다녔어요. 3년은 그냥 살잖아요. 근데 3년이 지나고 나니까 계속 불안한 거예요. 애기가 안 생겨서. 그래서 3년 후부터 계속 병원 다녔어요. 3년 다녔어요. 그래도 안 생겨요. 마지막에는 아빠가 입양을 해오니 어떻게 하니(웃으며), 그러다가 법원도 두 번이나 갔다 왔어요. 근데 법원 가면요, 한 두 달 동안은 둘이 생각하는 시간을 주더라고요.

너무 아기가 안 생기니까 여자로서 남편한테 좀 미안해서 법원을 갔었거든요. 아버님도 남편도 아이를 진짜 좋아해요. 그리고 저희 아버님이 형제분이 없어요. 혼자시거든요. 그래서 무조건 아들을 낳아야 된다

고 하시는데 저는 임신도 안 되고, 그래서 헤어지면 아이 잘 낳는 분 만
나서 다시 결혼하라고 그런 생각으로 남편이랑 법원 같이 갔었거든요.
제가 먼저 얘기해서 같이 갔는데 나중에 들어 보니까 홧김에 혼내준다
고 같이 간 거예요. 그래서 갔는데 후에 갔는데 두 달 기간을 주는 거예
요. 그 날짜 계속 다가오는 거예요(웃으며). 근데 남편이 멀리 출장 가버
렸어요. 안 오는 거예요. 그래서 첫 번째는 못 하고 두 번째는 한참 있
다가 암만 병원가도 안 되는 거예요. 그래서 너무 속상해서 이제는 도저
히 안 되니까 제가 짐 싸서 나왔어요. 짐싸서 나오려고 하니까 아빠가
자기가 방을 얻어서 줄 테니까 나가라 이러더라고요. 그래서 방을 얻어
가지고 나왔어요. 나왔는데 남편도 같이 나온 거예요. 그 집에서. 같이
나와서 그러면 혼자 살래? 이제 연락은 자주 하면서 살자 했는데 임신
이 된 거예요. 집에서 나오자 한 달 만에 임신이 된 거예요. 그래서 다
시 살게 됐어요(웃으며).

그 때 만약에 임신이 안 됐으면 헤어졌을 것 같아요. 제가 초조하기
도 하고, 미안하기도 해서 못 살아요. 남편이랑 서로 좋아서 결혼했지만
제가 남편만 오면은 계속 얘기했거든요. 도저히 이렇게는 못 사니까 나
이 한 살 더 먹기 전에 빨리 결혼을 하라고. 그래서 남편이 너무 스트레
스를 받으니까 본인도 참기가 힘들었나봐요. 제가 너무 힘들게 했나 봐
요. 사실 입양을 해도 되는데, 그 생각은 안 했어요. 제가 임신을 못하는
데 다른 아이를 데려와서 내가 잘 키울 수 없을 것 같아서 자신이 없더
라고요.

중국에는 아기 못 낳는다고 부인이 이혼 해주고 그러지는 않아요. 일
반적으로 봤을 때 남편이 괜찮다 하면 그냥 살거든요. 만약에 애를 못
낳아서 남편이 싫다하면 못사는 거고요. 근데 저 같은 경우에는 미안해
서 죄책감에 더 같이 못 살겠더라고요. 결혼하면 꼭 아이를 낳아야 되는
건 아닌데 이 집에서는 꼭 있어야 돼요. 그리고 형도 결혼 했는데 딸 낳
았어요(웃으며). 이 집안에 아들이 꼭 있어야 되거든요. 저는 진짜 다행

이고 행운아인가 봐요. 아들 둘 낳았거든요. 지금 동서네도 딸 하나예
요. 이제 막내 도련님은 결혼 시작했으니까, 아직은 모르지만. 할아버지
는 오직 아들이에요. 딸은 생각지도 않아요. 할아버지한테 아버님 지금
은 다 딸을 우선 순위로 생각하고 있는데 아들 아들 할 필요없다고 얘
기하면, 그래도 난중에 사위집에 가서 밥을 얻어먹겠냐 이렇게 얘기를
해요 어쩔 수 없어요. 저희 할아버지도 고집이 대단하거든요. 처음에는
진짜 제가 이제 처음에 내려와서 많이 힘들었어요. 1년은 힘들었어요.
많이 부딪히니까. 남편은 한 달에 한 번씩 볼까말까 이렇게 하니까, 남
편하고는 별로 부딪히지 않는데, 아버님하고 좀 많이 부딪혀서 속상했
었거든요. 지금은 인제 아버님도 많이 제 생각 제가 "아버님 이렇게 해
요" 하면 잘 따라 주시고 너무 좋아요 지금은.

▌사람 사는 건 똑같아요 ▌

　근데 사람 사는 건 다 똑같아요. 중국에서 살고 있을 때는 다른 나라
는 어떻게 사는 가 궁금했는데 사는 건 다 똑같더라구요. 한국에서도 아
기 없이 살다가 못하면 헤어질 수 있지만 중국에서도 그래요. 사람 사는
게 다 똑같고, 아기 없다고 해서 꼭 헤어지는 건 아니니까 또 사람들 마
다 또 다르죠. 예를 들면 부부가 서로 싫고 이혼하고, 이런 거는 사실
중국에만 있는 줄 알았어요. 처음 한국 왔을 때 저는 거지가 없는 줄 알
았어요. 왜냐면 잘 사는 나라니까, 거지가 없다고 생각했는데, 서울역에
제가 갔었거든요. 거지가 진짜 무서워요. 너무 무서워요. 노숙자가 저희
말하면 중국 말하면 거지거든요. 중국에는 거지가 많아요, 거리에. 그래
서 저는 중국은 못 사니까 이런 분들 많이 있다고 생각했었는데, 당연하
다고 생각했었는데 한국에 와서 보니까 더 심각해요. 왜냐하면 중국에
는 한두 명 볼까말까 이러거든요 거리에 가면은. 근데 여기는 다 모여서
있잖아요. 더 심각하더라고요. 어느 나라, 뉴스에도 나오잖아요. 미국

같은데도 노숙자가 있다는 그런 얘기를 들으니까. 어느 나라나 다 있어요. 제가 일본도 가봤거든요. 일본도 있어요. 그래서 문화만 좀 틀리다 뿐이지 서양 사람들도 제 생각에는요. 피부가 틀리지만 다 생각하는 건 똑같다고 생각해요. 그래서 어느 나라 부부여도 서로 감정만을 그렇게 심각하게 안하면 이혼 안하고 이제 좀 생각하는 게 이제 더 저희 부부처럼 애를 못 갖고 이러면 상대방에게 미안해서 헤어지는 것도 있고, 저는 그렇게 생각하는 것 같아요(웃으며). 저는 제가 미안해요.

▌중국과 다른 남녀관계, 변화의 시작 ▌

그리고 남편을 초기에 만났을 때 이해가 안됐어요. 저희 중국에는 남녀평등이래도 여자가 더 높아요. 남자보다. 저희는 중국에는요, 결혼해도 남자가 가정 가사일 다 하고도 나가서 같이 돈 벌잖아요. 저희 남편 만났는데 가방도 안 들어주는 거예요. 장 보잖아요? 안 들어줘요. 이해가 안 가요. 왜 안 들어주냐 그리고 저희가 동거부터 시작했거든요? 주방에 안 들어가요. 잘 안 들어가요. 자기가 먹은 그릇은 자기가 씻어야 되는 거 아니에요. 둘 다 같이 맞벌이 하니까. 저도 출근하고 남편도 출근하는데 방도 좀 청소해주고, 주방도 좀 깨끗하게 해주고 해야 되는데, 안 하는거예요. 왜 안 하냐 한국에서는 무조건 하늘이래요. 무조건 하늘, 여자는 땅이니까 남자가 시키는 거 여자가 다 해야 된대요. 그래서 내가 이해가 안 간다, 그러면 나랑 못 살지. 조금씩 조금씩 도우면서 살아야지. 다 같이 돈 버는데 제가 얘기를 했어요. 저희 중국에서는 같이 맞벌이를 해도 남자 분들이 더 많이 일을 하고, 더 여자를 위해서 일을 한다, 얘기를 했어요. 처음에는 그게 안 먹히더니 차차 지금은 잘 하고 있어요. 남편이 이제 가방 들어주는 거부터, 왜냐면 가방 들고 가다가도요, 아는 사람만나면 바로 저한테 오는 거예요. 그거부터 이젠 잘해요(웃으며). 맨날 남자는 하늘, 여자는 땅이라고 맨날 그랬었어요. 할아버지처럼 이제 집에 와도 주방에 절대 안 들어왔었어요. 근데 지금은 잘 도와줘요. 설거지도 잘 하고 뭐든지 다 잘해요. 가사일도 잘 하고.

▌자격증 따기▐

그래서 처음에 마음적으로 힘들었던 부분이 남편도 많이 도와주기도 하고, 문화원에 와서 생활하면서 자신감도 얻으면서 좀 사라진 것 같긴 해요. 지금은 왜냐면요. 여기 와서 친구들도, 중국친구들 만났잖아요. 중국어를 하고 가면은 그렇게 속이 편해요. 그렇게 좋을 수가 없어요. 왜냐면요, 그 전에는 맨날 한국분들하고 얘기를 하다보면 어떤 면에는 한국어가 나가기가 힘들 때가 참 많았어요. 그러다보면 좀 많이 머뭇거리고 대화하고 싶어도 못 했던 적이 많거든요? 맞는지 틀리는지 그렇게 얘기하고 싶었던 적 많았었는데 말을 못 했었어요. 여기서는 친구들하고도 중국어, 한국어 막 섞여서 다 되니까 너무 좋은 거 있죠. 중국어 하고 가면 너무 스트레스도 풀리고 좋잖아요. 그 방면도 좋고, 공부하는 자체가 너무 좋아요. 제가 근데 저의 이 목표를 향해서 가는 생각을 하니 너무 좋아요. 저는 이제 한국어능력시험 자격증을 따면은요. 이거를 따면은 이제 뭐 초등학교나 중학교 같은데 중국어를 가르치는 거 있다고 하더라고요. 저는 그거 하고 싶어요. 이제 컴퓨터 자격증도 ITQ자격증도 이제 두 가지 목표 있거든요. 한국어능력시험하고 ITQ 꼭 따서, 그걸 해서 제가 원하는 일자리를 찾고 싶어요. 애들 크기 전에. 근데 한국어능력시험 그거만 따면 학원차려도 되잖아요. 저는 가르치는 거 좋아해요. 재미있어요.

▌남편은 참 성실한 사람▐

할아버지하고 할머니하고는 6년 동안 살았거든요. 제가 96년 11월 7

일날 한국 왔잖아요. 2002년 11월 7일날, 남편 만났어요(웃으며). 진짜
신기하죠? 너무 신기해요. 근데 이제 너무 힘들 때 남편을 만나서인지
남편 없었으면 제가 죽었을 수도 있을 것 같아요. 알코올 중독 걸렸을
것 같아요.

근데 남편 처음에 만나서는 그렇게 안 좋았죠. 별로 마음에 안 들었
었어요(웃으며). 처음에 딱 봐서는 마음에 안 들었어요. 하루는 남편이
일하는데 같이 따라 갔었어요. 같이 일하는 직장 분들이 남편에 대해서
좋은 얘기하고, 남편 일하는 것도 봤거든요. 옆에서 봤어요. 참 불쌍하
더라고요. 중국에서는 28살이라도 별로 어린 건 아니지만요. 저는 한국
에 사는 어린이, 청소년도 그렇고 아무튼 남자 분들은 결혼하기 전까지
참 열심히 산다고 생각해요. 왜냐면 자기 스스로 나이 어리지만 자기 스
스로 생활능력을 찾잖아요.

그리고 남편이 고맙기도 했어요. 일할 때도 대단하다고 생각했지만
저한테 잘하고, 제가 처음 와서 한국 잘 모르니까 언어도 그렇고 많이
도와줬어요. 문자해서 단어가 틀리면 틀렸다고 많이 가르쳐줘요. 제가
남편 일하는데 하루 따라 다녀봤는데요. 그렇게 열심히 일하는 거 처음
봤어요. 그때 막 눈물 나더라고요. 남편이 너무. 그때는 저 만나기 전에
는 닭배달했었어요. 털 뽑은 닭, 치킨집에 가는 닭.

▎남편에게 고마운 마음▎

전기일은 저 만나고 나서고 그전에는 자기 스스로 혼자서 닭배달했어
요. 그래서 제가 하루 따라 다니면서 봤는데 참 저렇게 부모 떨어져가지
고 혼자서 고생을 했구나 생각하니까 많이 좀 슬펐어요. 그래서 많이 울
었어요. 그렇게 좀 불쌍하더라고요. 남편이 그렇게 불쌍할 수가 없었어
요. 그리고 또 남편이 첫 월급 타가지고 그때는 봉투로 왔어요. 안에 동
전까지 땡땡땡 있는 거 박아가지고 딱 주더라고요. 그게 너무너무 감동

했어요. 왜냐하면 어떻게 십원 한 장 안 만지고 다른 분들 같으면 만약에 자기가 월급 탔으면 웬만하면 생활비 꺼내고 줄 거 아니에요. 근데 남편은 안 그러더라고요. 남편이랑 동거했다고 했잖아요. 동거 했을 때 처음 한 달 돼 가지고 딱 봉투 주더라고요. 그 전에 통장 보여줬잖아요. 그걸로는 집 구하고, 두루두루 이제 왜냐하면 그것도 동거하는 것도 남편이 이제 제가 음식점에서 일을 하면서 고시원에 있었어요. 왜냐면 사장님이 집을 얻어주기로 했었는데 월세가 너무 높아가지고 고시원에 좀 적당하더라고요 25만원. 그래서 사장님이 그 돈을 지불하면서 제가 거기 있었거든요. 근데 일 끝나고 남편이 한 번 가보고 싶대요. 제가 사는 데 가보고 싶대요. 그래서 가는 곳이 아파트 단지 그쪽에 거뭇거뭇 어두우니까 남편이 걱정 됐나 봐요. 밤마다 어떻게 11시에 끝나서 가면 위험하다고 그래서 바로 이튿날 방을 구해서 같이 있자고 했어요.

　그전에는 남편이 인천에 있었거든요. 근데 저를 만나고 바로 수유리에 가까운데로 일자리를 옮겨 온 거예요. 인연이 되려고 그런지 그래서 이제 같이 생활하다보니까 남편이 참 열심히 살더라구요. 동거하기 전에 제가 가봤거든요. 이 사람하고 사귀어야 되는지, 그래서 갔다가, 이제는 사귀자 마음먹고, 이제 같이 집을 얻어서 같이 살았어요. 그 전에 부모님들한테 와서 다 허락받고 참 힘들 때 옆에서 이제 얘기해주는 상대가 있다는 것이 참 좋더라고요 그때는. 저희 부모님들도 다 왔었거든요. 옆에 있었었거든요.

　부모님들도 하나도 도움이 안 됐어요. 남편 만나니까. 저희 부모님들은 제가 결혼 안 하는 줄 알고 제가 남자친구 데리고 간다고 하니까 놀라는 거예요. 너는 결혼 안 한다고 생각했었는데. 그렇게 선을 많이 보라고 했었는데도 맨날 제가 싫다고 했거든요. 근데 제가 남자친구 데리고 간다고 하니까 되게 의외로 놀라시더라고요. 저희 부모님들은 저희 남편보고 좋아하죠. 제가 결혼 안 한다고 했었는데 결혼하니까 참 좋아하지요. 그래서 사귀었죠.

제가 막 이렇게 힘들게 해도요. 남편이 다 받아들이더라고요. 제가 너무 스트레스를 받고 제가 술 좋아했었거든요. 술 진짜 좋아했었어요. 그런데 그것도 이제 막 술 마시면 옛날 스트레스 받은 일 생각하다 보면은, 제가 한국에 온 게 다 남편한테 행패를 하는 거예요. 남편이 다 잘못한 거 같이 남편한테 다 행패부려요. 남편이 다 받아주고 말없이 참 챙겨주는 게 너무너무 고맙더라고요. 계속 살다보니까 정들고, 못 헤어지겠더라고요. 지금까지는 참 잘해요. 지금도.

제가 남편 안 만났으면 한국에 안 있을지도 몰라요. 중국 가서 살지도 모르고, 여기 세상에 없을지도 몰라요. 진짜예요. 그때는 그렇게 힘들었었어요. 죽고 싶을 정도로. 그래서 술도 마시고 그랬는데 남편은 반 병만 먹으면 취했었어요. 저 만나기 전에요. 저를 술을 못 마시게 하기 위해서 남편이 그걸 다 먹는 거예요. 지금은 두 병이에요(웃으며) 남편이. 저는 이제 술 잘 못 마시고요.

지금은 후회 안 해요. 절대 후회 안 해요. 이제는 애들도 있고. 왜냐면 옛날에는 남편하고 싸우면 무조건 짐 싸들고 나오고 이런 생각하거든요. 이제는 싸우고 싶은 마음도 없어요. 왜냐면 됐어요. 그냥 대화하지 말자. 더 대화하면은 싸움되잖아요. 됐어요. 알았어요. 얘기하지 마세요. 그리고 싸움 안하고 애들하고 있어요.

▌남편에게 서운한 마음▌

지금은 남편이 나가서는 제 아내 되는 사람이 중국에서 왔다고 자신 있게 얘기해요. 처음에는 친구들 만나면요. 안 좋아하더라고요. 어디서 왔는지 말 안 해요. 그러다가 제가 막 얘기를 하다보면 좀 언어가 이상하잖아요. 그럼 친구들 물어봐요. "어디서 왔어요?" 전 자신 있게 "중국에서 왔어요." 이렇게 얘기를 해요. 그러면 남편이 싫어해요. 싫어하더라고요. 그게 참 속상하더라고요. "왜? 자기는 나 좋아해서 결혼했잖아.” 그러면 당당하게 친구들 앞에 나가서 얘기를 해야 되잖아요. 왜 얘기를 안 해요. 그러니까 외국여자하고 결혼했으니까 창피하다 이거예요. 그래서 그게 무슨 창피한거냐 아니잖아요. 그게 창피한 일 아닌데 왜 창피하다고 생각하지? 얘기하면 자기 본인은 창피하대요. 나갈 때 “중국에서 왔다고 하지마라.” 그럼 “나 안 갈래.” 얘기하다보면 다 나오는데 왜 굳이 그거를 거짓말을 하냐. 거짓말해서 들통나는 게 더 쑥스럽잖아요. 다 터놓고 얘기하지. 지금은 다 알아요. 다 얘기를 해가지고.

　대부분은 다 그런 것 같아요. 남편 분들이 좀 나가서 와이프 어디서 왔어요. 하기가 좀 그거 한가 봐요. 꺼려지는가 봐요. 내가 무능력해서 외국여자들하고 결혼했다. 이렇게 생각하는 것 같아요. 저희 남편친구들한테 딸들이 많거든요. 자기는 아들 둘이 있다는 걸 되게 이렇게(엄지손가락을 들며) 생각해요. 남편은 친구들도 많거든요. 친구들도 잘 나가는 친구들도 못 나가는 친구들도 있잖아요. 무조건 잘 되야 돼요. 가정도 잘 되어야 되고.

　만약에 남편하고 이혼하잖아요. 그러면 부부 생각하는 게 아니라 친구부터 생각해요. 내가 이혼하면 친구들 어떻게 만나나 창피해서. 그거부터 생각해요. 중국에선 안 그래요. 상관없어요. 나만 생각하거든요. 중국에선 나만 잘 되면 되고 친구들 상관없어요. 친구들이 잘 되면 좋고 못되면 안타깝고 그렇지. 그런데 여기서는 무조건 다른 사람 눈치를 봐야 돼요. 다른 사람 어떻게 생각하는지를 먼저 생각해야 돼요.

▎적응 과정 그리고 섞임 ▎

　저는 한국에서 지금 살고 있고, 앞으로 계속은 아니더라도 몇 년은 더 살 텐데 그렇다고 해서 중국문화나 중국방식 같은 걸 다 포기는 못할 것 같아요. 당연히 중국문화도 같이 다해서 중국문화도 가지고 한국문화도 같이 가지고 있고 싶어요. 예를 들면 치바우라고 하잖아요. 그거

를 입고 싶어요. 그것도 입고 싶고, 그 다음에 또 중국 음식 많이 갖고
오잖아요. 언니들 들어오고 하다보면, 해바라기씨 같은 거 많이 먹고요.
이제 중국식품점 가서도 중국음식 자주 사먹어요. 왜냐하면 가끔씩 생
각나니까 안 먹을 수가 없어요(웃으며). 그런 거는 이제 포기 못 한거죠.
꼭 해야 되는 것도 아니고. 다 같이 가지고 있어서 문제가 되거나 한국
에 오래 살다보면 안 될 수도 있는데 그렇게 되게끔 노력해야죠(웃으
며). 왜냐하면 저는 음식 같은 거는 저희 시댁분들은 저희 도련님도 그
렇게 제가 중국음식하면요 다 잘 드세요. 하물며 양고기 같은 것도 있잖
아요, 양꼬치같은 것도 그렇고, 이제 샤브샤브같은 것도 이제 중국식으
로 하면은 다 맛있다고 다 잘 드세요. 저는 진짜 너무 좋아요. 다른 분
들은 남편한테 중국음식 만들어주면 안 먹는다고 그러잖아요. 저희는
안 만들어줘서 못 먹어요. 저희 아버님도 그렇고 우리 도련님도 그렇고
다 잘 드시더라고요.

　자주는 아니더라도 지금도 가끔씩 집에서 중국 음식 해요. 애들도 잘
먹잖아요. 예를 들면 오이에다가 계란 볶는 것도, 그렇고 양파 계란 볶
는 것도 저는 그런 거 잘해요. 중국 반찬인데, 오이하고 계란 볶은 반찬
있어요. 기름을 달궈서 계란을 먼저 하고 오이는 살짝 볶아야 되니까 계
란을 먹기 좋게끔 해가지고 거기다가 오이를 볶는 거죠. 진짜 맛있어요.
저희 식구들은 다 잘 먹거든요.

　뭐 다른 사람들은 자기 나라 양념만 쓴다는 사람도 있다는데 저는 한
국양념 가지고 중국반찬 만들어요(웃으며). 중국양념 쓸 때도 있긴 한데
왜냐면 특이한 냄새를 낼 때는 그냥 일반반찬 만들 때는 한국음식재료
를 쓰지만은 근데 특별히 샤브샤브 같은 거는 중국양념을 써야 되거든
요. 그렇기 때문에 그걸 써야 돼요. 재료 써야 돼요. 그래야 그 맛이 나
거든요.

　근데 저는 그런 거 잘 안 따져요. 예를 들면 저희 양배추 김치 만들어
먹잖아요. 그거 좋아하거든요. 근데 중국에서 중국양념 써서 중국에서

먹는 것처럼 똑같이 안하고, 남편이 한국 사람이니까 그냥 한국 양념 써
서 비슷하게 해도 괜찮아요.

　왜냐면 저는 다 잘 먹거든요. 근데 봐봐요. 이제 양배추 이제 김치 있
잖아요. 저희 중국에는 생강을 안 넣어요. 한국에는 생강을 넣잖아요.
저는 생강 넣든 안 넣든 다 잘 먹어요. 이런 거는 괜찮아요. 한국식으로
해도 괜찮고 중국식으로 해도 괜찮고. 시아버님도 가족들도 다 별로 신
경 안 쓰고 잘 먹는 것 같아요.

　근데 이게 음식만 그런 게 아니고, 생각도 좀 섞이는 것 같아요. 처음
에는 무조건 이길려고 생각했거든요. 무조건 얘기를 하면은 무조건 안
된다 이런 방면에서 "아니야 할 거야" 이렇게 얘기를 하고요. 나중에 남
편 말대로 이제 또 하거든요. 그러다보면 한국식으로 또 해요. 그러니까
처음에는 제가 원하면 원하는 대로 생각하고 행동했어요. 예를 들면은
할아버지가 맨날 "아이를 많이 낳아라" 이러잖아요. 그래서 내가 "아버
님, 아이 뭐 아이를 많이 낳아도 정도껏 낳아야 되고" 이러는데 아우,
많이 못 낳아요. 지금 아이 둘인데 근데 또 낳으라고 그래요. 그래서 저
는 이제 힘들어서 못 해요. 이런 방면에서는 제 고집대로 하거든요. 먹
는 것도 있잖아요. 처음에는 이제 제가 먹고 싶어서 만들잖아요. 드셔보
라고 해요. 드셔보라고 해서 입에 안 맞으면은 드시지 말고요, 입에 맞
으면 드세요. 이러거든요. 근데 저는 다행인데, 드셔보고 다 맛있다 해
서 다 드시는 거예요. 만약에 "맛없어 이거 만들지 마라" 이러면 저는 이
제 저만 먹을 때마다 만들 것 같아요. 근데 다들 잘 먹기도 하고, 할아버
지가 아이 낳으라고 얘기하는 것도 그냥 조금씩 들어주고, 생각해주고
그런 게 생긴 것 같아요. 그렇다고 아이를 낳을 수는 없지만요(웃으며).

　처음에 결혼하고 남편이랑 따로 서울에서 살 때에는 둘만 살았으니
까, 그 때 남편이 항상 출장 많이 가니까, 저 혼자 중국음식 많이 해먹
었거든요. 그럼 저한테 음식을 해주는 거죠. 남편이 없을 때는 혼자 맨
날 중국음식해서 먹고요. 남편이 오면 이제 한국음식 해주고 그랬거든

요. 지금은 이제 다 섞어서 밥상에 놔요. 아버님도 이제 좋아하시니까.

제가 어쨌든 중국에서 살다가 왔으니까 음식이나 행동 같은 게 툭툭 튀어나올 때가 있어요. 그래도 어머님이나 아버님 다 이해해요. 제가 애들한테 얘기할 때도 어떨 때는 중국어도 섞어가지고 얘기를 하잖아요. 그런 것도 이해해요.

처음에는 그런 거 있잖아요. 수입, 수입가지고 좀 많이 좀 제가 많이 속상했었어요. 저희 아버님은 딱 그 얘기를 하고는 제 눈치를 보거든요. TV에 뉴스에 나오잖아요. 수입산이 뭐 어떻고 어떻고 나쁘다고 얘기를 해요. 지금 제 생각은 반반인데 마음속으로 생각하는 게, 옛날에는 무조건 3분의 1도 안되게 한국생각하고, 3분의 2 많이는 중국이거든요. 지금은 반반으로 생각해요.

▮어느 덧 한국 사람▮

한국 와서 오랫동안 한국에서 살다가 예전에 중국 한번 놀러 갔었거든요. 근데 참, 이거는 못 살 곳이다(웃으며). 그리고 중국에 있는 동안 집 생각이 왜 그렇게 나요? 그 때는 애기도 없을 때인데, 없을 때 제가 힘들어 하면서도 이제 1년 반 있다가 집에 갔거든요. 근데 내 집에 왔는데도 한국이 빨리 집에 가고 싶다, 왜 그 생각이 그렇게 많이 나는 거예요. 그때 내가 느꼈어요. 아, 이렇게 힘들어도(웃으며) 내가 한국에서 살아야 되는구나. 한국 사람이구나. 이거 진짜 그때 제가 많이 느꼈어요. 이상하게 딱 이제 너무 기쁘잖아요. 내 집에 왔으니까 엄마 아빠도 만나고 너무너무 기쁘잖아요. 근데 하룻밤 딱 자고 일어나니까 집 걱정되는 거예요. 한국이 걱정되는 거예요. 빨리 여기 집에 오고 싶다, 라는 생각이 그때 진짜 많이 느꼈어요. 저도 모르게. 그 다음부터 막 한국에 적응하려고 좀 신경 쓴 것 같아요.

그렇다고 해서 제가 한국에 있는 동안 한국사람 되겠다고 막 애를 쓴

건 아닌데, 살다보니까 문화에 적응하고, 사람들하고 어울리고 살다보니까 지금까지 이렇게 10년까지 살아온 것 같아요. 그냥 자연스럽게.

▌새로운 꿈▐

앞으로 10년은 어떻게 될 지 잘 모르겠지만, 10년 후에는 애들도 크고, 그때는 제가 좀 직장을 가지고 있을 것 같아요. 중국은 안 가도 직장은 가지고 제 일을 하고 있을 것 같아요. 한국에서 일해보고 싶은 게 많거든요(웃으며). 만약에 저한테 일이 주어진다면 이제 한글, 중국어 교사, 그게 제일 하고 싶고요. 만약에 그걸 못한다면 다른 거, 제가 요양보호자 자격증 있으니까 그거를 하던 지 아니면 저는 애들 다 키우고 애들도 자기 스스로 챙길 수 있는 나이가 되면 여행사 하고 싶어요. 가이드, 그런 거 하고 싶어요.

물론 아이들 잘 키우고 싶으니까 돈이 많이 필요하긴 하지만 꼭 돈 때문이 아니라, 저는 돌아다니면서 어렸을 때부터 여행을 좋아하기 때문에 여기저기 돌아다니면서 일 하면 너무 좋을 것 같아요. 남들하고 대화하기도 좋아하고요.

그리고 앞으로는 나이 들고, 애들 크고 저희가 여유가 있으면 저는 중국에 가서 살고 싶은 마음이 많아요. 중국에 살았으니까 중국에서 살면 좋고, 아이들도 유학 보내고 싶고, 지금 중국가도 한국 유학생분들 많잖아요. 그래서 저는 애들이 중학교쯤 돼서 자기가 이제 원한다면 이제 중국으로 가서 유학보내고 싶어요. 그래서 이제 중국에 대해 알고 많이 접촉하고 그렇게 하면 앞으로도 거기 가서도 공부도 더 많이 할 수도 있고, 더 잘 살거라고 믿어요.

그리고 한국에서 어느 정도 여유가 생기고 나면 돈 조금씩 만약에 부족하다 싶으면 아빠가 와서 할 수도 있고, 아니면 그 중간에 제가 뭐 하잖아요. 거기 수입이 있으면 남편도 같이 도울 수 있는 그런 상황이 되

면요. 굳이 한국 와서 돈 벌 필요 없어요. 왔다 갔다 하면서 이제 생활
할 수도 있잖아요.

근데 10년 동안 여기서 살고, 일도 가지고, 돈도 많이 벌어서 유학도
보내고, 왔다 갔다 하면서 지낸다고 해도 중국문화나 중국생각 같은 건
완전히 잊어 버리고 사는 건 힘들 것 같아요. 그러니까 앞으로 10년이
지난다고 해도요. 중국어도 포기를 못 하는게 뭐냐면 얘기를 하다 보면
요. 어떨 때는 한국어가 좀만 힘든 게 중국어로는 한 마디로 하면 되게
쉬운 말인데, 한국어로 얘기하려면 한참 생각해야 돼요. 생각이 안 나
요. 그러니까 중국어를 사용할 수밖에 없어요. 똑같은 중국 친구를 만났
을 때에는 중국어를 이제 다는 아니지만 가끔씩 이제 끼워서 얘기할 수
밖에 없어요. 이제 한국분하고 얘기할 때는 이제 얘기를 하려면 한창 생
각을 하고 얘기를 해야 돼요. 좀 어려워요.

▌시댁과의 관계 ▌

시댁이나 시집이랑은 잘 지내는 편이긴 한데 완전히 없다고 하면 아
니고요. 이제 저희는 서로 같이 살고 잘 지내서 그렇지 가끔씩 트러블
있어요. 처음에 결혼하고 한국 왔을 때 시댁에서 중국에서 왔다고 이상
하게 보거나 그런 게 없어서 좀 좋았어요. 저는 남편 만나고 부모님 만
났을 때, 동의를 받아오라고 했어요 저는. 한국국적이지만 중국에서 태
어났기 때문에 틀리잖아요. 생활환경이나 언어같은 것도 틀리고, 한 마
디로 외국며느리잖아요. 외국며느리니까 많이 반대하잖아요. 저는 이런
이런 여자니까 가서 동의를 받아오라. 얘기했어요 남편한테. 저희 둘은
좋아도 저희 둘이 좋아서 안 되잖아요. 그래서 외국며느리 괜찮냐고 동
의를 받아 오라고 했어요. 시댁에서 저희를 동의해야만이 저희가 결혼
생활이 즐겁잖아요?

주위에서 왜냐면 저희 친구들 보면 결혼해서 왔지만 시누이 아니면

시어르신 분들이 항상 힘들게 해요. 그걸 많이 봤기 때문에 저도 남편 만나서부터 저랑 결혼하고 싶으면 첫째는 부모님한테 가서 동의를 받고 오라 그래서 제 남편이 바로 내려와서 동해바다로 왔었어요. 와가지고 통장들고 왔어요. 아버님이 통장을 줬나봐요. 이거 있으니까 너희 둘이 알아서 집을 구해서 결혼하던지 하라. 그래서 만나서 저희가 11월 7일 날 만났거든요. 신정이 얼마 안 남았잖아요. 신정 때 부모님들이 보고 싶다고 그래서 신정 때 왔었어요. 아버님이랑 만나서 왔었어요. 와가지고 아버님 부모님들은 반기는 거예요. 좋아하는데 제가 다시 여쭤봤어요. 제가 비록 한국말 소통이 안 되더라도 생활방면에서 틀린데 동의하냐? 괜찮대요. 저희 아버님은 그런거는 상관없으니까 너희 둘만 잘 살아라. 그래서 이제 결혼까지 가게 된거죠.

　결혼하고 다른 집 얘기 들어보면 시어머니, 시누이가 막 힘들게 한대요. 근데 저희 시어머니 안 그래요. 시어머니는요. 잠깐 잠깐씩 구정 때나 명절 때만 잠깐 잠깐씩 와서 그런 건 없었어요. 트러블 같은 건 해보지 못했고, 저희 시누이분들도 아주 잘 해요. 진짜 한 마디로 친정이에요. 냉장고 문 다 열어놓고 가져가고 싶은 거 다 가져가라. 참 잘해줘요, 지금까지도 잘 해줘요. 도련님도 계시지만 다 잘 해요. 저한테 잘해요. 그렇다고 완벽할 수는 없잖아요. 살면서 사소한 거 부딪히는 건 있는데 괜찮아요. 아주 작은 거고 그런 거는 어쩔 수 없잖아요. 누구나 살면서 있는 부분이예요. 그래서 다 좋아요. 저는.

　아기 가졌을 때도 저는 진짜 좋았어요. 아기 가지고 낳을 때 힘든 게 전혀 없었거든요. 큰 애는 제가 따로 살았기 때문에 큰 애 때는 몰랐었는데 얘는 처음부터 임신했을 때부터 같이 살았었거든요 아버님하고. 아버님이 참 잘해줬어요. 뭐 먹고 싶은 거 있냐? 맨날 용돈도 주고, 그런 방면에서는 저는 복이 있다고 생각해요. 잘 해줘요.

▌아이가 원하는 대로▐

아이가 좋은 거 하면 좋은데, 만약에 예를 들어서, 머리가 나빠서 공부를 못 하더라도 단 한 가지만 우수한 거 있으면 특출한 거 있죠. 그거를 밀어주고 싶어요. 예를 들어서 얘가 공부를 못해도 스포츠를 잘 한다. 그러면 거기 밀어주고 싶고, 음악을 잘하면 음악 밀어주고 싶고, 한 가지만 잘하는 특출한 면이 있으면 그 한 가지를 밀어주고 싶어요. 단지 막 뭐 국회의원이고 이런 거는요, 그런 건 안 시키고 싶어요.

그리고 저도 한국에 보통 엄마들이랑 똑같아요. 제가 서울에 살았었잖아요. 저는 만약에 옆집에 영어를 가르쳐준다면 당연히 영어를 하고, 옆에서 피아노 가르쳐줘야 한다하면 당연히 애보다 좋아야 되고, 뭐든 게 태권도도 해야 되고 다른 애들 못지않게 해주고 싶어요. 떨어지지 않게. 근데 저는요. 저는 저희 아이들한테 꼭 해주고 싶은 거는 뭐냐고 하면 태권도는 이제 건강에 태권도는 해주고 싶고요. 피아노도 가르쳐주고 싶고, 그 다음에 영어하고 이렇게 세 가지는 꼭 해주고 싶어요. 다른 거는 생각 안 해봤는데. 그리고 아이가 좋아하면 제가 아무리 무얼 하라고 해도 아이가 싫다면 못 하잖아요. 그래서 아이가 원하는 대로 하게하고 싶어요.

▌체육을 전공했는데▐

전 제가 그랬거든요. 엄마하고 아버지하고 생각이 틀려서요. 저희 집에는요. 아빠보다 엄마가 운동을 더 좋아해요. 아빠는 선생님, 의사 이런 거 좋아해요. 가만히 앉아서 하는 거 좋아하는데, 저희 엄마는 운동하고 경찰하고 이런 거 좋아해요. 그래서 엄마하고 아빠가 생각이 항상 바뀌어가지고 제가 막 왔다갔다 왔다갔다 하면서 컸거든요. 그래서 대학도 중퇴했어요. 너무 스트레스를 받아가지고.

저는 중국에서 전공은 체육과 나왔어요. 마지막에. 육상과. 왜냐면 제가 고등학교를 이제 고등학교부터 정하잖아요. 무슨과를 갈지. 저희 엄마 때문에 저희 아빠하고 엄마하고 둘이 말이 안 맞는 바람에. 저희 아빠는 의과 이런 데 선생님하고 이 두 가지. 그런데 저는 엄마 닮아서 운동을 잘 해요. 그래서 저는 운동을 택했거든요. 그래서 아빠 몰래 가서 체육과를 선택해서 대학가게 됐어요. 방학 동안요. 방학 두 달 동안 경찰학교 있어요. 거기 가서 자기 체력을 테스트 하는 데거든요. 두 달 동안 집을 떠나서. 거기 가가지고 그거 받고 이제 체육학과를 대학교를 다니면서 아빠한테는 다른 거 한다고 얘기를 했거든요. 그래서 대학 다니면서 방학에는 의과대학교 있죠. 실습도 하고 여러 가지 해봤었어요. 여기저기 하다보니까 그때는 스트레스를 너무 받아가지고 공부를 안 하고. 친구 따라 도시에 나와 가지고 제가 여행사를 차렸었거든요.

저도 그랬던 것처럼 우리 아이도 자기가 좋아하는 거 했으면 해요. 저희 아이가 좋은 거. 지금도 밖에 나가면 아이가 먹고 싶은 거라든지 아, 나는 이거 맛있어 보이는데? 얘는 굳이 다른 거 먹고 싶다면 아이가 먹고 싶은 걸로 먹어요. 장난감도 자기가 갖고 싶은 거. 저는 그래요. 아이가 원하는 대로 다 해주고 싶어요.

저는 아이들한테 이중 언어 가르쳐 줄 거예요. 한국말도, 중국말도 다. 지금도 하고 있어요. 노래 같은 것도 해주고, 얘기도 계속 해주고, 지금 현재는 알아 못 들어도 따라는 해요. 저희 애가 할머니 할아버지는 길잖아요. 엄마 아빠보다. 할아버지는 할머니는 저희 엄마한테는 가면은 중국어로 할머니 부르지만 여기는 할머니가 안 계시니까 할아버지가 좀 힘든가봐요. 그거는 못하고 제가 중국어로 가르쳐줬거든요. 그거는 바로 따라 해요. 중국어는 진짜 잘 따라 해요. 뭐든지.

▌한국사회에서는 왕따가 무서워 ▌

근데 저는 아이들 때문에 걱정이 많아요. 왜냐면 다문화가족이라고 하잖아요. 우리 가정을 보고요. 한국에는 왕따가 진짜 무섭잖아요. 저도 혹시라도 한국 사람들 사이에서 왕따라도 당할까봐 많이 고민했어요. 만약에 제 아이가 왕따 당하면 어떻게 할까? 그런 고민 진짜 많이 했었거든요. 그래서 애기가 어렸을 때부터 저기 가면 문화센터 가면 애들에 대해서 영유아교육방법 이런 얘기를 많이 해요. 가서 많이 듣거든요. 그런 거 들어보면 안심도 되고, 근데 안심 되지만 제가 안심해서는 되는 게 아니잖아요. 저희 아이가 나가서 어떻게 행동하는가에 따라서. 근데 지금까지는 얘가 성격이 활발해서 그런지 어린이집에서는 아직까지는 잘한다고 하거든요. 근데 아이가 이제 사춘기 때는 제가 좀 힘들 것 같아요. 남자아이여서. 제가 아이가 고집이 좀 있고, 지금도 좀 간섭하는 게 많대요. 다른 애들이 막 싸우면 가가지고 자기가 해결하려고 이런 게 있어서 그런 방면에서는 좀 애가 너무 나서도 안 좋잖아요. 그런 데서는 고민이 좀 많이 돼요.

근데 저는 이런 두 문화 사이에 있어서 고민도 있지만 장점도 있다고 생각해요. 왜냐면 다른 아이가 영어를 만약에 안 한다면 한국어 밖에 모르잖아요. 저희는 두 가지를 할 수 있으니까 나가서 얘기할 수 있으니까 영어처럼 너는 이거 모르지? 이러면 참 뿌듯하다 이런 것도 있잖아요. 이렇게 되면 결과적으로 보면 한국에 있는 아이 보다 잘 클 수 있다고 생각해요. 애가 좀 성격 방면 봐서는 그렇게 생각해요. 다른 집 애들 보면 자기가 얘기 하고 싶어도 말을 못하고 내성적인 애들이 많거든요. 근데 우리 아이 같은 경우에는 뭐든지 자기가 하고 싶은 얘기는 다 하고 사는가 봐요 나가서도. 그런 거에 대해서는 걱정안하는 것 같아요.

▌한국에서 여자로 살기 ▌

저는 한국은 여자들 살기는 참 좋은 곳이라고 생각해요. 왜냐면 편하잖아요. 여자들 살기 진짜 편해요. 중국에는 모든 이제 다 손으로 해야 되기 때문에 빨래 해도요. 지금은 탈수까지 다 있겠지만 (웃으며)제가 오기 전에는 그런 거 없었어요. 빨래 돌려도 탈수는 이제 꺼내가지고 짜가지고 널어야 되고 그런 거였거든요. 세탁기 있어도. 근데 여기는 다 해서 나오잖아요. 지금은 삶아서까지 나오고. 밥도 다 돼서 나오고, 저희는 그때는 누르고 됐다 하면 또 누르고 손으로 다 하잖아.

밥솥 있어도 전기밥솥 잘 안 써요. 다 냄비에다 밥을 해먹지. 그러고 저희는 밥을 잘 안 먹어요. 면 많이 먹잖아요. 밥은 한 달에 두 번 먹을까? 저희는 밥 잘 안 먹어요. 이런 소면 아니면 빵, 아니면 속 있는 만두 이런 거 먹어요. 원래 중국은 쌀 말고, 밀가루 많이 먹잖아요. 주로 아침 되면요. 집에서 할 필요 없어요. 여기 시장이잖아요. 여기 동네잖아요. 그럼 여기 앞에서 가마솥 걸고, 기름 가마솥 걸고요. 아침에 새벽 4시부터 꽈배기 같은 거 있죠. 꽈배기 같은 거 하고. 콩탕요. 콩, 두부 만들기 전에 나오는 거 있죠. 그거를 팔아요. 그거 하나에 한 번 먹는데 있죠. 중국 돈으로 50전, 1원이면 꽈배기 5개 주거든요. 그리고 콩탕 하나 20전. 20전이면 한 끼 하잖아요. 그러면 하루에 그렇게 먹어도 많이 안 들어요. 그런데 시장가서 반찬 사가지고 와서 해먹는데 더 비싸요. 그러니까 주로 잘 안 해먹어요. 집에서 안 해먹어요. 밖에서 다 해결하니까, 집에서는 해먹는 건 저희 한 달에 한 두 번 밥을 해먹을까 말까예요.

▌한국에서 밥먹기 ▌

근데 여기서는 다 집에서 해먹어야 되잖아요. 처음에는 좀 그런 면, 집에서 계속 해먹는 저는 할머니가 계셨으니까 할머니가 제일 먹기 힘들었었던 게 된장찌개예요. 청국장. 으으 냄새도 나고, 힘들었어요(웃으며). 중국에서는 못 먹은 음식이니까 힘들었죠.

근데 할아버지는 한국 사람인데 된장이나 청국장을 안 드셨어요. 그러니까 한국에서 더 모르죠. 그래서 한국와서 처음 먹었는데, 아니 된장찌개는 그럭저럭 먹겠는데 청국장은 아우 왜 왜 썩혀서 먹나. 왜 이거 썩혀서 먹어요? 이러니까 이거 몸에 좋은 거래요. 썩힐수록 몸에 좋은 거래요. 김치는 제가 저희 집에서도 김치는 먹었었거든요. 김치는 그렇게 많이 숙성시켜서 먹는 거는 여기 와서 처음 봤어요. 저희는 김치 해서 바로바로 먹잖아요. 겉절이 식으로. 근데 여기는 익혀가지고 그걸 먹더라고요. 아, 익힐수록 좋은 거라. 모든 게 다 숙성 되어야 좋은 거구나, 그 생각하고 그냥 처음에는 좀 힘들었지만 자꾸 먹어보니까, 저는 또 먹는 거 좋아해요. 어딜 가나, 먹는 거에는 좀 딱 먹어보고 아, 입에 좀 맞다 싶으면 다 먹거든요. 그렇게 가리는 편이 아니어서, 그거는 많이 쉬웠어요. 먹는 거는 참 쉬웠어요. 근데 저희는 다 볶는 음식이 많잖아요. 여기는 맨날 무치는 거예요. 그거 좀 다르더라고요.

▌회와 삼겹살, 그리고 익숙하지 않은 말들 ▌

뭐든 다 튀기고 볶아서 먹는데 인천에는 연안부두가 가깝잖아요. 제가 왔다고 회 먹으러 간대요. 저는 회가 뭔지 모르니까 따라 갔어요. 따라 갔는데, 아니, 고기가 팔딱팔딱 뛰는 거 있죠. 그거를 바로 앞에서(웃으며) 썰어서 초장에 찍어서 먹는 거예요. 저보고 먹으라고 하는데, 도저히 처음에는 못 먹겠더라고요. 옆에 앉아서 있으니까 자꾸 먹어라 먹어라 하니까 어떻게 안 먹을 수 있어요? 그래서 조금씩 하나 입에 넣고 한참 씹고 겨우겨우 먹었었어요. 삼겹살도 고기를 지금도 쌈 안 싸면 못 먹어. 안 넘어가요. 왜 그런지는 모르겠는데 이상하게 상추하고, 깻잎 없으면 못 먹겠어요. 안 넘어가요. 중국에는 삼겹살도 볶아 먹잖아요.

저희는 주로 다 돼지고기는 달달달 기름에 볶아서 먹어요.

　그 두 가지 삼겹살하고 회는 못 먹어요. 그중에서 회는 진짜 진짜 못 먹겠더라고요. 저는 아직도 낙지는 잘 못 먹겠어요. 도저히 못 먹겠더라고요. 그리고 순대국도. 남편이 이제 남편하고 8년 만에 한국 와서 뭐 먹으러 간대요. 순대국 있대요. 순대는 알지만, 저희도 순대는 있거든요. 여기 말하면 아바이 순대잖아요. 순대는 알아도 순대국은 뭔가 궁금해서 따라 갔어요. 따라 갔는데 그것도 못 먹겠더라고요. 순대는 순댄데 그걸 물에다 어떻게 한 것 같은데, 그거는 좀 못 먹겠더라구요. 그리고 술국이라고 있죠. 술국(웃으며) 저는 진짜 술국인줄 알았어요. 술로 끓이는 국. 진짜 드라마에 나오는 것처럼 남편이 술 많이 마시고 왔어요. 와가지고 해장국 끓여 달래요. 해장국이 술국이라고 그러더라고요. 술국을 끓여 달라고. 술국이 뭐냐고 물어보기도 그렇고, 아휴, 술국을 어떻게 끓여야 되나, 그냥 술국 끓이래요. 물어보니까(웃으며). 진짜 소주를요, 두 병 이렇게 해가지고 거기다 고춧가루, 콩나물 넣고 그렇게 해서 줬었어요. 맛있대요. 안 취하냐고 물어봤더니 아니 "왜 취해?" 그게 다 날아갔는지 제가 먹어도 안 취하더라고요. 술 두 병 넣었는데(웃으며), 지금은 그렇게 안 끓여요. 진짜 처음에는 저기 부추하고 신발 부추(부츠)하고 그것도 헷갈렸어요. 저희는 시장하고 가깝거든요. 그러니까 할머니가 반찬 부추 있잖아요. 그걸 좋아해요. 무쳐서 먹고 제가 시장가서 심부름 하니까 사왔는데, 하루는 할아버지가 한잔하시고 오셔서 2만원 주면서 "부추(부츠) 사 신어라" 이러시는 거예요. 아, 나 맨날 부추 보통 한 단에 천원이잖아요. 아니, 어느 날 2만원 주면서 '그거를 그렇게 많이 사오라고 하나?'라고 생각했죠(웃으며).

▮어려운 존칭어▮

　그리고 한국은 중국보다 예절문화가 더 강한 것 같아요. 중국은 언어에 예절이 있는 건 없거든요. 그래서 처음에 아버님이 쓰는 언어를 그대로 썼었거든요. 근데 그게 알고 보니까 어른한테는 쓰면 안 되는 말인데 저는 몰랐어요. 예를 들어서 할머닌 저한테 "야, 밥먹어라" 이러잖아요? 그러면 저는 또 눈치 빠르게 할아버지한테 가서 식사하란 얘기 한다고 "할아버지 밥먹어라" 얘기를 하면은, 그니까 할아버지는 일을 하는데 그 옆에 할머니, 할아버지들은 이년이 욕도 해요. "이년이 버릇없이 할아버지한테 밥먹어라 하냐"고. 저는 처음에는 그게 무슨 뜻인지 몰랐거든요. 자주 오는 할머니가 너는 왜 자꾸 할아버지, 할머니한테 반말을 하냐 이러면서 "반말이 뭐에요?" 이렇게 물어봤거든요. 그랬더니, 아, 얘가 몰라서 그러는구나 얘기를 해주더라고요. 그 다음부터 할아버지가 저를 앉혀놓고 달력 있죠. 저 뒤에다가 아야어여 이렇게 해가지고요. '습니다' '요'자를 붙이기가 그렇게 힘들어요. 식사하세요, '요'자가 참 힘들더라고요. 그리고 또 여러 가지 왜 '진지드세요' 여러 가지 그게 있더라고요. 저희는 한 가지만 얘기하면 되잖아요. 그냥 '츠팜바' 딱 하나만 얘기하면 다 통하는데 뭐 이리 많아요(웃으며).

　할아버지한테 가서 식사하시라고 얘기를 해라. 그럼 또 혼돈돼요. 아 이게 무슨 뜻이지? 그냥 '밥먹어라' '진지드시라' 하면 되는데, 자주 쓰는 말을 쓰면 좋은데 어떤 때는 이렇게 얘기했다, 어떤 때는 저렇게 얘기했다 이래요. 아니 똑같은 거 같은데 이건 또 무슨 뜻이지? 그러다 보면은 집에서는 그냥 그냥 넘어가잖아요. 밖에 나오면 진짜 바보예요. 진짜 진짜 바보에요. 상대방이 얘기를 하잖아요. 그러면 가만히 있어요. 그러면 아 왜 말을 하는데 가만히 있냐 또 이래요. 기분 나쁘다 이러는 거예요. 근데 저는 상대방이 말을 하면 빨리 빨리 무슨 뜻인지 못 알아듣잖아요. 왜냐면 저는 듣는 게 좀 들어야 되고 또 이해를 해야 되잖아요. 한 방면으로는 듣고 한 방면으로는 내가 뜻을 해석해서 아, 이 얘기구나! 이렇게 해야 되는데 저는 듣느라고 듣거든요. 그러면 기분 나쁘냐고 저한테 물어봐요. "아니요, 기분 너무 좋아요." 근데 왜 가만히 있냐고 이래요. 아 그래서 아! 이게 아니구나! 그래서 저는요. 알아듣든 못 알아듣던 무조건 웃으면서 아, 네네 해요.

▌아파트에 살고 싶은 마음 ▌

그리고 집은 좀 많이 달라요. 저는 한국 집 마음에 안 들어요. 저는 아파트에서 안 살고 싶어요. 뭔가 튼튼하지가 않잖아요. 전에는 처음에 한국에 뉴스 못 봤어요. 너무 두렵고, 무서워요. 왜냐면 저희 중국에는 뉴스는 그냥 좋은 것만 하거든요. 좋은 것만 나오거든요. 한국에는 큰 뉴스만 나와요. 진짜 뉴스 못 봐요. 뉴스보고는, 제가 왔을 때는요, 택시 강도 그러니까 택시기사들이 이제 부녀자들을 납치해서 가는 거 있죠? 저희 집이 바로 큰길 옆에 있었거든요. 저 밖에 못 나갔었어요. 할머니가 밖에 나가면 너 잡혀간다 이래서요. 밖에 못 나갔어요. 1년은 1년 동안은 진짜. 뉴스는 못 알아들어도 보잖아요. 보는 것만으로도 무섭더라고요 그 자체가. 뉴스가 너무 무섭게 나와요. 지금은 적응 됐으니까 아, 괜찮다 이렇게 생각하잖아요. 너무 무섭게 나와요. 딱 그 좋은 것만 내보내는 게 아니라 전국적으로 나쁜 거만 다나오잖아요. 그게 너무 안 좋아요. 애들한테도. 그리고 그런 것도 안했으면 좋겠어요. 강도를 했는데 뭐 어떻게 했다라는 걸, 그걸 왜 상세하게 다 얘기해요? 그럼 그거 애들보고 다 따라 하잖아요. 다른 사람 호기심 때문에 다 따라 하기 때문에 나는 나쁜 일이 더 많이 생긴다고 생각해요. 상세하게 다 말해주잖아요. 그냥 강도 이런 사건이 났다 이렇게 하면 되는데, 왜 이런 걸 다 얘기해 줘요? 저는 그거는 참 마음에 안 들어요. 그거는 애들이 다 따라하는 거예요. 그리고 애들 폭력 같은 것도 봐요. CCTV 그런 것도 난 안 나왔으면 좋겠어요. 그냥 그것만 딱 해서 얘기만 해주면 되는데 다 보여주잖아요. 그냥 그 행동만 했다고 했으면 되지, 그거보고 애들 다 해요. 다 따라해요. 호기심 많은 애들은 다 따라해요. 진짜에요. 그런거 나 안 좋아해요. 티비에서도. 그런 건 안 했으면 좋겠어요. 제 생각은 다른 분도 그렇게 생각하는지 모르겠지만, 저는 그렇게 생각해요. 티비에 안 했으면 좋겠어요. 안 나왔으면 좋겠어요.

▌한국에서 사람 만나기 ▌

저는 진짜 중국에서 제가 성격이 좋아서 그런지 전 주위에 친구 진짜 많거든요. 중국에는 그냥 지나가도 모르는 분들이 얘기하다보면 그냥 친한 친구가 되는데 한국에 와서 저는 제일 처음에 선후배요. 선배후배, 그거를 왜 그렇게 따지는지 참, 그게 제일 힘들더라고요. 저희는 그런 거 없어요. 근데 제가 음식점에서 일을 하잖아요. 제가 처음에 음식점에서 일을 했었잖아요. 제가 나이가 그때는 좀 어렸었거든요. 어딜 가나 제가 제일 막내였어요. 한 마디로 텃세요? 텃세? 대단하더라고요, 대단해요. 텃세가 대단해요. 아, 제가 일을 했던 데는 처음에는 제가 1년은 둘이 일하는데 있었었거든요. 그때는 몰랐어요. 그 언니도 이제 저랑 같은 데서 오신 분이라, 이제 생각하는 것도 똑같고 하니까 손발도 딱딱 맞아서 처음에 일을 잘 했었거든요, 재밌었었는데, 거기서 일을 안 하고 다른 데 이제 취직했어요. 좀 더 큰 데 들어갔었어요. 거기는 홀 직원만 15명 이렇게 돼요. 그 중에서 제일 막내였어요. 근데 언니들이 진짜 진짜 힘들게 하더라고요.

예를 들면 자기들이 해도 되는 걸 시키고 뭐든지 그래요. 본인이 스스로 해도 되는 거 다 시켜요. 그래서 저는 아, 제가 막내여서 그렇구나 생각했었는데 그게 아니더라고요. 왜냐면 제가 들어가서 얼마 안 돼서 저는 다 친해졌거든요. 지금은 언니들하고 다 잘 지내요. 근데 저보다 이제 나이 많은 분 들어왔어요. 새로운 식구 또 들어오잖아요. 근데 그분은 나이 많은데도 언니들이 그렇게 하더라고요. 그런데 잘 지내다가도요 두 번이나 싸웠어요. 왜냐면 이제 그거는 진짜 민족성인 것 같아

요. 저랑 저보다 한 살 위인 저희 고향에서 온 언니, 언니라고 하죠. 그
언니가 잘못하고 가게를 나갔어요. 저는 2년 동안, 3년 동안 언니들이랑
참 잘 사귀고 아무 문제없이 지내왔었었거든요. 지내왔었었는데 그 언
니가 잘못을 하고 나가니까 그 불똥이 다 저한테 튀더라고요. 저는 아무
잘못이 없었었는데, 저한테 그 불똥이 오는 거예요. 그래서 싸웠거든요.
싸웠었는데, 저보다 2살 언니하고 싸웠었는데 그 언니가 이제 같이 술
을 드시는 친구 분도 계세요. 둘이 술을 마시면서 저를 혼내주라 어쨰
라, 이러면서 이튿 날에 일주일 내내 저를 힘들게 하더라고요. 일주일
내내 저는 참았었거든요. 참았는데 그날 딱 저를 또 건드리는 거예요.
그래가지고 또 둘이 싸웠었어요.

▎스스로 강하다고 생각했는데 ▎

저는 진짜 제가 강하다고 생각했었는데, 그때 참 제가 못났다고 생각
되더라고요. 내가 왜 이런 곳에까지 와가지고 이런 대우를 받아야 되나.
내가 만약에 한국에서 태어났으면 이런 대우를 안 받았을거라는 생각
있잖아요. 그런 생각 많이 나요.

그리고 이제 이런 일도 식당에 음식점 일도 제가 하고 싶어서 한 게
아니라, 친구 따라 강남 간다 이런 거 있잖아요. 제 친구가 거기서 일을
했었거든요. 제가 전화를 했어요. 친구한테. 내가 이제 서울 가면은 무
슨 일을 해야 되나 이러니까 당연히 음식점에서 일을 해야지 이러더라
고요. 그래서 음식점을 일을 하다보니까, 아, 나는 당연히 음식점일 밖
에 할 수 없구나. 이렇게 생각되더라고요. 그런데 제가 운이 좋은 게 뭐
냐면 그 음식점에서 일을 하다가 이제 그 양산회사 사장님을 알게 됐어
요. 거기서 서빙을 하는데 중국어 얘기를 하는 거예요. 그래서 제가 살
살 듣다가 아, 사장님이 안 계신 사이에 중국분하고 "중국에서 왔어요?"
이렇게 물어보니까 중국에서 왔대요. 근데 그 중국분이 바이어인 거예

요. 그래서 사장님이 오게 되가지고 이 아가씨가 중국말 잘한다고, 이렇게 되가지고, 그 사장님 알게 돼서, 그 회사에 사장님 전화 왔어요. 처음에 가가지고 회사에서 간단한 전화 전화통화해주고 팩스 같은 거 번역해주고 이러다가 그 직장 사원 분들 중국어도 가르치고, 아침 제가 9시에 출근하거든요. 그러면 아침 8시에 일어나서 40분 동안 회사에서 중국어 가르치고 출근해서 또 다행히 저희 직장에 시간 비는 타임이 있어요. 1시 반부터 2시 반까지, 그 기회에 집에 가서 도와줬어요. 저희 집하고 회사하고 직장하고 참 가까웠어요. 그래서 그 시간에는 거기 가서 도와주고 이랬었거든요. 3년 하다가 이제 아빠가 출장 다닐 일이 생겨가지고 음식점은 그만두고, 그 회사는 출장이 너무 많아서 아빠가 반대를 하더라고요. 그래서 못했어요. 이제 애를 가져야 되니까 집에서 쉬어라 그 핑계 삼아 이제 쉬어라 이러더라고요.

근데 저는 집에 있는 성격이 아니어서 집에서 한 일주일 정도 있어보니까 도저히 집에 못 있겠는 거예요. 악세사리 판매점에 취직했어요. 음식점 말고 다른 데 한 번 하고 싶어서 구직 있죠. 들어가 보니까 판매업 있더라고요. 이거 한 번 도전해볼까? 이력서를 냈더니 내일 당장 출근하라는 거예요. 거기서도 한 2년 일을 하다가, 거기서 일을 하고 쉬고, 또 옷도 팔아보고 쉬고, 그러다가 애를 가져서 지금은 집에 있어요. 그것도 여기 내려오는 것도 이제 아빠는 맨날 출장 다니잖아요. 집에 있을 때도 맨날 출장 다녀요. 근데 할아버지가 어머님 안 계시고, 혼자 계시다 보니까 도련님 있어도 다 남자잖아요. 잘 안 챙기잖아요. 아버님 혼자 다 제가 와보니까 아버님이 밥을 해서 아들 둘을 출근시켜 보내는 거예요. 참 너무 안쓰러웠어요.

▮이제는 대화가 부드러워지고▮

그리고 처음에는 상대방이 얘기할 때 무조건 그냥 웃으면서 다 네네

네 했어요. 그러니까 조금은 좋아지더라고요. 그 다음부터 조금 조금씩 하고요 이제는 늦게 알아 들으면 알아듣고 나서, 아, 예 알았어요 해요. 반응은 늦지만요. 해석해서 얘기를 하고 처음 만난 분하고 얘기를 할 때는 먼저 물어봐요. 제가 얘기하는 거 알아들을 수 있어요? 물어봐요. 그때 아, 알아들을 수 있어요. 이렇게 하면은 그때 자신 있게 얘기를 하고 못 알아들어요? 하면 "실은 제가 중국에서 왔는데 지금 아직 언어를 잘 못해서 얘기를 잘 못하니까, 알아들을 수 없는 거는 여쭤보세요."하고 대화를 해요. 그때부터 대화를 시작해요. 그러다보니까 시간이 지나니까 차차차 이제 되더라고요. 처음에는 그렇게 대화가 시작됐죠. 아휴!(웃으며) 처음에는 한국말을 못하니까 답답하기도 하고, 진짜 막, 사람이, 정신이(말을 끝까지 잊지 못함). 어떤 걸 해도 주눅이 들어서 좀 그랬는데, 조금씩 자꾸 하다보니까 자신감도 생기고, 한마디로 언어가 트이니까 사람들하고 친해지는 그것도 괜찮아지더라고요. 사이도 좋아지고, 처음에는 말도 안하고, 다른 분들 항상 그래요. "인상이 참 차갑다" 저는 안 그렇거든요. 항상 지내보다가 "너는 보기보다 틀리다" "어떨 때 틀리나?" 그러니까 "처음에 너 볼 때는 되게 차가워 보였는데 지내다 보니까 그렇지 않네." 그런 소리 진짜 많이 듣거든요. 그러면 제가 "진작에 얘기하지, 나 원래 안 차가웠어." 근데 왜냐하면 내가 얘기를 해도 상대방이 내 얘기를 안 들어줄까봐. 진짜 그런 얘기를 많이 들어요. 왜냐하면 웃어주지를 못 하니까. 제가 못 알아들으니까요(웃으며).

그냥 처음보다 다 자연스러워진 것 같긴 해요. 말하는 것도 그렇고 사람 사귀는 것도 그렇고 언니랑도 얘기를 하면 알아듣고 얘기를 해주거나 반응이 있어야 되는데 저는 못 알아듣고 무표정하게 있으니까 안 좋아하잖아요. 근데 지금은 그냥 제가 얘기를 해요. 언니가 얘기하는 거 내가 미처 못 알아 들어서 이해를 못해서 그렇다고 얘기 하거든요. 그러면 언니가 한참 지나서야, 아, 넌 괜찮은 애였는데 왜 그랬을까 이렇게 얘기를 해줘요.

▮한국 와서 새롭게 알게 된 것 ▮

한국 사람들은 사우나 많이 가잖아요. 진짜 한국 아줌마들은 피부에 대해서 참 열정, 열정이에요. 저희는 전 집에서 20년 살다가 왔지만요. 크림, 크림 하나만 발랐었어요. 근데 한국 와서 여러 가지 좀 바르거든요. 진짜 화장품 얘기하면 너무 웃겨요. 처음에는 제가 왔다고 저희 고모랑 이제 한 세트 사줬어요. 선물로 저를 줬어요. 근데 뭐 어느 것부터 발라야 할지 어떻게 알아요. 이것도 바르고 저것도 바르고, 다 발라가지고 얼굴이 완전히 얼굴이 여기 여드름 나가지고 혼났었어요. 진짜 많이 피부가 되게 좋았었거든요. 근데 그걸 바른 다음부터 피부가 양쪽 여기가 난리 났었어요. 처음에 진짜. 골고루 안 발라서 그런지 저한테 안 맞아서 그런지(웃으며). 그리고 화장품 너무 많아요. 양이. 저희는 딱 두 가지만 바르면 되거든요. 크림하고 저희는 분 바르잖아요. 그것만 바르면 돼요. 루즈하고. 저도 화장품 안 써봐서 이름은 모르겠지만. 분 같이 생긴 거 있잖아요.

저희는 크림하고 분만 발라요. 다른 건 안 바르거든요. 근데 여긴 에센스, 크림, 스킨, 로션, 에센스, 뭐 또 아이크림 많잖아요. 수분크림도 있고, 영양크림도 있고, 거기다가 또 이제 파운데이션도 발라야 되고, 저는 그런 거 잘 안 발라요. 요즘에는 스킨, 로션하고 비비크림, 고거만 바르거든요.

▮한국 사람들은 ▮

한국 사람들은 일도 열심히 하고, 협동심이 좋아요. 중국에는 별로 없는데 한국 사람들은 협동심이 많이 큰 것 같아요. 뭐든지 혼자서 하는 게 아니고 여러 명이서 모여 가지고 합동적으로 뭐 하는 것처럼. 중국에는 그런 거 잘 없거든요. 만약에 예를 들면 내가 월급을 못 받았어요 사장님한테. 그럼 같이 일하는 분들이 사장님한테 다른 데 가가지고 신고 해서 그런 거 하는 것도 있고, 올림픽 같은 것도 보면은 막 다 모여서, 막 같이 응원하고 그러잖아요. 진짜 그 협동심이 큰 것 같아요. 협동심 도 크고 감정이 풍부한 것 같아요.

　근데 약속을 잘 안 지키는 것 같아요. 저는 약속 딱딱 지키는 스타일 이거든요? 11시에 만나자 그러면 저는 10분 전에 가서 앉아 있는데 여 기는 그 친구는 안 와요. 한 시간이 되도 안 오고, 약속 잘 안 지켜요. 중국에서는 제 친구들 약속 안 지키면 무조건 제가 혼내기 때문에 무조 건 와야 되거든요.

　아! 저는 한국사람들 되게 좀 뭐라고 할까. 저희 중국 분들은요, 좀 다 알기 전까지는 자기 속마음을 다 안 드러내요. 근데 한국 분들도 그 런 면들도 있지만은 그래도 좀 친해지면요. 친해지면은 되게 가까이 친 해지다가도 어느 순간 모르는 사람처럼 변해요. 중국에서는 어짜피 다 중국인이니까 괜찮았는데, 한국은 막상 다가가기가 힘들더라구요. 왜냐 하면 첫째는 이제 제가 친해지고 싶잖아요. 친구가 없으니까. 친구하고 싶은데 첫째는 제가 얘기하는 거 알아들을 수 있는지, 이해를 할 수 있 는지, 아니면 나랑 친구하고 싶은지 의심이 많이 가잖아요. 그러니까 한 사람 여러 번 만나 다른 데 같으면 한 번 딱 만나서 아, 반가워요 사귀 고 싶어요. 이렇게 얘기를 하잖아요. 근데 여기는 여러 번 만나서야만이 아, 얘기하고 싶은데, 친구하고 싶은데 괜찮냐고 여쭤보거든요. 그런 방 면에도 그렇고 이제 첫째는 다가가기 어려워서 그렇고, 친해졌어도 이 제 진짜 저는요 제 생각에는 그래요. 막 친해졌으면 진짜 친언니 저보다 나이 많으면 친언니하고 싶고, 저보다 나이 어리면 내 동생처럼 대해주 고 싶은데 안 그렇더라고요. 그런 방면에서 좀 어려워요. 많이 어려워 요. 저는 막 제 속을 다 드러내서 대해주고 싶은데 안 그렇더라고요. 진 짜 잘 모르겠어요. 난 이게 참 이해가 안 가요. 이유를 모르겠어요. 중국 분들은요. 친해지면 진짜 진짜 친자매처럼 지내요. 그리고 틀어지면 이유가 다 있어요. 이렇게 이렇게 해서 사귄다 그렇지만 여기는 아니에요. 무조건 자기 혼자 싫어해요. 나는 왜 그런지도 이해가 안 가더라고요. 참 난 아직까지도 모르겠어요. 그 분이 왜 나를 싫어하는지 저는 그 분한테 그렇게 잘 했었는데. 싫어하는데 물어도 볼 수도 없고 이유도 없어요. 진짜 4년 동안 그 언니하고 진~짜 친자매처럼 지냈거든요? 형부하고도요? 어느 날인가 제가 임신 그렇게 안 되가지고 그렇게 힘들어했었는데, 임신 딱 해서 애기 업고 갔죠, 안 좋아하더라고요. 이상하게 안 좋아하더라고요. 제가 잘 되는 거 안 좋은가봐요. 남이 잘 되는 꼴을 안 좋아하더라고요. 그리고 제가 싸웠다는 언니도 그래요. 저보다 두 살 많은데, 그 언니는 이제 혼자 살아요 딸하고. 결혼 전에 애를 낳았거든요. 한국분이에요. 결혼 전에 애를 낳았는데 어머니하고 그러니까 어머니도 딸하고 같이 살았었거든요. 둘만 살았었거든요 아빠 없이, 근데 딸도 그렇게 됐잖아요. 근데 저는 저희 남편 만나서 되게 행복하고 같이 이제 맨날 어울리잖아요. 그리고 결혼식도 막 "축하한다" 그러면서 "가게에서 해라, 여기해서 해라." 이렇게 얘기를 했었어요. 그러더니 어느 순간 그게 질투가 나는가 봐요.

▮질투 그리고 삶의 차이▮

제가 행복한 게 질투가 나는 거, 나는 진짜 그게 이해가 안 되더라고요. 저는 그 언니는 진짜 언니처럼 딸한테도 간식도 사 먹이라고 돈도 주고 그랬었는데 어제까지만 해도. 어느새 다른 사람처럼 변해가지고 왔어요. 이해가 안 되더라고요. 왜 그런지. 그러니까 민족차이가 난 거기에서 내가 중국에서 와서 그러나? 내가 한국사람 아니어서 그러나? 그런 생각 많이 들더라고요. 아무튼 친구가 되기도 쉽지 않고, 되고서도 마음을 다 털어놓기도 힘들고 그렇더라구요. 그게 아마 첫째는 개인적인 게 많겠죠. 그런 것도 있고 문화도 좀 다르니까 왜냐면 나는 이거 먹

고 싶은데 아 언니는 이거 먹고 싶어요. 그럼 저는 어쩔 수 없이 언니가
먹고 싶은 거 할 수 밖에 없잖아요. 중국에는 다 그 음식을 다 좋아하니
까 다 같이 먹을 수 있잖아요. 그리고 친해지면, 한국 분들은 저희 중국
에서 왔다고 하면 많이 더러운 줄 알아요. 더럽다고 생각해요.
　안 씻는다고 생각을 하는 건지 아무튼 어쨌든 지 간에 "중국사람 되
게 더럽지?" 한 번 만나면 딱 그 얘기를 하는 거예요. 그래서 내가 아니
더러운 사람은 더럽고, 깨끗한 사람은 깨끗하고 한국 사람하고 다 똑같
애요. 그러니까 어딜 가나 사람 사는 건 다 똑같지 않냐고, 제가 그렇게
얘기하거든요. 안 그렇대요. 뭐가 안 그래요. 다 똑같더구만 제 보기에
는. 그런 것도 그렇고 사람마다 다 틀린 데 받아들이는 게 좀 그러한 거
같애요. 사람마다.
　그리고 아무튼 한국 분들은 좀 이렇게 뭐라고 할까, 진짜 자유국가잖
아요. 진짜 한 마디로 자유로워요. 저희는 음, 뭐랄까, 그런 방면에서는
조금 저희 중국 분들이 자유롭지는 않은 것 같아요. 한국 사람들이 중국
사람들에 비하면 자유롭긴한데 뭔가 여유가 없고, 초초하고 불안해 보
여요. 왜냐면 앞으로 어떻게 될 줄 모르잖아요. 사람 사는 게 좀 편하게
살아야 되는데 항상 긴장하면서 살잖아요. 눈만 뜨면 아침에 일어나면
오늘은 또 무슨 일이 생길까? 아니면 내가 이렇게 살다가 돈 이렇게 모
아서 앞으로 잘 살 수 있을까? 뭐 그런 경제적으로 하는 걱정들이나 아
무튼 불안해요. 항상 불안해요. 왜냐면 하루살이 같이 사는 것 같고, 저
녁에 잘 때 되면 오늘도 참 빡빡한 생활을 했지만 항상 불안한 마음이
많거든요. 저도 한국에 살고 있어서 그런지 불안한 마음이 생긴 거예요.
남편이나 시부모님, 시누이랑 문제가 없는데도 항상 마음속이 불안해요.
그래서 그런지 예전에는 몰랐는데 아니 안 그랬것 같기도 한데, 조금
감정이 복잡할 때가 많아요. 사소한 거 가지고 일이 변하고 마음에 얘기
를 다 못하고 돌아서면요 잠을 못자거든요. 이튿날에 만나서 찾아가서
만나서 다 얘기 풀어야 만이 이제 좀 편하거든요. 저는 항상 마음이 불

안해요.

나중에 중국으로 돌아가면 지금 불안했던 게 편안할 것 같애요(웃으며). 지금은 안정적이지 못해요. 제 생각에는 항상 불안하고, 그리고 여기는 세금 내는 게 참 많아요. 제가 만약에 소득이 없으면 세금은 내야되고, 저는 돈이 없는데 이런 것도 불안해요. 저는 이런 거 밀리는 거안 좋아하거든요. 남한테 빚지는 것도 안 좋아해요. 저는요 남들한테 천원 꾸어도 이튿날에 빨리 바로 갚아야지, 안 갚으면 내내 마음 속에(웃으며). 계속 신경쓰여요. 이런 영수증 같은 것도 오면요. 바로바로 내야지 이렇게 쌓아놓는 건 못살겠더라고요. 그래서 그런 방면도 있고, 아무튼 여러 방면이 좀 그런 게 있어요.

▌양보의 나라▐

아무래도 중국이랑 한국이랑 생활하는 방식이나 생각 같은 게 많이 다르니까 스트레스 많이 쌓여요. 예를 들면 중국도 지방마다 조금씩 틀리잖아요. 근데 저는 계속 다녀도 그런 스트레스라는 걸 못 받고 살았었거든요. 한국도 서울에 있다가 대구 온다고 스트레스 받고 그런 게 없잖아요. 중국은 아무리 돌아다녀도 중국이다 생각돼서 중국 각 지방 다녀도 다 이제 똑같은 중국인이니까 스트레스를 안 받았으니까 한국 오기전에도 적응을 잘 했었는데, 하물며 한국에 와서 적응을 못 하겠냐. 이렇게 하고 딱 왔는데 실제 저한테 그게 부딪히니까 참 막막하긴 했어요.

아! 어쨌든 한국 사람들은 한 마디로 아주 활발해요. 자유롭고, 불안해보이지만 성격이 아주 활발해요. 한국 분들 진짜 활발해요. 저희는 막그런 것도 있잖아요. 쑥스러운 얘기 못할 때도 있잖아요. 근데 여기 한국 분들은 그런 거는 좀 생각 안하고 얘기를 해요. 성격이 그런 방면에서 많이 활발한 것 같아요. 근데 다른 나라 사람들이 한국 사람들이 좀이기적이라고 생각하는 사람들도 있긴 해요. 근데 저는 안 그래요. 한국

사람들이 이기적이라고 하는 사람들도 있던데 제가 만난 사람들이 안 그래서 그런지 아니면 못 만나서 그런지 잘 모르겠지만 봉사하는 사람이 많은 것 같아요. 한국 와서 참 많이 느껴요. 그래서 저도 지금 다른 사람을 우선순위 하는 것 같아요. 우선적으로, 뭐라고 해야 되나? 어딜 가면 저희 중국에도 할머니, 할아버지들 버스 타면 비켜주고 하거든요. 하지만 지금은 별로 없어요. 그렇게 권하는 정도인데 여기는 자동적이 잖아요. 진짜 자동적인데 참 친절해요. 한마디로 친절해요. 한국 분들은 많이 친절해요. 저희 중국은 그렇게까지는 친절하지 않아요. 그냥 자기가 딱 앉으면 자기 위주로 살지만 한국 분들은 자기보다 더 다른 사람 우선순위로 사는 것 같아요.

제 생각인데 다른 사람 우선순위로 생각하는 게 더 나은 것 같아요. 자기만 위주로 사는 게 아니라 다른 사람 우선순위로 사는 게 참 좋죠. 참 배려하는 게 왜냐하면 저희 주부 같은 사람들은 이제 버스 타고 이러면 당연히 앉아가고 싶죠. 근데 자리를 안 비켜줘봐요. 참 힘들잖아요. 여기는 막 서로 자리를 권하고 이러잖아요. 이런 건 참 좋아요. 중국에는 누구도 쳐다보지도 않아요. 완전히 콩나물시루예요. 그렇게 힘들어도 누구 하나 뭐라 안 해요. 그냥 갈 때까지 가고 그러지. 간혹 가다 한 명씩 나오지만 이렇게 여기처럼 이렇게 열정적이지는 않아요. 지하철 같은 것도 타도 무조건 애 보면은 서로 막 자리를 하잖아요. 중국에는 그런 거 없어요. 그런 문화에 대해서 참 좋아요. 우선 순위적이고, 다른 사람 위해서 생활하는 게 참 좋아요 한국에는. 생활하는데도 참 편하고, 생활방면에는 진짜진짜 편해요 한국은.

▎한국 와서 후회한 일은 없어요 ▎

한국 와서 후회한 일은 없어요. 한국에 온 게 좋고, 저는 한국에 온 것을 후회한 적은 없어요. 한국에 잘 왔다고 생각해요. 왜냐면 저는 남편 만나서부터 한국에 잘 왔다고 생각해요. 제가 혼자였을 때는 옆에 할아버지 할머니가 있었지만 그렇게 도움은 안 됐었어요. 제가 너무 힘들었을 때 할머니 집에서 빚을 좀 안고 나왔거든요. 부도가 나는 바람에. 제 앞으로 이제 저는 6년 동안 살면서 은행이 어딘지도 모르고 살았었어요.

▎나도 모르게 바뀌는 생각들 ▎

중국에서 생활할 때보다 한국에서 생활 할 때 생각이 많이 바뀌었어요. 옛날에는 무조건 내가 하고 싶은 거, 무조건 밀고 나갔거든요. 근데 여기서는 뭔가 주춤해요. 왜냐면 내가 이거 해낼 수 있을까? 그전에는 그런 생각안하고 나 무조건 할 수 있어, 무조건 밀고 나가서 다 했거든요. 근데 여기서는 "나 이거 할 수 있을까?" 이런 생각을 하고 있었거든요. 제가 한동안은 진짜 우울증이 왔었어요. 왜냐하면 내가 얘기를 했는데 상대방도 이해를 못해주고, 그래서 초반에 한국 와서 한 1년 반 정도는 그랬어요. 제가 완전히 20년 동안 눈물 한 방울 안 흘리고 진짜 거짓말 안 하고 눈물 한방울 안 흘리고 컸거든요. 한국에 와서 1년 반 눈물, 콧물 흘리고 나니까, 내가 바보 되더라고요. 진짜 바보 됐어요. 가장 문제는 언어소통 안 되고, "아, 어디서 왔어요?" 이거 물어보는 거 참 두려워요. 사람 만나는 자체가 너무 두려웠어요. 그래서 어디서 왔냐고 물으면 "아, 저 설악산 밑에서 왔어요." 그랬어요. 왜냐면 여기 강원도 분들이 많다고 얘기 들었거든요. 아, 너 강원도에서 왔구나. 이러더라고요. "예 맞아요." "어디서 왔어?" "설악산 밑에서요." 맨날 그렇게 얘기를 했거든요. 그렇게 계속 처음에는 그런 것도 모르니까 어디가 어딘지도 모르니까, 1년 반 그렇게 진짜 바보처럼 살았었거든요. 그런 다음부터 아, 내가 이제 이렇게 살면 안 되겠다 생각했어요.

처음에 중국에서 왔다고 얘기를 못해서 강원도에서 왔다고 했던 건 제가 언어에 대해 자신이 없어도 그렇지만 제가 중국에서 왔다고 하면 저랑 얘기를 안 하려고 해요. 저도 그 이유를 모르겠는데 저랑 대화를 안 하려고 하더라구요. 그 전 까지는 제가 고향이 어딘지는 안 물어 봤을 때까지는 막 대화 잘해요. 그러다가 "말투가 되게 이상하네? 아, 어디 강원도에서 왔어요? 북한에서 왔어요?" 이렇게 물어보거든요. 근데 전 그게 뭐 그렇게 중요한지 모르겠어요. 내가 어디서 왔던지 간에. "제가 얘기하는 거 알아들을 수 있어요?" 알아들을 수 있대요. 그러면 됐지. 그게 뭐가 중요하냐? 그리고 한참 친해지면은 이제 다 얘기하거든요. 나 실제는 중국서 왔는데 이렇게 이렇게 돼서 왔다고 얘기를 해줘요. 그럼 그때쯤 받아들여주시더라고요. 근데 어디서 왔어요? 하면 중국에서 왔어요. 그 자리에서 얘기를 하면요. 대화를 안 해요. 그 다음부터는 쳐다도 안 보고 얘기도 안 해요. 그래서 강원도에서 왔다고 했죠. 왜냐하면 중국에 있을 때는 친구 많고, 저는 외로운 걸 진짜 몰랐었거든요. 스트레스라는 걸 모르고 살았었어요. 한국에서는 스트레스가 심해요. 맨날 맨날 스트레스예요. 진짜로 안 받는 날이 없어요. 언어, 언어, 언어가 정말 힘들더라고요.

▌중국산을 대하는 불편한 시선▐

그리고 중국산, 수입산을 아주 안 좋게 보더라고요. 저희 시아버님도 제가 이제 와서 처음에는 수입산 안 좋다 많이많이 안 좋게 생각했었거든요. 그래서 내가 아버님한테 이랬어요. 아버님, 왜 한국 국산이 좋은지 알아요? 한국 현지에서 심어서 바로 드시니까 맛있지요. 저희도 가면은 바로바로 해서 먹는 건 진짜 맛있어요. 왜 맛없는지 알아요? 그거 1년이고, 2년이고 맨날 방부제를, 콘테이너 박스 제가 들어가봤거든요? 엄청 더워요. 숨도 못 쉬어요. 그 안에. 그게요. 이틀만 되면 싹 썩어 버려요. 방부제를 안 치면요. 저희가 그거를 이제 실험하느라고 방부제 치고 중간치고 많이 치고 한 걸요 실험해봤거든요. 방부제 안 친건요. 벌써 하루 반만 지나버리면 싹 썩어버려요. 못 써요. 못 먹어요. 아예 못 먹어요. 근데 방부제를 친 거는 그나마 그대로 좀 오래 있거든요. 그래서 그거를 유지하기 위해서 방부제를 안 치면은 못 먹잖아요. 그래서 그거를 잘 유지를 하기 위해서 갖고 와서 먹는데 참 수입 안할 수도 없고, 그래서 내가 얘기를 해요 맨날. 그리고 현지에 가서 많이 해 보신 분들도 참깨 같은 것도 드셔보시면 맛있는가봐요. 그럼 와서 얘기를 하면은 "아, 진짜 맛있더라" 이 얘기를 하면 참 좋더라고요. 그게 맨날 시장 같은데 나가면 할머니들이 그거 수입산이야 이럴 때는 저희는 중국에선요. 수입산하면 그거부터 사요. 우선 수입산으로 들어온 한국산, 미국산 이런 거 진짜 좋아해요. 거부가 없어요.

한국사람들도 중국산 말고 미국산은 좋아한다고 들었어요. 근데 중국산은 안 좋아하더라고요. 저는 그것도 그래요. 중국산요. 중국에서도 아주 안 좋은 걸 갖고 오나봐요. 저도 모르겠는데. 참 그게 너무 안타까워요. 그리고 자꾸 안 좋다고 안 좋다고 계속 얘기 하니까 그런 말 있잖아요. 한 사람이 안 좋으면 다 나빠 보이잖아요. 그래서 더 그런가봐요. 그래서 처음에는 그게 너무 싫더라고요.

내가 한국 온 게 죄지 내가 그냥 중국에서 살았으면 이런 소리를 안 들잖아요. 내가 왜 한국에 와가지고 이런 고통을 받으면서 이런 말을 들으면서 이렇게 힘들게 살아야 되나, 진짜 그게 참 많이 생각나고 할아버지 생각나더라고요. 저희 할아버지가 맨날 하던 그 생각이 나더라고요. 저는 한국사람이잖아요. 조선족이요. 근데도 어려서부터 중국에서 오래 사라서 그런지 중국적인 성향이 많은 것 같아요. 성격도 그렇고, 중국 생각하는 것도 그렇고. 그래서 중국에 대해서 나쁘게 사람들이 말하고 그러면 기분이 더 나쁜 것 같아요.

언어 사용하는데 있어서도 아직 대화가 안 되는 건 아닌데 잘 안 되는 부분이 많이 있는 것 같아요. 제가 완벽주의자는 아니지만요. 좀 완

벽한 걸 좋아해요. 그런데 이제는 좀 포기해요. 옛날에는 완전히 다 완
벽해야만 좋아했었는데 이제는 제가 스스로 제가 힘드니까 그런지 제가
포기하게 되더라고요. 아 그냥 요 정도도 괜찮아. 그러다 보니까 많이
안 친해도 괜찮아. 나랑 얘기만 해주면 괜찮아. 이 정도로 전화 안 받아
도 돼. 처음에는요. 이런 생각도 했었어요. 하루라도 전화 저한테 연락
이 안 오고 전화 안 하고, 대화 안 하면요, 아, 나를 싫어하는가 싶어서
참 불안했었거든요. "언니, 어제 왜 전화 안했어요?" 이러면 "어제 바빠
서 이런 이런 일 있어서 까먹었다" 이렇게 하면 얘기를 해주면 아무 일
도 없었구나. 나한테 대해서 아무 생각도 안했었구나. 그렇게 생각하는
게 많이 바뀌었죠.

┃편안한 현재┃

　지금은 마음이 좀 편해요. 왜냐면요. 그 전에는 제가 왜왜 너무 힘들
었었냐하면요. 언어도 언어지만 제가 하고자 하는 일을 못 하면은 다 못
하면은 끝날 때까지 하는 성격이거든요. 근데 요즘에는요. 제가 노력해
도 안 되는 일은 안하려고 해요. 왜냐면 제가 힘드니까, 그거 하나는 제
가 제 자신한테 용서를 하는 거 같애요. 그 전에는 처음에는 제가 고집
이 좀 있어서 힘든 방면도 있었어요. 제가 하고자 하는 거를 안 되는 것
도 굳이 해내려고 했던 그런 방면도 있었고, 처음에는 많이 힘든 것 같
아요. 언어도 많이 막혔지만 해내고자 하는 그 힘이 저한테 더 스트레스
를 준 것 같애요. 한 가지 이거 안 되면 이쪽 것도 생각하면 되는데 두
가지 생각은 안 하고 계속 하나만 밀고 가니까 너무 힘들었거든요. 지
금은 한가지 안 되면 막 여러 가지 생각해요. 이것도 하고 저것도 하고
이러다 보면은 마지막에 결과가 나오더라고요.

▌나는 누구인가? ▌

저는 현재는 한국에서 살기 때문에 한국사람이죠. 국적이 이제 바뀌었으니까. 그리고 저는 원래 중국사람예요. 왜냐면 축구경기 할 때 있잖아요. 한국하고 중국하고 할 때는 한편으로는 한국 이기면 좋겠지 생각하지만, 한편으로는 또 그걸 생각해요. 그래도 스케이트 같은 것, 스포츠 그 경기 볼 때는 아, 그래도 중국이 이기면 기분이 너무 좋더라고요. 기분이 좋아요. 한국 이겼다고 생각하면 아, 당연히 한국은 이기겠지? 이렇게 생각하고, 중국 이겼다고 딱 들으면 기분이 좋더라고요 좋아요. 왜냐면 그 전에는 무조건 중국이 이겼으면 좋았었는데, 요즘에는 스포츠가 옛날에는 중국이 좀 강국이었잖아요. 요즘엔 중국이 너무 못 하는 거예요. 실망이에요. 예전처럼 잘 하면 계속 중국을 응원하겠는데 요즘엔 좀 뭔든지 뭐든 방면에 중국이 좀 떨어지는 거예요. 근데 한국이 대세잖아요. 한국분들 얼마나 노력을 해요. 그래서 이제는 무조건 한국 일에 찬성해요.

근데 저는 누가 물으면 중국사람이라고 저는 하고 싶어요. 왜냐면 저는 앞으로 중국 가서 살고 싶거든요. 노후에. 애들은 초등학교 다닐 시기니까 유학 가잖아요. 애들 유학 갈 시기에 가서 살려고요.

처음에는요. 저희가 신혼여행을 중국가기로 했었었는데, 처음에는 남편이 가보기 전에는 너무 무서워했어요. 그래서 신혼여행을 중국 못가고 다른데 갔거든요. 근데 살다가 저희 1년에 한 번씩 휴가 때 중국에 놀러 갔어요. 처음에는 처음 중국 갈 때는 남편이 너무 무서워 가지고 긴장했거든요. 보름 있는 동안 긴장 했었는데 갔다 오고 나서는, 두 번째 가자고 할 때는 막 가고 싶어 하더라고요. 두 번 세 번 가다보니까 남편이 중국이 살기 좋대요. 그래서 제가 앞으로 애들이 크고 하면 중국 가서 살고 싶은 마음이 있나? 여쳤더니 살고 싶대요(미소를 보이며). 그냥 왔다갔다 하면서.

중국에는 집이 있으니까. 애들도 유학 겸 유학시키면서 왔다 갔다 할수 있잖아요. 왜냐면 지금도 아빠가 혼자 돈 벌고 전 집에 있잖아요, 중국가면 생활비는 더 아낄 수 있어요. 그리고 아빠가 생활비가 좀 부족하다 싶으면 아빠가 와서 벌고, 아빠가 힘들 때쯤 잠깐 휴식하면서 와서있고, 이런 생각이어서 앞으로는 애들도 지금도 집에서 중국어를 가르치고 있고, 앞으로도 조금씩 가르칠 거예요. 아직 잘하지는 못해도 아이가 아직 어리니까 간단한 거는 알아요.

▌한국에서의 또 다른 느낌 ▌

타향살이라는 슬픔이 항상 마음속에 남아 있어요. 만약에 친구를 만나서 얘기를 할 때 서운한 얘기를 하면 속이 상해요. 예를 들면 얘기이야기를 하거나, 친구들과 잘 지내리라 생각했는데 그런 기대가 충족되지 못하면 속이 상해요. 한마디로 하면 타향살이의 슬픔, 항상 내 고향이 아니고 남의 나라에서 산다는 서러움이 자리 잡고 있어요. 한국이 내고향이라고 생각이 들지 않아요. 가끔 죽어도 고향에 묻히고 싶다는 생각이 들어요. 그래서 타향살이라는 노래에 대해 지금은 이해가 가요. 한국이라는 나라는 내가 살아야 되는 나라일 뿐이지 고향 같은 포근함은없어요. 그래서 마음은 항상 불안하고, 정착할 수 없다는 느낌이 들어요.

인간관계는 원래 자연스러워야 되는데, 한국에 와서는 인간관계를 계산해서 만나는 것 같아요. 여기서는 만나도 또 언제 헤어질지 모른다는생각 때문에 항상 깊은 만남과 교제는 어려운 것 같아요. 작은 것에도큰 상처를 받을 수 있는 것 같아요. 인간관계가 매우 좁고, 제한적이라서 금방 속상하게 돼요. 친구들이 서로 만나다 저를 빼놓고 자기들끼리이야기 할 때는 금방 무슨 얘기를 했는지 의심이 들어요. 그리고 궁금해져요. 중국에 있을 때는 그러지 않았는데 이런 일로 한국에서는 생각이많아져요.

▮내 꿈은 아직 남아 있어요▮

꿈이 있어도 지금은 못해요. 일단은 제가 주부다보니까 애들, 육아, 첫째는 육아고, 지금도 지금 애 때문에 못하잖아요. 하고 싶어도 못 하잖아요. 첫째는 육아, 그것 밖에 없어요. 저는 지금 생각하는 게. 그렇다고 누가 봐줄 사람이 없거든요. 시어머니는 안 계시고, 시아버지만 계시잖아요. 그러니까 안 보시고, 어린이집에 보낸다 해도 시간이 제가 퇴근 전에 오잖아요. 아이들은 육아 때 제일 중요하니까 지금은 어디든 출근하고 싶은데도 애 봐주는 분이 없어서 못하고 있어요.

그리고 중국에서는 선생님 되고 싶었는데, 한국 와서 보니까 회사 이런데서 회사원들 이제 한국, 회사원분들 가끔씩 중국어도 가르치고, 이제 회사에서 일하면서 회사원들한테 중국어도 가르치고, 이제 바이어들 오면 관광도 시켜주고, 한마디로 말하면 통역이나 번역하는 사람도 괜찮을 것 같다는 생각해서 해보고 싶긴 해요. 나중에 아이들 다 크고, 시간 좀 생기면 꼭 할거예요.

욱
탐

욱
탐

이름	엔티욱탐(1986년생)
출신국	베트남(다이닌)
출신국 가족사항	아버지, 남동생
한국 가족사항	시아버지, 시어머니, 남편, 딸1(6세), 아들1(4세)

▌한국에 오기까지 ▌

처음 제가 제 사진을 언니한테 보내주고, 한국에 있는 사촌언니가 친아빠가 아닌 사촌언니가 아빠라고 부르는 목사님에게 사진을 보여줬대요. 근데 그 사람이 지금 아주버님 이에요. 그렇게 해서 처음 남편이 베트남 와서 처음 남편 봤어요. 그러니까 언니가 사진을 주고, 아주버님이 남편한테 그 사진을 주고, 사진보고 좋아해서 베트남에 온 거예요. 베트남에서는 둘이 만나서 좋아하면 결혼하고, 그렇지 않으면 결혼하지 않아요. 베트남에서 처음 둘이 만나서 그 옆에 아주버님 있었어요. 처음에 저는 애기아빠가 남편이 아니라, 아주버님이 남편인줄 알았어요. 그래서 통역을 통해서 얘기를 나눴어요. 그 당시에는 마음에 들었는지 잘 몰라요. 아주버님이 마음에 들면 결혼하라고 했어요.

그냥 좋아해서 계속 만나다가 결혼해도 되는데, 그냥 제가 생각해 봤는데 그 전번에 한번 애기 아빠가 왔잖아요. 그리고 나중에 제가 조금 보고 싶었어요. 그래서 결혼하자고 말했어요. 애기 아빠가 결혼하자고 한건 아닌데 제가 결혼하자고 말했어요. 저는 제가 좋으면 결혼해요. 그리고 한국 가고 싶었어요. 가면 좋을 거 같고, 그냥가면 좋은데, 근데 다른 방법은 없고, 결혼해서 가는 방법이 제일 좋았어요. 그냥 가고 싶었어요.

그리고 옛날부터 가지고 있는 꿈, 꿈 있잖아요. 결혼하면 외국 사람이랑 같이 사는데, 그거 집도 예쁘고 따로 살잖아요. 그런 점 때문에 결혼한 거예요. 근데 갑자기 시집 있잖아요. 집보고 뭐 깜짝 놀랐어요. 근데 처음에 오면 집에 가만히 있잖아요. 바깥에 안 나가고, 근데 이렇게만 살면 괜찮은데, 밭에 가면 좀 힘들어요. 근데 지금은 괜찮아요. 그리고 시어머니가 따로 살면 행복해요. 지금은 같이 있잖아요. 그래서 못 살겠어요.

결혼은 베트남에서 옛날사람들이 하는 것처럼 했어요. 근데 다른 친구들보다 제가 젤 불쌍해요. 애기아빠 만나고 결혼했잖아요? 15일 만에 애기아빠 한국에 돌아갔어요. 한국 갔잖아요. 근데 제가 갑자기 임신했어요. 근데 수술해야 돼요. 애기는 안 낳고, 아직 서류도 안 됐잖아요. 근데 언니가 아주버님과 통화 했어요. 지금 임신했고, 아주버님이 수술하지 말고 그냥 두라 했어요. 그래서 남편이 15일 있다가 결혼 하러와서 결혼식 다하고, 남편은 다시 한국 가서 8개월 후에 애기아빠가 베트남와서 다시 만났었잖아요. 아기가 8개월 되었으니까 한, 한 두 달 있으면 애기 낳을 수 있잖아요. 그래서 한국으로는 못 갔어요. 서류하고, 그후 베트남에서 애기 낳고, 8개월 있다 한국에 왔어요. 근데 베트남 있을때 임신했잖아요. 근데 남자가 아니잖아요. 그래서 사람들 말 많았어요. 그래서 애기 낳고 다시 애기 서류까지 해서 한국 왔어요. 그래서 큰 딸은 이중국적자에요. 큰딸 임신하고, 서류 하고 한국 온다고 고생 많이 했어요. 그래서 제가 불쌍해요. 제가 애기 가졌을 때도 불쌍하고, 여기 있는 베트남 아줌마들도 불쌍해요. 그 때 남편이 빨리 올 수도 있었는데 서류 때문에 안 된다고 하니까 제가 어떻게 해요.

한국 와서 제가 아들은 안 낳고 있었거든요. 근데 한국 와서 시아버지가 하나 더 낳으라고 했어요. 근데 제가 베트남에 처음 만나서 빨리 임신했잖아요? 근데 여기서 애기 하나 더 안 낳으면 할아버지는 큰 아이가 다른 사람 아이라고 생각을 하고 있었어요. 그래서 제가 얘기했거든요? 베트남에서 피임기구 했다. 그래서 할아버지가 그거 하지 말고 애기 낳아라. 이렇게 얘기했어요. 그러면서 애기 낳으면 돈을 준다고 할아버지가 약속했어요. 그래서 제가 애기 낳았어요. 근데 처음에는 아이가 하나였잖아요. 근데 지금은 아들 하나 또 있잖아요. 그래서 큰 아이가 불쌍해요. 할아버지, 할머니가 다 아들만 예뻐해요. 큰 아이 이름도 절에 있는 스님이 이름 지어줬어요.

▮여기는 한국▮

처음에 공항에 내리니까 아버님과 아주버님하고 남편이 마중 나와 있었어요. 그리고 집에 처음 도착해서 아, 나 어디론가 빨리 도망가고 싶었어요. 집도 이상하고 사람도 맘에 들지 않고, 모든 게 다 낯설었어요. 그때 고모, 베트남 큰언니. 큰언니가 많이 위로해 줬어요.

동네에 처음 왔을 때 사람들이 말 많았어요. 근데 처음에 저는 몰랐잖아요. 할아버지 할머니들 무슨 말 하는지 몰랐어요. 사람들이 와서 저를 보고 그랬어요. 그래서 기분 나빴어요. 자기들끼리 얘기하다가 제가 오면 얘기 안 해요. 기분이 많이 나빴어요. 근데 제가 베트남으로 도망가고 싶을 때도 많았는데 언니 땜에 못 갔어요. 제가 가면 아이들 둘이 다 데리고 가요. 제가 그래서 어머니하고 싸움 많이 해요. 엄마한테 나 도망간다고 얘기했어요. 그러니까 엄마가 "가라 가라" 그래서 내가 "엄마 걱정하지마, 내가 가면 다 데리고 간다" 이렇게 얘기했어요. "가면 다 데리고 가고 혼자 가면 나 죽는다" 그렇게 얘기했어요.

제가 일도 하잖아요. 근데 할머니 저랑 아들하고 살잖아요. 아들 둘, 아주버님이 있었어요. 근데 이 사람들은 집에 일 안하고 와서 뭐든지 다 가져가요. 뭐 맛있는 거 하면 할머니하고 통화하고 가져가요. 돈도 안주고, 제가 애기 2명 있잖아요. 그 애들, 애기들에게 과자 좀 사줘, 이러면 말도 안 해요. 과자도 안사주고 옷도 안 사줘요. 그냥 집에 가요.

우리는 농사하잖아요. 집에 쌀 있잖아요. 그러면 남편하고 통화하고 남편이 "니, 쌀 좀 찧서(어)줘라." 그래서 오후에 가고 그래요. 그런데 가져갈 때 저한테 말해야 되는데 말도 안하고 가져가요. 근데 말해야 되잖아요.

동네사람들하고 지금은 얘기하고 잘 지내요. 동네에서 할머니하고는 잘 지내요. 근데 시어머니하고만(웃음). 시어머니와 싸우잖아요. 파리채 있잖아요. 시어머니가 그걸로 저를 때리려고 해요. 그럼 제가 말하잖아요. "엄마 패라, 엄마 패라" 파리채 있잖아요. 그걸로 저를 때리려고 해요. 근데 남편이 말려요.

　저는 기분이 좋지 않으면 말을 안 해요. 하지만 할머니 때문에 싸우잖아요. 할머니는 잔소리를 계속 해요. 이렇게 하라고 말하고, 저렇게 하라고 말해요. 그러면서 (손을 들어서 때리는 시늉을 하며)손을 이렇게 해요. 첨에 싸울 때 할머니가 머리를 이렇게 쥐었어요. 남편한테 제가 이렇게 말했어요. 제가 (베트남)고모하고는 몇 년을 살아도 고모는 그렇게 하지 않았는데, 할머니는 머리를 쥐었어요. 난 여기서 산 지 1년도 안됐는데, 왜 이렇게 하냐고 남편한테 말했어요. 그렇지만 남편은 한마디도 안 해요. 나는 잘못한 게 없어요. 할머니가 잘못했잖아요. 할머니가 계속 말해요. 2년 동안 용돈도 안 주고, 근데 용돈을 줘도 생일 있잖아요, 그때 돈을 주는데 시장을 보고 남으면 다시 돌려줘야 돼요. 지금도 똑같아요. 할아버지가 돈 좀 주잖아요. 얼마 얼마 썼는지 다 얘기해야 돼요. 남으면 줘야 돼요. 모자라면 받지는 못해요. 할머니가 파리채로 때릴려고 했지만, 남편이 막아서 때리지는 못 했어요.

　그래서 제가 남편한테 얘기했는데, 내가 지금 따로 살면 큰집에 절대 안 가요. 제사하면 가서 도와주고, 제사가 다 끝나면 혼자라도 나는 집에 온다고요. 앞으로 할머니 아파서 병원 가면은 그래서 입원하면 나는 절대 그거(간호) 안 할거예요. 형님한테 하라 그러세요. 그렇게 얘기했어요. 아버지도 똑같애요.

▌베트남과는 너무 다른 한국 ▌

　처음에 한국 와서 살 때 아주 좋았는데요. 한 달 후부터 힘들었어요. 처음에 왔을 때 방이 하나 밖에 없었잖아요. 저녁에 할아버지가 자면 같이 자고 안 자면 계속 같이 티비 봤어요. 혼자 자면 안 된다고 해서 같이 티비 봤어요.

한국 왔을 때 남편이랑 말을 잘 못했어요. 베트남에서 한국어를 배운 적이 없거든요. 그래서 처음에는 그냥 몸으로 말하고, 4개월 후부터는 학교에서 공부 했어요. 그래도 1년 동안은 잘 몰랐어요. 남편은 베트남 말을 배우지 않아요. 애기들도 베트남 말을 못해요. 제가 가르치지 않아요. 왜냐하면 베트남은 못 살잖아요. 그래서 제가 베트남 말을 안 가르쳐주고 있어요. 선생님들 이중 언어 가르쳐 줄 때 저는 베트남 말 안 가르쳐주면 좋겠어요. 베트남 말 이 외에 다른 말 가르쳐주면 좋겠어요. 그리고 애기아빠는 맏이가 아니고 막내인데 왜 같이 사는지 모르겠어요. 같이 살게 되면 "나 용돈 줘" 시장가면 용돈도 주고 뭔가 살 수 있잖아요. 그런데 지금은 용돈도 주지 않는데 내가 왜 같이 살아야 돼요? 일만 하고 돈도 주지 않는데 내가 왜 같이 사는지 모르겠어요. 그래서 지금 계속 같이 살면 나는 간다고 그랬어요. 그러면 남편은 "가라 니 가라"이래요. 근데 나는 돈 많이 벌어서 간다는 생각이 있어요. 근데 혼자는 아니에요. 다 데려 갈거에요. '애기를 못 데려가면 나는 죽는다'이렇게 생각해요. 딸 아이는 아직 엄마가 어디 가려고 하면 떨어지려고 하지 않아요. 베트남도 엄마랑 같이 가고 싶다고 그래요. 딸 아이는 엄마와 살고 싶대요. 근데 지금 내가 돈이 없잖아요. 그래서 큰 딸한테 "너 여기 살아. 엄마 동생하고 가서 돈 많이 벌어서 니 데리러 올께" 그렇게 얘기하면 같이 가자고 안 떨어지려고 그래요. 저는 지금까지 국적을 받지 않았어요.

처음에 내렸을 때부터 저는 아, 빨리 가고 싶었어요. 빨리 베트남으로 돌아가고 싶었어요. 모든 게 베트남이랑 달라보였거든요. 그래서 "고향가면 좋겠네"이 생각만 들었어요. 비행기 탔을 때까지는 괜찮은데 공항에서 비행기 내리니까 산이 너무 많아요. 고향에는 산이 없어요. 근데 여기는 산도 많고 나무 색깔도 이상했어요. 그래서 갑자기 집 보고, 아, 집이 왜 이런가 생각이 들었어요. 집이 베트남하고 다 틀렸어요.(달랐어요) 거기도 돈이 많으면 에어컨이 있고, 돈 없으면 없어요. 돈 없는 집은 선풍기만 있어요.

┃헝클어진 삶┃

저희는 잘 사는데 근데 좀 불쌍해요(웃으며). 다른 친구 있잖아요. 처음에 한국 왔는데, 그거 용돈도 주고, 뭐하고 싶으면 사줬잖아요. 근데 제가 한국 온지 2년 됐잖아요. 지금 5년 됐는데 용돈 하나 안 받아요. 남편이 일이 생기면 할아버지 통장으로 다 보내요. 할아버지 다 하잖아요. 또 남편이 작게 필요하면 괜찮고(주고), 큰 돈이 필요 하면은 또 잔소리하고 뭐라고 해요(웃으며).

집에서 부업을 할 때가 있잖아요, 집에 부업이 있으면 일을 할아버지, 할머니와 같이 해요. 그런데 때 봄이 되면 할아버지 할머니 놀러도 가시고 보통 그 밤에 9시, 10시쯤 되면 돌아와요. 그러면 제가 혼자 12시나 1시까지 혼자서 부업을 해요. 부업해서 한 달 일하면 돈은 각자 다 똑같이 받아요.

작년에 제가 한 달에 얼마 안 되게 부업을 했잖아요. 베트남에도 보내주고, 보낸 거 할아버지도 다 알아요. 금년에 제가 베트남 갔다 오려면 쓸 돈이 너무 작아요. 저번에 제가 베트남 갔잖아요. 남편과 같이 갔잖아요. 그런데 남편이 먼저 한국에 온다 했잖아요. 그런데 남편이 한국 와서 돈 좀 부쳐달라고 했는데, 제가 일한 통장을 남편에게 주고 제가 제 도장을 안 줬어요. 도장 없으면 제 통장에서 돈 못 빼잖아요. 그래서 할아버지가 남편에게 50만원을 빌려줘서 그것을 저한테 부쳐줬어요.

남편은 일을 하면 돈을 할아버지에게 다 줘요. 제가 불쌍잖아요. 다른 사람은 일하면 남편이 돈 다 갖다 주고 하는데, 남편은 할아버지에게 다 주니까요. 저한테 안 주고요. 근데 할아버지도 저한테 돈 안 주세요. 그래서 할 수 없이 제가 부업을 해요.

전번 농협에서 모국 방문 프로그램이 있었어요. 그런데 제가 고향가면 여기 안 오고 싶어요. 베트남 가면 엄마도 없고, 고모가 말하기를 제가 애기가 둘인데 "니가 어떻게 베트남에서 혼자 살 수 있느냐?" 이렇게 얘기해요. 그래서 베트남에 가도 제가 빨리 돌아오게 돼요.

혼자서 돈을 벌어서 애기 키우고 해요. 애기들이 학교 가면 돈 나오
잖아요. 그거 하고, 제가 과자나 우유를 사면 먹고 안 사면 못 먹고 그
래요. 혼자 다 스스로 해결해요. 그래서 제가 남편과 얘기했는데 남편은
"참아라 참아라" 라고만 그렇게 얘기해요. 남편이 이상한 거 아니고요,
남편이 엄마, 아버지 말만 잘 들어요. 제 말은 잘 안들어요. 근데 제가
남편과 지금 같이 사니까 남편이 애기들 필요한 물건도 사고 보살펴야
돼요. 아버지, 어머니가 좀 높아요. 그래서 제가 따로 살고 싶다고 남편
한테 말해요. 남편이 지금은 돈 없어서 못 나간다고 해요. 그래서 제가
남편이 지금 몇 살인데 통장에 돈이 없나 이렇게 얘기했어요. "사십 살
인데 통장에 돈이 있나?" 그러면 남편은 "나는 지금 돈이 필요 없어. 나
중에 아버지 돌아가시면 나는 아버지 돈 다 가질 수 있어." 이렇게 말해요.

▌우리 부부는 잘 지내는데 ▌

시아버지하고 같이 있잖아요. 우리 둘이는 잘 지내요. 근데 갑자기 할
아버지가 오면 남편이 부끄러워 민망해해요. 집에 경로당 할아버지들
자주 오고 그래요. 그래서 둘이 있을 시간이 적어요. 평소에는 둘이 친
구처럼 지내요. 우리 두 사람 사이에 문제는 없지만, 돈이 없어서 복잡
해요. 사람은 좋은데, 아버지 어머니 말만 듣고 제 말을 안 들어 속상해
요. 애기아빠는 "지금은 속상해도 참고 살아라" 이렇게 말해요. 그래서
속상해요. 다른 문제는 없어요.

▌부업을 하다 ▌

가족들 살림하는 반찬 사는 것은 돈을 거의 받은 적은 없어요. 할머
니가 그냥 김치, 밥하고 시래기 있잖아요, "이것만 먹어" 이러는데, 이

제 나는 고기 좀 사고 싶은데, 시어머니는 그냥 이것만 먹지 고기 뭐 필요 있냐고 해요. 근데 제가 고기를 사면 애기가 먹고 안 그러면 못 먹고 그래요. 그래서 제가 불쌍하다고 했잖아요. 돈을 안 주니 반찬을 살 수가 없어요.

베트남 음식을 먹고 싶을 땐, 제가 부업한 지 2년 됐는데요. 그럼 제가 돈 있으면 제가 혼자 사고 그래요. 부업하면 제가 아주 많이 하면, 백 몇 십 만원도 벌고 그래요. 근데 제가 돈 받으면 돈 금방 다 날아가요. 이 돈으로 베트남에 돈 보내주고, 제가 더 보태서 우유 사고해요. 할아버지가 보태주시기도 하고.

▌베트남 가족에게▐

베트남에 있는 집하고 제가 통화하면 집에서 싫어해요. 제가 남동생이 있잖아요. 남동생하고만 연락해요. 여기에 주위 분이 도와주서서 통화를 하고 연락해요. 제가 지금 동생 비자신청하면 3개월밖에 받을 수 없어요. 근데 지금 그게 잘 안 되고 있어요. 전화하는 것을 시아버지가 싫어해요. 그래서 할아버지 할머니가 집에 없을 때 제가 통화해요. 근데 포항 사촌언니가 있어서 전화를 가끔 하는데 5분 이상 하지 않아요. 전화세가 많이 나와서.

제가 2011년 12월 달에 동생이 베트남에서 대학을 졸업했어요. 그래서 지금은 돈을 보내지 않아도 돼요. 그 전에는 한 달에 20만원 보냈어요. 제가 한 달에 부업하면 30만원, 40만원 벌어요. 그리고 20만원 보내고 우윳값 6만원에서 7만원 들어요. 그래서 나머지 돈은 시장 한 번 가면 없어져요. 남편은 돈 보내는 거 다 알아요. 시어머니와 시아버지도 돈 보내는 거 알아요. 근데 아무 말도 안 해요. 근데 시어머니가 "니가 부업해서 돈 벌면 니 아기를 봐주지 않는다"고 말했어요. 그래서 내가 "엄마 안 봐줘도 돼" 이렇게 얘기했어요. 그래서 할머니가 "그럼 니 마음대로 해" 했어요.

　작년에 베트남 한 번 갔다 왔어요. 부모님 뵈러 시어머니하고 남편하고 애기 둘 하고 다섯 명 갔어요. 가족은 지원해서 공짜로 갔고, 할머니는 돈을 내고 갔어요. 베트남에 있을 때 한국 사람은 돈 많은 사람이라고 생각했어요. 우리는 주로 드라마를 봤어요. 한국사람뿐만 아니라 다른 나라 사람들은 결혼하면 돈이 많은 사람이라고 생각했어요. 중국 사람하고도 결혼하려고 생각했는데, 언니가 한국 사람을 소개해서 한국 사람과 결혼했어요. 2006년 7월 10일에 결혼했어요.

　제가 옛날에 드라마 좋아했어요. 제가 궁금한데 한국사람 드라마 주인공이 왜 예쁜지 궁금했어요(웃음). 제가 그 드라마 보고 있잖아요? 한국 드라마 참 많이 봐요. 근데 제가 한국 와서 보니까 성형수술 해요.

▮한국 음식, 그 낯선 것과 마주하기 ▮

　한국에 와서 가장 싫어하는 것, 청국장을 싫어해요. 지금도 안 먹어요. 된장은 좀 먹어요. 맵게 하면 맛있어요. 지난번에 할머니가 된장 만드는 거 봤는데 콩(메주)있잖아요. 그 콩이 날이 뜨거우면 벌레 나와요. 벌레 나오면 주워내는 걸 제가 봤어요. 콩에 벌레 나오는 거 봤어요. 그래서 제가 엄마한테 먹지 말고 버리라고 했어요. 그래서 엄마가 "알았어. 버릴게. 소 갖다 준다."고 했어요. 근데 갑자기 안 갖다 줘요. 제가 집에 없을 때 할머니가 숟가락으로 벌레만 빼서 다시 먹으려고 버리지 않았어요. 그래서 제가 다 버렸어요. 그래서 안 먹어요. 제가 남편한테 얘기했어요. 엄마가 왜 이러는지 왜 이렇게 하나. 그 벌레 나와서 어떻게 먹으려고 하나. 제가 정말로 봤어요. 숟가락으로 벌레를 뜨는 것을 정말로 봤어요. 제가 형님한테도 먹지 말라고 얘기 했어요.

　마늘은 먹어요. 맛은 없지만 조금은 먹어요. 처음에 음식을 주셨는데 저는 안 먹었어요. 하지만 지금도 똑같이 안 먹어요. 입맛이 맞지 않아서 지금도 안 먹어요. 맛이 없어요. 이상하고, 그리고 할머니가 밥을 하시잖아요. 그런데 할머니가 밥 하는 거 보면 너무 더러워요. 왜냐하면 (손으로 음식을 집는 흉내를 내며) 손으로 이렇게 음식을 만지고 맛보고 더러워요. 그래서 지금도 할머니가 만든 건 안 먹어요. 처음에는 할머니가 요리하는 걸 못 봐서 조금은 먹었어요. 그래서 할머니가 만든 거 제가 다 버리고 해요. 너무 이상해요. 그래서 할머니가 음식 하는 걸 제가 따라서 만들기도 해요. 할머니가 만든 걸 보고 제가 똑같이 만들어요. 그래서 그 음식을 다 버려요. 지금도 할머니가 김치 만들면 안 먹어요. 제가 만드는 것을 안본 것은 먹어요.

할머니가 자주 물어요. "너 왜 안 먹니?" 하지만 저는 그냥 안 먹고요, 아침, 점심, 저녁, 라면만 먹어요. 생각 없이 그냥 라면만 먹어요. 맛있으면 라면 몇 개를 먹고, 맛이 없으면 한 개만 먹어요. 한국음식 중에 제가 잘 만드는 거는 미꾸라지 국, 추어탕, 추어탕 만들 수 있어요. 봄 되면 논농사 하잖아요. 그래서 그 논에서 키우는 미꾸라지도 잡고, 추어탕도 만들어요. 베트남에는 그 추어탕 없어요. 비 오면 미꾸라지 잡고요. 처음에는 힘들었어요. 근데 비오면 계속 미꾸라지 잡아요. 그래서 할머니가 해보라고 했어요. 저도 처음에는 싫어했어요. 근데 할머니가 계속 하라고 했어요. 그래서 나중에는 기계를 사서 만들었어요. 한국 음식 중에 특별하게 맛있는 거는 없지만, 해물탕을 좋아해요. 한국하고 베트남은 해물탕 비슷해요.

집에서 베트남 음식은 잘 안 만들어요. 그거 만들면 할머니가 싫어하세요. 할머니가 안 좋아하잖아요. 그냥 안 먹으면 돼요. 나중에 학교(센터) 식구들 만나잖아요. 언니들 음식 만들고 하면 그때 같이 먹어요. 그리고 돈도 아깝잖아요.

임신했을 때 입덧할 때도 안 먹었어요. 그때 베트남 음식을 먹고 싶었는데 집에서 만들면 맛이 없어서 안 먹어요. 큰딸은 처음 낳았을 때 2.4kg 였어요. 근데 너무 작잖아요. 그래서 살찌게 하려고 밤에 잠을 많이 재웠어요. 많이 자면 금방 커요. 둘째 임신했을 때도 많이 안 먹었어요.

할머니한테 베트남 음식 먹고 싶다고 얘기하니까, 할머니가 첨에 얘기하기를 한국 사람이니까 한국 음식 먹어야 한다고 그랬어요. 그래서 저는 이렇게 생각했어요. 안 좋으면 안 먹으면 되지. 근데 지금은 제가 돈이 생겼잖아요. 그래서 지금은 하고 싶을 때 하는데 잘은 안 해요. 그게 너무 힘들어요. 그냥 라면 먹는 게 편해요. 라면 한 박스 사면 며칠이면 다 먹어요. 근데 할머니가 "니는, 라면 많이 먹으니까 제발 좀 사지 마라"고 그래요. 하지만 제가 바깥에 나오면 할머니 말도 필요 없고, 라면을 사요. 큰애도 지금 밥도 안 먹고 라면을 좋아해요. 학교가면 먹어요. 집에서는 잘 안 먹어요. 할머니가 집에서 밥 먹으라 하면 큰애는 토한다고 안 먹어요. 계속 먹어라 그러면 울어요. 그래서 "니 뭐 먹고 싶니?" 엄마가 사주려고 그러면 그냥 과자만 먹어요. 칼국수도 안 먹고 베트남 음식도 안 먹어요. 근데 애기가 좀 말랐고 키는 큰데 말랐어요.

▮ 종교 ▮

베트남에서 이마에 눈 하나 그려져 있는 종교 있는데 이름은 모르겠어요. 그거 믿었어요. 그거 믿으면 한 달에 8일 정도 고기를 못 먹고, 두부를 먹어요. 근데 여기서는 시어머니하고 절에 가요. 나는 절에 가면 좀 이상해요. 절에 부처님이 너무 못생겼어요. 생긴 게 좀 이상해요. 기도하는 것도 이상해요. 사람들이 절에 가면 같이 가고, 교회도 같이 가요. 제가 베트남 있을 때 믿었던 것 외에는 안 믿어요. 여기서는 사람들 하는 대로 그냥 따라 해요.

▮ 나의 꿈 ▮

한국어는 문화원에서 배우고 있어요. 아직까지 2단계 한글 공부해요.

계속 열심히 할거예요. 농협여성대학에서 한글공부하고 있어요. 제가 자격증 받고 그 후에 여행사 차리는 게 제 꿈이예요.

▮낯선 곳, 힘든 삶▮

애기가 학교에서 베트남 엄마라고 다른 사람들에게 놀림 당한 적은 없어요. 절대 없어요. 큰딸은 엄마가 외국 사람이니까 한국말 잘 모르잖아요. 그래서 친구들에 비해서 말하는 것이 조금 떨어져요.

저도 그걸 알고 있어요. 그래서 제가 딸애한테 미안하다고요. 딸애가 말을 잘하기 위해서는 다른 친구들과 어울려야 되는데, 어울리기는 하는 데 말이 늦어요. 그래서 속상해요. 딸애는 할머니를 안 좋아해요. 어떨 땐 "나 할머니 싫어, 할머니 싫어" 라고 말해요. 할머니도 손녀를 좋아하는지는 잘 모르겠어요. 그냥 똑같은 것 같아요. 근데 남자아이는 좋아해요. 남자만 좋아해요. 작은 아이는 지금도 똑같이 좋아해요. 작은아이가 낮에는 할머니와 할아버지와 같이 있고, 밤에는 엄마하고 같이 자야 돼요. 밤에 엄마 잘해야 돼요. 엄마하고 따로 안자요. 큰 딸은 할아버지 할머니랑 한 번도 잔적 없어요. 엄마하고만 자요. 그리고 저도 안 보내줘요. 큰 딸도 안 가려고 그래요.

큰 아이는 유치원에서 문제는 없어요. 그런데 다른 아이들 보다 말이 조금 떨어져요. 그래서 눈높이 교육, 집에서 계속 해야 돼요. 딸 아이가 학습지를 안 하면 다른 친구들 보다 떨어져요.

제가 돈 때문에 괴롭잖아요. 제가 돈 있으면 한국 사람하고 결혼 안 해요. 같은 나라 가면 애기들이 공부 잘 해요. 나라가 다르기 때문에 말을 잘 못 해요. 근데 여섯 살인데도 다른 친구들보다 말을 잘 못해요. 제가 방문도 하고 학교도 가고 시험도 보고 하면 딸아이가 말을 더 잘 할 수 있어요. 제가 모르면 아이들이 더 떨어져요.

아이들 모두 여기서 대학교까지 공부했으면 좋겠어요. 공부해야 돼요. 엄마는 가르쳐 주고 싶어도 잘 모르잖아요. 엄마는 한국에서 배우는 공부를 못 하잖아요. 아이들이 다른 친구들 보다 못해서 제가 바보 같아요. 저 때문인 것 같아요. 다른 친구보다 잘하기 위해서는 돈이 필요해요. 그래서 제가 열심히 돈을 벌고 있잖아요.

지금 남편이 돈 버는 거 생각하지 않고 제가 돈 벌고 있어요. 돈 많이 벌어야지 우리 가족만 따로 살 집도 빨리 구할 수 있고, 아이들 잘 키우기 위해서 많이 벌어야 돼요. 딸 아이는 공부 잘하고 대학가서 의사가 됐으면 좋겠어요. 선생님은 안 했으면 좋겠어요. 선생님은 돈을 많이 못 벌잖아요. 돈 많이 벌면 좋겠어요. 옛날에 내가 돈 없다니까 다른 사람들이 나하고 같이 안 놀잖아요. 그래서 돈 많이 벌려고요.

그리고 지금 걱정되는 거는 큰 아이가 학교에서 다른 친구들보다 공부를 못하고 말을 못할까봐 걱정 돼요. 다른 친구들은 한 번 말하면 다 알아듣는데 우리 아이는 두 번 세 번 얘기해야 돼요. 아빠도 걱정하기는 해요. 그런데 큰 애가 아빠하고 말하는 것을 싫어해요. 눈높이를 아빠하고 5분 정도 하고 나면 싸워요. "니 아빠 좋아하나?" 하고 물으면 "아빠는 싫어"라고 대답해요. 할머니가 말하면 할머니 말도 싫어해요. 할머니가 음식을 주면 큰 애가 더럽다고 싫어해요. 안 먹어요. 그래서 할머니가 "니가 이렇게 얘기했니?" 라고 물어요. 그래서 나는 "내가 안 했어요"라고 대답해요.

큰 아이가 할머니도 싫어하고 자꾸 문제가 생기니까 우리 아이들이랑 애기 아빠랑 따로 살고 싶어요. 근데 지금처럼 만약 계속 싸우면 베트남으로 돌아갈 거예요. 저는 따로 살고 싶은데 남편은 싫다고 하거든요. 남편은 아버지가 나가라고 하면 나가고 그렇게 해요. 아버지 말만 들어요.

어머님이랑 아버님이랑 같이 사는 거 아니면 별로 어려운거 없어요. 다른 사람들하고 어울리는 것도 어려운거 없거든요. 어머니, 아버지는 너무해요. 제가 한국말 시험 보고 싶은데, 그거 할머니한테 제가 금년에 한국말 시험 본다고 말했어요. 제가 외국 사람이잖아요. 그래서 할머니 말하면 잘 못 알아들어요. 할머니는 이렇게 얘기해요. "다른 사람은 다 하는데 너는 왜 못하니?" 이렇게 얘기해요.

그래서 제가 얘기했어요. "엄마 저 시험보고 싶어요."그래서 제가 지금 시험공부부터 해야 돼요. 외국 사람들 다 못하는데 시어머니 그렇게 얘기하는 거 나빠요. 그래서 할머니가 한국말 못 한다고 뭐라 그래요. 제가 사촌언니가 둘 있잖아요. 다 똑같이 시어머니, 시아버지랑 같이 살아요. 거기도 똑같애요. 옛날에는 다 중국 사람하고 결혼했잖아요. 그런데 남편이 중국사람 안 좋아했어요. 근데 할머니는 한국 며느리한테는 그렇게 하지 않아요. 베트남 며느리에게만 그렇게 해요. 뭐하든지 한국 며느리에게는 잔소리 안 해요. 제가 어떤 걸 하면 저에게 뭐라 그래요. 그리고 제가 할머니 생일은 해드리잖아요. 하지만 할머니는 제 생일은 기억 안 해요.

뭐하든지 다 큰 형님한테는 얘기해요. 동서들하고 친하게 지내지도 않아요. 평소에는 오지 않고 제사 때만 와요. 제사 때도 바쁘다고 안 올 때도 있어요. 일요일인데도 회사 간다고 집에 안 올 때도 있어요. 그래도 할머니는 말도 안 해요. 자기 딸을 사랑하고 자기 마음대로 하지. 만약에 할머니가 병원가면 나는 절대로 가지 않을 거예요. 엄마하고 형님 해라. 할머니가 돌아가(시)면 나는 절대 울지 않아요. 눈물 안 나와요.

지금은 돈이 안 많아서 아이들 공부시키는데 걱정이 많아요. 그리고 처음에는 잘 몰랐는데, 지금 애기는 아직 어리잖아요. 제가 한 삼년, 사년 열심히 돈 벌고, 베트남에 가서 살고 싶어요(씁쓸한 웃음을 보이며).

왜냐면 지금은 힘드니까 도망가고 싶어요. 근데 지금 돈이 많이 없어서 못 가요. 가고 싶어도 못가는 거예요. 여기는 대학교 가자면 돈 많이 들어가는데 베트남은 돈 조금 들어요. 제가 계속 지금 삼년 사년 후에 열심히 돈 벌어서 베트남 가려고요. 베트남 가면 회사도 있잖아요. 애기들 데리고 살 수 있어요. 하지만 저는 혼자는 절대 안가요. 애기 다 데리고 갈 거예요.

저는 베트남에서 회사 다닌 적 없어요. 제가 베트남에 있을 때 엄마가 도망갔잖아요. 제가 남매잖아요? 아버지는 못 키워요. 그래서 제가 고모 집에서 컸어요. 아버지가 동생 키우고, 저는 고모가 키웠어요. 그래서 사촌언니가 소개해서 한국에 오게 된 거예요.

▌우리 가족만 따로 살고 싶어요▐

가장 하고 싶은 것은 지금 돈 보다가 따로 살고 싶어요. 따로 살면 전 잘 살 수 있을 것 같애요. 저는 한국말 잘하고 싶어요. 그래서 한국말 시험(어학능력검증시험) 치고 싶어요. 제가 베트남에서 중퇴를 했는데 여기서 공부하려면 초등학교부터 다시 공부해야 된대요. 근데 첨부터 시작하는 건 너무 힘들잖아요. 초등학교부터 공부하고 시험보고 중학교 공부하고 시험보고 자기 돈 주고 공부를 새로 시작해야 된대요. 저는 공부해서 통역이나 여행사에서 일하고 싶어요. 그래서 먼저 한국어부터 시험 봐야 돼요.

▌다른 문화, 깨어지는 신뢰▐

베트남 사람은 같은 동네에 살면 심심할 때 서로 자주 왔다갔다 해요. 근데 여기서는 그렇지 않아요. 밤, 저녁 여섯시 다섯 시 되면 한국에서는 문 닫고 혼자 집에 티비만 보고 가만히 있어요. 베트남에서는 열시나 열 한시까지 서로 놀러가고 해요. 근데 여기서는 그렇지 않아요. 낮에도 서로 놀러를 가요. 근데 한국에서는 그렇지 않아요.

설날이나 추석에도 그날은 보통 바깥에서 놀잖아요. 한국에서는 그렇지 않은 것 같아요. 여기 설날에 보면 집에서 할아버지 할머니에게 세배만 하고 큰 아버님 제사만 지내고 가고, 그냥 가만히 앉아서 놀아요. 바깥에 나가지 않고, 그리고 다 남자들만 놀러가고 여자들은 가지 않아요.

한국에서는 명절 때 여자만 일하고 남자들은 노는데, 베트남에서는 같이 일해요. 설날 때 다른 친구도 만나고 베트남에서는 3일 동안 휴일을 보내는데 첫날은 할아버지, 할머니, 조카와 놀고, 이틀째는 친구를 만나고, 삼일째는 선생님을 만나요. 근데 여기 한국에서는 제사만 지내면 끝나요. 베트남 사람들은 동네사람들끼리 어울리고 항상 잘 놀아요. 그런데 여기는 자기들끼리만 명절을 지내고 다른 사람들과 잘 어울리지를 않아요. 그래서 베트남 사람들이 결혼해서 여기 와서 못 살고, 베트남으로 가게 돼요. 그거 때문에 가요. 1년이나 9개월 또는 3개월 정도 있다가 못 견디고 돌아가는 경우가 많아요. 그래서 베트남 사람들 많이 도망가요.

근데 저는 애기 때문에 못 가잖아요. 애기 없으면 가요. 여기서는 항상 명절 때 어른 모셔야 되고, 애기를 봐야 되고, 근데 나는 만약에 그렇더라도 할아버지 할머니와 따로만 산다면 나는 잘 살 수 있어요. 지금은 같이 살면서 아무것도 받을 수 없잖아요. 일을 해도 돈도 받지 못하고, 그냥 일만 하고 있어요. 그런데 따로 살면 일을 해서 돈을 받으며 살 수 있어요. 내가 생각하기에 한국 사람들은 말로는 하지만 지키질 않아요. 마음이 틀려요. 제가 선생님들하고 얘기를 할 때 제 말은 안 듣고 할아버지 말만 들어요. 할아버지가 다른 말을 해도 그 말만 믿어요. 내 말은 안 듣고, 나를 도와줘야지, 왜 할아버지 말만 믿고 도와주지 않는 거예요.

지금 외국 사람들도 잘 살고 있는 사람들 있잖아요. 그게 다 틀려요. 왜 다 잘산다고 하는데 나는 이렇게 불쌍해요. 책 있잖아요. 한국에서 이렇게 이렇게 살아라 하는 책(농촌사랑) 있잖아요. 외국 사람들 잘 사는 거 소개되어 있는 책이에요. 한국생활에 대한 책. 그렇게 살라고 하는 그 책대로 사는데 왜 난 이렇게 불쌍해요? 그럼 나한테 잘 해줘야 되는 거 아닌가요? 난 불쌍한데 왜 잘 해주지 않죠? 그 책에 보면 나보고 이렇게 해라 저렇게 해라고 쓰여 있어요. 그렇게 하는데 왜 나는 못 살아요? 센터에도 제가 얘기를 매번 했어요. 근데 하나도 도와주지 않아요. 다른 사람이 뭐라 그러면 나는 다 해주고, 내가 뭐라 그러면 다른 사람은 나에게 해주지 않아요.

한국에 한복은 예쁘더라구요. 명절 때 저도 입어요. 근데 명절 때는 입는데 그 외에는 안 입어요. 처음에 할머니가 사줬어요. 몇 번 입었어요. 형님들은 잘 입지 않아서 나 혼자 입고 있었는데 꼭 바보처럼 느껴졌어요. 설날도 베트남하고 달라요. 베트남에서는 설날 절을 하지 않고 좋은 말을 해줘요. 다른 친구가 저보고 "나는 너 같으면 벌써 도망갔어"라고 말해요. 제가 지금 5년 동안 참고 있잖아요. 앞으로 난 안 참아요. 그래서 지금 한국에 온 거 후회하고 있어요. 사촌언니 소개로 제가 온 거잖아요. 제가 만약에 베트남 돌아가면 큰 아이는 엄마 없이 살아야 되잖아요. 그런 것도 있고, 언니 때문에 못 가요. 앞으로는 참지 않을 거예요. 나는 지금 5년 동안 남편이 용돈 안 줬거든요. 그것도 필요 없고, 벌면 내가 쓰고 굳이 돈을 주지 않아도 돼요. 지금 따로 살고 싶어요. 그래서 남편과 얘기했는데 남편이 지금은 돈이 없다 했어요. 그래서 내가 은행에서 돈 빌리고 내가 회사 가서 돈 벌어서 한 달에 얼마씩 갚고, 그렇게 하면 된다 그랬어요. 근데 남편은 그렇게 안 한다고 했어요. 근데 제가 금년에 국적 취득을 할 생각이에요. 와이프하고 이혼을 하게 되면 여자애를 못 키워요. 국적이 있어도 엄마 아빠가 이혼하게 되면, 다 애기는 다 아빠가 데리고 가요. 지금 이혼하게 되면 다른 사람들도 애기를 못 키운다고 했어요. 국적 취득해도 제가 애기를 키우기 힘들어요. 그래서 제가 말 안하고 가만히 베트남으로 가고 싶어요. 근데 제가 애기를 키워야 되기 때문에 갈 수가 없어요.

▌한국 남자▐

좋은 사람도 있고 나쁜 사람도 있어요. 한국남자들은 결혼하게 되면 와이프를 사랑하지 않고, 엄마 아빠의 말만 듣는 것 같아요. 와이프는 일등이잖아요. 다 엄마, 아버지만 좋아해요. 지금 돈 때문에 베트남 여자들이 한국 사람과 결혼하잖아요. 결혼하게 되면 아버지, 엄마가 다르잖아요. 그리고 엄마, 아빠와 너무 멀리 있잖아요. 그걸 할아버지, 할머니가 생각을 해줘야 돼요. 너무 멀리서 왔잖아요. 근데 잘 해주지 않아요. 고향이 못 살기 때문에 그거 때문에 결혼하러 오잖아요. 남편도 나이가 오십이나 육십이잖아요. 여자는 한 스무 살? 돈 때문에 결혼하지 누가 이렇게 결혼하고 싶겠어요. 근데 여기는 잘 살잖아요. 그래서 좀 도와줬으면 하는데 안 도와줘요. 여기 와서 돈도 안주고, 뭐 해도 돈도 주지 않고 그래서 도망가요. 도망가는 사람 많아요. 베트남 사람들. 근데 여기 돈 때문에 왔잖아요. 근데 한국에 오고 싶어서 온 사람들 있어요. 한국 공항 도착해서 바로 도망가는 사람들도 있어요.

그리고 한국 사람들은 성격들이 다 거짓말만 해요. 같이 얘기하면 좋은데 바깥에 나가서 하면은 다른 말을 해요. 베트남 남자는 결혼하면 술 많이 먹어요. 자기들끼리는 사랑한대요. 한국 남자들은 사랑하지 않아요. 제가 결혼할 때 한국에 여자 친구 없고, 그리고 농사를 짓잖아요. 그러면 한국에서 결혼하기 어려워요. 그래서 외국 사람하고 결혼해요. 근데 외국 사람들은 돈 때문에 결혼해요. 돈이 있으면 자기 나라에서 결혼하지 왜 바깥(외국)에 나와서 결혼하겠어요.

베트남 남자는 와이프를 사랑한다고 하잖아요. 근데 한국 남자는 와이프를 사랑하지 않아요. 베트남 남자는 술을 많이 먹기 때문에 여자들이 이혼하는 경우가 많아요. 술을 안 마시는 남자들은 와이프에게 선물 사주고, 결혼기념일날도 선물도 잘 사줘요. 근데 한국에서는 그런 거 없어요. 결혼기념일도 잊어버려요. 나는 받은 적 없어요. 생일날도 선물 받은 적 없어요. 나는 애기아빠 생일날 선물 해줘요. 근데 애기아빠 나한테 해주지 않아요. 그래서 저도 지금은 안 해요. 처음에 애기아빠 생일날도 선물해주고 할아버지 할머니도 선물하고 생일 챙겼어요. 지금은 안 해요. 근데 내 생각은 왜 안 해주는지 몰라요. 베트남에서는 베트남 남자들이랑 가족들은 안 그래요. 다 챙겨주고 사랑하는데 한국에는 안 그런 것 같아요. 남편이랑 가족들이 내 생각 안 해주니까 저는 처음에 했는데 작년부터 안 해요. 근데 몇 년 전까지만 해도 제가 다 했어요. 처음에는 속옷, 팬티 이런 거 선물 사줬어요. 나는 지금도 생각해요. 나는 왜 해주고 왜 내 생각은 해주지 않는지. 그래서 저는 더 이상 하고 싶지 않아요. 왜 내가 자기들을 생각해야 되는지 모르는 사람처럼 그냥 사는 거예요. 처음에 제가 사랑해서 결혼한 건 아니에요. 저는 사랑하지 않아요. 외국에 가고 싶어서 돈 때문에 결혼한 거예요. 사랑하지 않아요. 옛날 남자친구도 있어요. 지금은 못 만나요. 결혼 전에 만났어요. 결혼하고 나서 여행 갔다 온 후에 한 번 만난 적 있어요.

▌한국 아줌마 되기 ▌

지금 한국에 있으니까 나는 한국사람 해야 돼요. 제가 지금 바깥에 나가면 한국 아줌마라고 생각해요. 만약에 내가 한국말을 잘하면 한국 사람이라고 생각해요. 외국사람 아니잖아요. 바깥에 나가서 말을 하지 않으면 내가 한국 사람인 줄 알아요. 사람들은 다 괜찮아요. 근데 집에 들어오면 할아버지 할머니만 그래요. 바깥에서는 나쁜 말 하지 않아요. 집에서는 시어머니가 뭐라 그래도 바깥에 나가면 안 해요. 바깥에 나가면 어머니는 "며느리 좋다 좋다" 이렇게 얘기해요. 그거 거짓말이잖아요. 집에서 막 싸웠는데 바깥에 나와서 "좋은 거, 좋은 거, 좋은 거" 이렇게 얘기해요. 바깥에 가면 "나는 말 안하는데 너는 왜 이렇게 말이 많나" 이렇게 얘기해요. 나는 살림 어떻게 하는지 다 얘기해요. 거짓말 하지 않아요. 한국에서 집 고치라고 천만 원을 지원해줬어요. 방하고 집수리 프로그램으로 집 다 했어요. 김치도 보내주고 이불과 베개도 일 년에 한 번 줘요. 할머니가 "이거 니 할래?" 하고 묻고 자기가 다 해요. 집 전기세도 지원 때문에 굉장히 싸요. 컴퓨터도 무료로 설치해주고 인터넷도 할 수 있어요. 여기 온 지 6, 7년 된 베트남 언니가 얘기하는데 "니 왜 그렇게 사노? 안 되면 따로 살지" 그렇게 얘기해요.

문화원 가는 것은 할머니가 얘기하지 않아요. 저는 지금 바깥으로 다녀야 돼요. 안 나가면 바보 돼요. 꼭 할머니 허락을 받아야 되는 건 아니에요. 제가 나가고 싶으면 나가요. 애기아빠 옷 하면 제가 다 해줘야 돼요. 할아버지는 돈을 주지 않아요. 다른 사람들은 제가 외국 사람처럼 안 생겨서 말 안하면 외국사람인지 잘 모르는 것 같아요. 그래서 저는 한국사람 해야 돼요.

저는 한국 와서 베트남 가고 싶은 생각만 많이 했어요. 아이들 다 데리고. 남편만 행복하고, 그래서 저는 행복 안 해요. 살림하면 행복 안 해요. 다른 친구들은 처음에 왔잖아요. 핸드폰 사주고, 용돈도 주고, 뭐하고 싶으면 사주고, 어디 놀러도 가잖아요. 회사 가더라도 일요일은 와이프랑 같이 있잖아요. 저는 그런 것 없어요. 바깥에 나가려고 그러면 할아버지 할머니가 "뭐하러 가나, 바깥에 나가면 돈만 쓰지, 차 기름 값도 들고" 그렇게 얘기해요. 놀러는 못 가요. 그래서 한 번도 못 갔어요. 그래서 행복 안 해요. 면허증도 없어요. 제가 그래서 할 일이 많아요. 그래서 애기아빠 차타고 다녀요. 그래서 저는 지금 자전거 타잖아요. 할머니가 차 기름값 많이 든다고 자전거 사줬어요. 이 자전거 타고 다니라고요. 그래서 계속 자전거 타고 다녀요. 그리고 제 이웃집 언니가 있는데, 그 언니도 같이 자전거 타고 다녀요.

시 타

시
타

이름	푸르자 시타(Purja Sita, 1988년생)
출신국	네팔(파르바트)
출신국 가족사항	아버지, 어머니, 오빠
한국 가족사항	시아버지, 시어머니, 남편/이혼 (아들1, 딸1)

▌한국을 생각하다 ▌

네팔에 있을 때는 의사가 되고 싶었는데, 의사하려면 돈이 많이 들어요. 그래서 다른데 보다 학비가 싸서 사범대학에 들어갔어요. 네팔에서도 의사가 인기가 많거든요. 사범대에 들어가서도 고등학교에서 선생님 될 수 있거든요. 패스하면 고등학교과정 공부를 가르칠 수가 있어요. 그래서 5학년까지 가르칠 수 있는 사범대학에 갔어요. 거기서 2년 동안 공부하고 한국에 왔죠. 박사학위하면 고향 가서 공부할 수 있는데, 친구들한테 얘기들었을 때 공기도 좋고, 살기 좋고, 사람도 좋고, 돈도 벌 수 있다고 해서 한국에 오려고 생각했었어요. 고향 집에서는 농사지으시거든요. 형제는 언니 한 명이랑, 오빠 한 명 있어요. 오빠 한 명 더 있었는데 오빠는 세상을 떠났어요. 농사지으니까 넉넉하지는 않았어요. 한국이 좋다고 하니까 한국 사람이랑 결혼하게 되면, 저만 아니고 저희 가족도 좋아질 것이라고 생각했어요.

결혼하기 전에 외국 남자랑 결혼해야겠다는 마음은 없었는데 하다 보니 그렇게 됐어요. 한국이라는 나라도 잘 몰랐는데, 한국에서 일하러 오는 그 사람들한테 조금 들었어요. 한국 나라 좋고, 진짜 가게 되면 잘 살거예요, 돈도 많이 벌고, 나중에 잘 살거야, 거기 차 없는 사람 없고, 집도 좋고, 눈에 이렇게 보면 하늘 보는 것처럼 지어있다고 했어요.

네팔은 대부분 집이 2층으로 되어 있거든요. 한국에 대해서 네팔에서 일하는 한국인 통해서 듣다가 한국 와서는 남편이랑 식구들이 나쁘게 하니까, 한국 사람들이 다 나쁜 줄 알았어요. 동생인 제가 이렇게 되니까 언니는 아직 결혼 안했어요. 한국 사람은 좋은데 남편이 나쁜 거였어요.

▌만남 그리고 결혼 ▌

네팔, 살기가 어려워요. 일을 할 수는 있지만, 찾아서 주지는 않아요.

한국은 일을 찾아서 주는 데도 있지만, 하고 싶어도 일자리가 없어요. 결혼을 할 때에는 처음에 신문을 보니까 "한국 사람과 결혼하고 싶으면 연락하세요" 라고 신문에 있었어요. 거기 전화 하니까 언니가 전화 받았어요. 한국 사람이 대표로 있는 결혼정보회사에서 낸 광고였는데, 전화를 해서 "Kusum Gurung"이라는 사람이 전화를 했어요. 전화를 받으니까 내일 당장 오라고 했어요. 결혼정보회사는 다른 도시에 있어서 그리로 가야되거든요. 멀어서 3시간 걸려요. 포카라(Pokhara)에서 카트만두(Kathamandu)로 갔어요. 그래서 다음날 가니까, 남편하고 바로 결혼하게 됐어요.

그 날 가서 자고 다음날 한국에서 사람이 왔는데 그게 남편이었어요. 그 때 남편 나이가 그 당시에 39세, 2009년 당시 39세였어요. 갔던 날 말고, 다음 날 남편을 처음 봤고, 말이 안 통해서 얘기는 안 했어요. 말을 머라 머라해도 못 알아 들었어요. 남편 봤을 때 담배 피는지, 술 하는지 물었어요. 근데 다 안한다고 했어요. 남편은 처음 봤을 때 좋은 사람인 것 같았어요. 그래서 저도 한국에 가난함 때문에 오고 싶어서 괜찮다고 했어요. 나이가 많긴 하지만 괜찮았어요. 남편도 저도 서로 얘기가 안 통하니까 별로 말이 많지는 않았어요. 그냥 이 사람 좋다고 했고, 저도 괜찮다 했어요. 하루? 하루도 아니에요. 두 시간 얘기하고 결혼하게 됐어요(웃으며).

카트만두에서 얘기하다가 결혼은 포카라에 와서 했어요. 포카라는 공부했던 곳이라서 어머니는 고향에 있었어요. 고향은 Parbat이라는 데인데, 고향까지 다섯 시간, 여섯 시간 정도 걸려요. 그 당시는 하루 정도 걸렸어요. 히말라야보다 더 멀거든요. 지금은 이사 했지만, 그 때는 완전히 농촌이었어요. 네팔은 아직 계급이 있는데 저희 집은 중간계급이예요. 그걸 '머걸'이라고 해요. '머걸.' 몽골족에 속한 계급이예요.

결혼하는데 부모님 동의를 못 받았어요. 그냥 시간이 없어서 2시간 얘기하고 결혼했기 때문에 동의 없이 그냥 통보였죠. 그런데도 결혼하게 되니까 아빠가 안 된다 소리 못했어요. 아빠한테 연락은 바로 해서 포카라에 오시게 돼서, 어떤 사람인지 볼까 하고 아빠가 오셨어요. 그래서 그 당시 안 된다고 하지는 않았거든요. 마음에 안 들어도 안된다고 안하셨어요. 딸이 좋아하니까 앞으로 잘 살아라 한국가서 잘 살아라 했어요.

네팔에서는 결혼 한 번 해요. 두 번 하면 안 좋다고 생각하거든요. 저희 집 같은 경우에는 제 얘기 잘들어 주는 편인데 다른 집은 안 그런 집도 있어요. 아무튼 제 말대로 결혼했죠. 네팔이니까 힌두교식으로 했죠. 힌두교식으로 결혼하면 가장 중요한게 반지예요. 그리고 이마에 이렇게 점 찍는 거, 꽃 만들어서 이렇게 하는 것 가장 중요해요. 그러니까 남편이 이마에 찍는 게 젤 중요해요. 찍는 이유는 뭐 그냥 내 사람이다 그런 의미예요(웃으며). 이마에 찍는 거는 브라만족이라고 있는데 그 브라만족 사람이 시켜요. 이렇게 해라. 저렇게 해라. 시키면 남편이 저한테 찍는 거죠. 남편 만나고 결혼까지 불과 이틀 만에 일어났어요. 그날 결혼하고 바로 카트만두로 돌아왔어요. 다시 가자고 해서, 금방금방 결혼하게 됐어요. 남편이 시간이 없어서. 4일만 만났어요. 거기는 얼만지 모르겠는데, 우리나라는 결혼하게 되면 서류 만들려면 오래 걸려요. 그래서 3일 걸렸어요. 남편하고 저는 하루, 이틀만 같이 있었어요. 하루에 결혼하고, 그리고 남편은 며칠 있다가 한국으로 갔어요. 남편이 한국가고 한 달 쯤 있다가 제가 한국으로 왔어요. 그 때가 4월달 이었는데 결혼 생활하러 온 거예요. 그 때는 제가 2학년이었고, 2월에 졸업했어요. 공부하다 결혼하게 됐어요. 그 때가 학교 다니고 있는 상태였거든요.

▌한국에 오다 ▌

처음에 인천공항에 내렸을 때는 그 때가 밤이라서 진짜로 너무 번쩍번쩍하니까, 우아! 우아! 앞으로 너무 좋을 거다라고 생각했어요. 남편이 혼자 왔어요. 길이 이쪽으로 저쪽으로 반짝반짝 해서 너무 좋았어요.

그래서 집에 왔어요. 서울이요. 서울에 왔어요. 부천, 거기서 시아버지 시어머니 집에서 살았어요. 거기 가니까 그날에는 밥도 안 먹고 그냥 잤어요. 아침에 일어나니까 시어머니, 밥 만들어 줬어요. 배고팠는데 음식이 달라서, 젓가락 잡을 수가 없어서, 이 분들이 나한테 뭐라 그럴지 너무 걱정됐어요. 그렇게, 그렇게 하루 하루 갔어요. 네팔에서는 음식을 만들어 본 적이 없어요. 근데 여기선 해야 됐어요. 며느리니까, 가르쳐 주는 게 아니니까 눈으로 이렇게 하는 거구나 하고 따라서 만들었어요. 시어머니는 음식 가르쳐 주는 건 없어요. 2주 정도 있으니까 한국음식 했어요. 밥 하고, 빨래하고, 했어요. 가르쳐 주는 건 없는데, 빨리 빨리 할 수 밖에 없었어요. 시어머니랑 시아버지 나이가 많고, 남편은 일하니까.

근데 남편 직업이 없어요. 처음에는 비즈니스, 비즈니스 한다고 했어요. 근데 직업이 없었어요. 그 때는 무슨 일 하는지 몰랐어요. 계속 집에서 나가서, 박스를 가져다가 또 어디에 보내고, 보내고 하는 거예요. 시어머니랑 같이 하더라구요. 알고 보니까 폐지나 폐휴지 모아서 생활하는 거예요. 알고 나서 너무 기분이 안 좋았어요. 그리고 남편이 눈이 한 쪽이 안 보였어요. 허리가 아파서 드는 일 못하고, 그래서 처음에는 마음이 아팠어요. 그래도 애기 있어서 그냥 있었죠.

▌드러나는 문제들 ▌

처음에는 와서는 밖에 나가지도 못 했어요. 못 나가게 했어요. 못 나가게 하니까 안 나갔죠. 한국 사람 나쁜 사람 많다고 해서 안 나가고. 힌두교 인데도 일주일에 한 번 남편이랑 교회에 갔어요. 남편이 교회 다니니까 저도 따라서 다녔죠. 남편이 아프고, 눈이 안 보여서 미워하진 않고 마음만 아팠어요. 허리도 안 좋고, 비즈니스도 그렇고, 눈도 아프고 해서요. 그래도 어머니도 아버님도 좋아하니까 계속 잘했어요. 뭐 그럭저럭 이렇게 2년, 2년 3개월정도 살았어요.

살면서 문제가 많았어요. 맨날 싸웠어요. 시아버님 맨날 얘기하고, 남편이 이전에 베트남 사람과 결혼해서 한 달 동안 살았어요. 근데 그 여자가 집을 나간 거예요. 그 다음에 저랑 결혼했어요. 그래서 밖에 못 나가게 한 거예요. 네팔 사람이랑 통화도 안 되고 만나지도 못하게 했어요. 그것을 시아버지가 말을 했어요. 공부하고 싶었는데, 공부도 못했어요. 안 보내주었어요. 집에 와서 한국어 선생님 오셔서 맨날 맨날 머리 아프게 잔소리도 하고 공부를 가르쳐 줬어요.

"야, 너 애기 기저기 안갈아줘? 젖도 안줘?", "밤에 몇 번 기저귀 갈았어? 아기가 왜 이렇게 울어?" 라고 얘기하셨어요. 큰애는 2.7kg, 지금 얘는 3.7kg로 나왔어요. 얘는 수술했어요. 그리고 또 시어머니는 시아버지가 "왜 이렇게 맛있는 거 했어"라고 하시면 지금까지 나한테 한 번도 그런 말 한적 없다고 시어머니는 삐지셨어요. 그리고 남편하고 오래 같이 있으면 삐져요. "야! 왜 이렇게 늦어, 빨리와 빨리와!" 맨날 전화오셨어요. 남편이랑 어디 가면 이렇게 해라 저렇게 해라 저한테 안 좋게 말하는 게 너무 많아요. "지금 네가 하고 있는 일은 아무것도 아니야, 아무것도 아니야, 나는 쉽게 했어" 라고 하셨어요. 저는 애기업고 일을 하러 갔었거든요. 오빠하고 일하러 다니고, 그러면 아직 나이가 어려서 나중에 해라하고 했어요. 그래서 일은 못 했어요. 왜 시어머니가 미워하는지 모르겠어요. 저는 맨날 집에 있는데, 왜 그런지 모르겠어요. 그 가족들이 맨날 일 시켰는데, 잘 했어요. 남편이랑 가족이 시키는 걸 다 했는데도 왜 미워하는지 모르겠어요. 친척 분들은 본적 있는데 그 분들은 잘 해주셨어요. 시어머니랑 친척들이랑 사이가 안 좋았어요.

▌파국 그리고 아버지의 방문 ▌

다시 아기가 왔는데, 첫 아이가 젖을 먹고 있는데 너무 힘들었어요. 만약에 병원가서 확실하게 아기를, 진짜로 아기를 가졌다면 큰 애가 크고 나면 다시 아기를 가지자고 남편하게 얘기를 했어요. 얘기하는데 "난 몰라! 아버지하고 엄마한테 물어봐!" 아무 얘기 안하고 내려가 버렸어요. 아무 말도 안했어요. 임신해서 입덧을 해서 너무 힘들었거든요. 남편이 아무 말도 안했어요. 그래서 남편에게 다시 한번 말했어요. 그래서 그 때부터 사이가 안 좋았어요. 저한테 밥도 안줬고, 말도 안했고, 뭐 먹고 싶은지 물어 보지 않고, 시어머니랑 아버지랑 같이 자러 내려가고, 아들이랑 두고 내려갔어요. 물먹고 싶어서 내려갔는데, 시아버지가 "왜 우리에게 밥 안해줬어? 그러면 안 되지!" 그래서 물도 안 먹고 바로 올라왔어요.

그 전에 아빠가 한국에 오셨어요. 아기 만나고 싶어서요. 남편이 아빠를 한국에 데리고 오셨어요. 그거는 감사해요. 아빠가 비행기 값 하고 다해서 왔어요. 남편은 초청만 했어요. 아빠가 저 아픈 거 몰랐어요. 아빠 한테도 연락 안 드렸어요. 한국에 오셔서 일을 하셨어요. 아빠 왔는데, 잘 안 해줬어요. 당연히 네팔말로 하는데, 시어머니가 "왜 네팔말로 해! 한국말로 해라!"라고 소리치고, 시아버지도 아버지한테 안 좋게 말하셨어요. 그래서 더 이상 아버지가 집에 오시지 않으셨어요. 아버지가 서울 쪽에서 회사에서 먹고 자고 해서 일을 했어요. 그것도 남편이 일을 알아봐 줬어요. 시어머니 시아버지 보다 남편이 그래도 더 좋아요. 마음도 그렇고.

▮ 이혼 ▮

남편한테 뱃속에 아이를 버리자고 얘기했는데 남편이 삐졌어요. 이혼은 남편이 혼자, 저는 모르겠어요. "집 나가 버려라! 니 집 아니다. 빨리 나가라!"고 시아버지가 소리쳤고, 남편도 너하고 안 살고 싶다고 하고 저를 때렸어요. 사이다 먹고 싶어서 나갔는데, "애기도 주세요. 애기도 뭐 먹고 싶은 거 있는지 보게요" 라고 했는데 애기를 안 줬어요. 그리고 오빠가 와서 저를 때렸어요. 저는 화가 나서 돈을 찢어버렸어요. 그러니까 화를 냈어요. 그리고 그날 남편이랑 시어버님이랑 너무 너무 싸웠어요. 시아버지랑 저는 너! 너! 하면서 싸웠어요. 화가 너무 나서요. 그래서 저는 그날 시아버지 집에서 안 잤었어요. 애기 아빠는 일하러 갔는지 어디로 가고 얘기도 안하고.

또 생각하면 머리가 아파서, 큰 아이를 업고, 2층에서 내려와 바로 그냥 나왔어요. 애기만 업고 전화 번호만 아는 언니가 서대문에 살았는데, 택시아저씨한테 말해서 언니한테 전화하고, 언니한테까지 왔어요. 택시비도 언니가 냈어요. 그 언니는 네팔 신문기자였어요. 그래서 그 언니한테 도와달라고 했어요. 그 다음 날 오후에 센터에 왔어요. 서울 이주센터, 이주센터 오니까 변호사님 계셨어요. 그 변호사님하고 얘기해서 하루만 아들하고 그 센터에서 지낼 수 있게 해주셨어요. 그 다음날 쉼터에서 남편에게 전화했어요. 그래서 남편하고 시어머니가 왔어요. 와서 얘기하고 있는데, 남편이 담배 핀다고 화장실에서 오래 안 나왔어요. 그래서 제가 혹시 아이 데리고 간 거 아니냐고 변호사님한테 말했는데, 그럴 리 없다고 하셨는데, 제가 말한 것처럼 진짜로 아이를 데리고 갔어요. 그래서 아이 뺏겼어요. 그래서 변호사님이 다시 전화했어요. 다음 주에 만나자고, 그래서 다음 주에 언니랑 같이 쉼터에 갔는데, 울다가 울다가 울다가 그냥 갔어요. 그날 생각하면 너무 마음이 아파요.

그래서 바로 이혼 한 것은 아니에요. 다음 주 가니까 그 사람이 저한테 무슨 서류를 마음대로 써서 오셨어요. 저는 알아들었어도 쓸 줄도 읽을 줄도 몰랐어요. 저 잘 몰라서 제가 싸인 안 해줬어요. 무슨 얘기하는지 변호사님한테 알아보니까 이혼하게 되면 비행기표 줄테니 네팔가라고 이혼해달라고 했어요. 그분 말은 배 안에 있는 아이도 네팔가서 버리든지 말든지 난 모른다고 하셨어요. 남편이 너하고 나하고 이혼하게 되면 난 돈 많으니까 다른 나라 사람하고 결혼할거라고 했어요. 시아버지도 네 집 아니니까 빨리 가라고 하셨어요. 남편이 너하고 이제 살고 싶

지 않다라고 얘기하서서 이제 이집에 사는 게 더 이상 힘들다는 생각들
어서 집 밖에 나온거예요. 내가 잘못했다는 내용의 서류를 만들어 와서
싸인을 하라고 강요을 했는데, 저는 안했어요. 싸인을 하면 데리고 가겠
다라고 했어요. 근데 싸인을 안하고 쉼터로 왔어요. 그리고는 언니 집에
한 달 있다가 대구로 왔어요. 대구에 아는 네팔사람이 있었어요.

대구 와서 아는 사람이 많이 없어서 너무 힘들었어요. 대구와서 2011
년 8월부터 쉼터에 쭉 있었어요. 쉼터에 와서 아이를 낳았어요.

▌밀려오는 후회▐

너무 후회해요. 네팔에 있었으면 공부도 더 많이 하고, 선생님도 하
고, 하고 싶은 일을 네팔에서 할 수 있었는데, 여기오니까 애기도 두 명
이나 낳고, 이혼하게 되고, 돈 벌수도 없고, 그래서 후회해요. 그리고 큰
아이 생각하면 울고 싶어요. (눈물을 계속 흘리며) 너무 어렸을 때 따로
따로 살고 있으니까, 아이가 많이 생각나서 많이 슬퍼요.

▌나는 어느 나라 사람, 지금은 행복한가?▐

누군가 "한국 사람이냐, 네팔 사람이냐?" 물으면 저는 네팔 사람이라
고 말해요. 영주권을 못 받았으니까 네팔 사람(힘없이), 큰아이 낳을 때
는 행복했어요. 처음에 아기 낳으니까 너무 행복했어요. 살면서 그 외
에는 한 번도 행복한 적 없었어요. (고개를 저으면서) 남편이 핸드폰도
안 사주었어요. 이거는 네팔 아버지가 사주셨어요. (핸드폰을 들며) 핸
드폰 사달라고 남편한데 말해서, 아이 낳고 똑같이 샀는데 근데 돈이
많이 나오니까 카드로 어머니 아버지한테 전화했었고, 핸드폰으로 전화
달라고 하면 많이 하면 안 된다고 했어요.

한국와서 생활비를 준 적도 없고, 옷이나 신발을 사준 적도 없어요.

아무 것도 안 만들어줬어요. 네팔 아버지가 한국에서 일 한 돈을 통장이 없어서 남편에게 맡겼는데, 아버지가 네팔 갈 때도 그 돈을 돌려주지 않았어요. 그리고는 아버지가 그냥 네팔로 돌아가셨어요. 네팔에 계시는 아버지하고는 요즘은 맨날 맨날 연락해요. 그리고 한국사람과 외국사람 사이에서 아이를 낳으면 보조금이 나오는데 아기에게 나오는 돈을 남편이 모두 돈을 가져갔어요.

▌낯선 땅 ▌

말이요. 말이 너무 힘들었어요. 너무 어려웠어요. 말부터 다르니까 다 힘들었어요. 저한테 무슨 말씀하실까 너무 걱정했어요. 불안하고, 또 물건을 사고 싶어도 말이 안 통해서 사기가 힘들었어요. 한국보다 네팔이 환경이 더 안 좋아요. 그리고 네팔은 길이 안 좋고, 쓰레기를 여기저기 버려서 냄새가 많이 나요. 제가 살던 곳은 너무 더웠어요. 한국은 겨울이 추워서 감기도 걸리고 그랬어요. 그래도 네팔보다 살기가 더 좋았어요. 환경도 공기도 좋았어요. 남편 말고는 다들 잘해주니까 한국에서 계속 살고 싶어요. 그래서 한국이 더 좋다는 생각 때문에 네팔생각보다는 한국생각을 더 많이 해요.

▌다름과 차이 ▌

세배하는 거. 네팔은 세배하는 거 잘 안 해요. 한국에는 추석 때도, 설날 때도 하고 네팔에도 하는데 한국 사람처럼 자주 하지는 않아요. 음식도 어려워요. 네팔은 음식이 쉬운데, 한국은 여러 가지 음식을 준비해야 되니까 시간이 오래 걸리고 힘들어요. 네팔에서는 다른 사람이 힘들면 우리도 같이 울어주고 도와주고 그래요. 근데 한국에는 마음에 안드는 점 한 가지가 사랑이 없는 것 같아요. 아플 때 같이 울고, 웃을 때 같이 웃는 게 아니니까 사랑이 없는 것 같아요.

다른 사람들이 저를 보고 돈을 벌려고 한국에 왔다고 생각해요. 저한테 맨날 "돈 벌고 싶지? 많이 벌고 싶지?"라고 했어요. 근데 저는 돈보다 사랑이 더 좋아요. 돈이 사람을 만드는 것이 아니고, 사람이 돈을 만든 거잖아요. 돈보다는 사랑이 좋아요.

입장을 바꿔서 자기 딸이 외국 사람과 결혼하면 잘해줘야 된다고 생각해요. 네팔에서는 며느리를 딸처럼 생각해요. 그리고 며느리는 자기 마음대로 생활하고 하도록 해요. 사람마다 다른데 우리 집은 그래요. 며느리가 시어머니, 시아버지, 뜻에 따라야 하는 곳도 있어요.

∥좋아하는 음식∥

김치찌개, 된장찌개 저는 정말 좋아해요. 맵지만 좋아해요. 중국음식은 별로예요. 자장면 별로예요. 짬뽕은 너무 매워서 못 먹어요. 남편이 매운 음식을 안 먹어서, 김치는 별로 맵지 않는 것 같이 먹어요. 설렁탕, 한국음식 뭐든지 다 좋아요. 네팔음식보다 좋아요. 네팔음식은 만들어 보지 못해서 잘 모르는데, 달밧(dal bhat)이라는 음식. 밥하고 콩하고 국물하고 한국음식처럼 반찬도 따로따로 나오고 세트로 나오는 거예요. 그 음식을 좋아해요. 맵지는 않지만 맵게 해달라고 할 수 있어요. 제가 한국 와서 음식적응은 좀 빨리 한 것 같아요. 시어머니가 가르쳐 주시지는 않았어요. 너무 힘들었어요. 시어머니가 안 가르쳐 줘서요. 센터에서 김치 만드는 것을 가르쳐 줘서 지금은 잘 만들어요. 쉽더라구요. 임신했을 때도 김치를 만들어서 먹었어요.

∥힘들 때∥

집밖에 못나가니까 너무 힘들었어요. 스트레스 받아서요. 그 때 생각

으로는 지금 여기서 죽어버릴까?(웃으며) 진짜로 죽고 싶었어요. 힘들었
고요.

▌한국에서 살려면 ▌

자기만 생각하면 안 될 것 같아요. 제 생각에는 다른 사람들의 생각
에 맞춰야 될 것 같아요. 제가 자기 입장에서만 얘기하면 안 되고, 다른
사람들 얘기도 들으면서 좋은 것 있으면 얘기 듣고 그러니까 자기만 생
각하면 안 될 것 같아요. 외국 사람들이 한국에서 잘 살려면 말도 잘하
고, 돈도 많아야 될 것 같아요. 제가 시장에 한번 간적이 있는데, 한국
사람처럼 대해주지 않았어요. 그래서 한국 사람처럼 잘 대해주면 잘 할
수 있을 것 같아요.

▌네팔생활, 한국생활 ▌

내가 너무 바뀌었어요. 남편이랑 잘 살 수 있을 것이라고 생각했는데,
지금은 아이 둘 때문에 다시 네팔에서 살 수는 없고, 그래서 저는 한국
에서 어떻게 살까 많이 생각해요. 한국에서 주변 사람들과 잘 살려면 돈
이 가장 필요한 것 같아요. 원래는 그러면 안 되는데 한국에서는 돈이
가장 많이 필요해요.

네팔에서는 화가 나도 아버지와 어머니의 사랑이 많으니까 화가 금방
풀렸어요. 근데 시집에 와서는 사랑을 받지 못해서 화가 많이 나요. 그
래서 화가 나면 빨리 풀리지 않았어요. 제 생각대로만 하니까 제 인생이
이렇게 됐어요. 그래서 제 생각에는 다른 사람한테도 얘기 듣고 확실한
확신이 있을 때만 이렇게 해야 돼요. 전에 다른 사람과 상의를 했으면
이렇게 되지 않았을 거예요. 제가 네팔에 있을 때 한국사람 다 좋고, 한
국가면 다 좋을 것 같다고 했는데, 그 때 다른 사람의 얘기를 들었다면

이렇게 힘들지 않았을 거예요.

▌시타의 꿈▐

다 버리고 한국 사람으로 살아가는 거, 버리는 거 조금 힘들어요. 제 고향이고, 제 아빠, 엄마가 다 있으니까. 사람을 버리는 것이 아니고 네팔에서 살아가는 방식과 생각, 문화를 버리고 한국 사람으로는 살아갈 수 있어요. 음식은 네팔음식 먹고 싶어요(웃으며). 그대로 할 수는 있어요. 아이도 다 여기 있고, 지금 네팔에 가서 살아갈 수도 없으니까요. 또 네팔에서 아이를 키울 수도 없어요. 일자리가 없어서 농사만으로 아이를 키울 수가 없어요.

두 명의 아이를 잘 키우고, 공부도 잘하고, 돈 많이 벌고, 좋은 일 찾고 싶어요. 하고 싶은 일은 저처럼 힘든 사람들을 돕고, 제가 많이 돕고 통역을 하고, 처음에 한국에 들어와서 힘들어 하는 사람들을 돕고 싶어요. 그리고 될 수 있다면 의사가 되고 싶어요. 네팔 때부터 꿈이 의사였어요. 근데 돈이 없어서 못했어요. 네팔사람들이 보통 영어를 잘해요. 저도 조금 해요. 나라에서 지원해주는 학교에서 공부했는데, 돈 많이 드는 학교보다 좋지 않아요. 그곳에는 모두 영어로 해요. 그래서 돈이 많이 드는 학교에 다니는 사람들이 영어를 잘해요.

저도 한국 사람처럼 어떻게 이렇게 잘할 수 있을까 뭐 그런 거 한국은 다 좋아요. 그리고 한국 사람들한테 욕을 한다거나 안 좋게 하는 사람 봤는데, 그런 것도 궁금해요. 사람 마음은 모두 똑같은데 왜 그렇게 하는지 궁금해요. 제가 하고 싶은 것은 큰 아이 만나고 싶고, 큰 아이하고, 둘째 아이하고 같이 살고 싶은 게 꿈이에요.

오 서 흔

오 서 흔

이름	오서흔(1980년생)
출신국	홍콩(쳰챠오)
출신국 가족사항	부모님, 남동생, 여동생
한국 가족사항	시아버지, 시어머니, 남편, 딸2

▌고향▐

홍콩에서 살았던 도시 이름이 췐챠오예요. 홍콩도심지역에서 30분 떨어져 있어서 도시는 아니고 시골이예요. 소득은 아버지랑 어머니가 같이 버시니까 중국에서 중간 정도 되는 것 같아요. 중국에서는 부모님이랑 남동생 한 명, 여동생 한 명이랑 같이 지냈어요.

▌한국알기▐

홍콩에 있었을 때 많지는 않았는데 한국 드라마 보고 한국에 대해서 알고 있었어요. 한국에 대한 이미지도 있었어요. 그리고 홍콩 사람들이 해외여행을 많이 가요. 한국도 자주 오고, 그때 저도 대학교 때 한국에 여행 왔어요. 그리고 제가 졸업하고 무역회사 다녔을 때 한국회사와 업무관계가 있었어요. 자주 연락하니까 그 어느 정도로 한국사람 잘 안다고 생각했어요.

보통 무역 회사에서 대부분 직원들이 다 영어 잘 한 것 같았어요. 말할 수 있는 사람은 다섯 명 중 세 네 명 있고, 그리고 모두 이메일로 소통할 수 있었어요. 하지만 정말로 한국에 들어와서 정말 깜짝 놀랐어요. 그냥 밖에 나가면은 영어 잘 말 할 수 있는 사람은 잘 못 만나요. 그러니까 생활이 생각보다 아주 어려웠어요. 그거 때문에 옛날에 알던 거 하고 진짜 여기 살면 달랐어요.

처음에 한국 왔을 때 방학 때 친구랑 같이 스물한 살 때 처음 왔었어요. 근데 사람들이 좀 무뚝뚝 하더라구요. 웃는 얼굴 잘 못 보이고 그리고 남자는 여자보다 힘이 너무 세요. 한국에는 남자가 주도적으로 하고 남자가 주도하고, 남자가 우선이 되고, 뭐 그렇게 아직도 좀 아직 이해도 잘 안되고 좀 어려워요. 왜냐하면 중국에 옛날도 한국남자와 비슷하게 여자보다 힘과 지위 좀 높았어요. 제 할머니가 지금 90살인데 아직도 중국에 계세요. 어렸을 때 제가 한 다섯 살 여섯 살, 중국에 가면 여자들이 다 부엌에서 밥을 먹었어요. 거실에는 남자만 있었어요. 그러니까 남자만 안에서 거실에서 밥 먹고 그랬대요. 근데 전 홍콩에서 태어나고 계속 살아서 그런 남녀차별 처음 봤어요. 아, 중국도 그렇게 되는구나 싶었죠. 하지만 지금은 완전히 달라요. 여성 지위가 많이 올랐어요. 여성 친척들 다 직장 다니고 하지만 한국에서 옛날과 비슷하게 남성이 주도하고, 여성 결혼한 후에 직장 생활하고 집에서 살림만 하는 사람이 많아요.

홍콩은 영국의 지배를 100년 동안 받아서 아무래도 서구 쪽 문화가 많거든요. 그래서 꼭 밥 먹는 거 뿐 아니라 남자 여성의 지위 같거나, 생활방식이나 사고 같은 게 많이 낯설고 아직도 많이 불편해요.

제가 홍콩에 살 때는 1990년대 였는데, 그 때는 일본제품이 가장 좋고, 비싼 제품으로 나오고, 그 다음에 두 번째 선호하는 것이 한국제품이었어요. 질은 괜찮은 제품인데 값이 좀 저렴한 편이었거든요. 홍콩 사람들이 보편적으로 그렇게 생각해요. 그런데 요즘은 바뀌었어요. 한국제품 성능도 좋고 질도 정말 좋더라고요. 지금은 전기 제품 같은 거는 너무 유명하니까요. 제가 있을 때만 해도 한류 가수가 있긴 했는데 지금만큼은 아니거든요.

홍콩에 살면서는 한국에 대해서 그냥 한국 가수나 드라마나 잠깐 잠깐씩 보고 그래서 자세히는 잘 모르지만 한국에 대해서 좋게 생각했어요. 경제발전도 잘되는 나라고, 김치의 나라잖아요. 한국 사람은 다 김치 즐겁게 먹어요. 우리 엄마는 지금도 한국 사람들이 김치 밖에 요리와 반찬이 없다고 생각해요. 오기 전에는 그냥 이렇게만 생각하다가 한국에서 보는 거는 홍콩에서도 다 할 수 있고 그래서 한국 와서 꼭 뭘 해야겠다! 해야지! 뭐 그런 큰 기대나 다짐 같은 게 없었어요. 왜냐하면 홍콩이 더 잘 사고 있는 도시니까, 한국도 비슷한 도시로 생각했어요. 하지만 여기 들어와서 실제로 살다보니 좀 놀랐어요.

▌만남 그리고 결혼 ▌

한국에는 일하러 온건 아니고 남편 만나서 결혼해서 한국에 오게 됐는데, 제가 졸업하고, 바로 무역회사에 들어갔거든요. 무역회사는 한국회사하고 무역하니까 직원 겸 남편 친구가 소개했어요. 사실 홍콩 사람들은 그런 소개를 너무 싫어해요. 원래는 그런 거 촌스럽다고 생각해서 안 좋아하는데 왜 정말로 연애 시작했는지 모르겠어요. 남편은 그 때 미국에 있었거든요. 그래서 소개만 받고 컴퓨터 이메일로 연락하고, 비행기 타고 왔다 갔다 했어요. 남편도 가고 저도 가고 그렇게 만났어요. 제가 영어가 되니까 그렇게 할 수 있었던 것 같아요. 근데 저는 그때 제 생각으로는 연애를 좀 많이 하고 둘이 잘 알 때까지 계속 연애 하려고 했어요. 저는 25살인데 안 급했어요. 하하하, 하지만 남편은 35살이니까 저보다 10살이 더 많으니까 그 때 좀 급했나 봐요. 남편은 빨리 결혼하고 싶었어요. 하하하, 남편은 우리 올해 결혼 안 하면 끝이라고 말했어요. "제가 왜 그렇게 급했어요?" 물으니까 남편 부모님들 연세도 좀 드시니까 그쪽이 많이 급했어요. 저는 데이트 좀 더 하고 싶었는데 한국에 출장 때문에 혼자 남편 부모님을 만났는데, 남편 부모님이 저를 보고 저를 너무 좋아하셨어요. 그리고는 생각하고 또 생각하고는 1년쯤 지나고 결혼했어요.

▌새로운 시작 ▌

결혼하고는 처음에 남편이 미국에 있으니까 미국에 살았어요. 결혼 후에 한국에 들어오는 거는 한 번도 생각해 본 적 없었어요. 미국에 계속 사는 줄 알았어요. 미국은 홍콩이랑 비슷해서 저는 그냥 미국에 살면서도 홍콩에 사는지 미국에 사는지 그랬거든요. 왜냐하면 미국이랑 홍콩이랑 분위기가 비슷해요. 둘 다 다문화적이고, 외국 사람들이 지나다녀도 외국사람 그런 인식(의식) 안하거든요. 저도 여기 사회 한 사람 그렇게 생각하고 있지만, 한국은 완전히 달라요. 외국사람 보면 사람들 다른 눈으로 쳐다보고 그러잖아요. 저는 그래도 가만히 있으면 좀 괜찮은데 말하면 바로 들통 나니까.

보통 남자 여자가 만나면 국적이 문제가 되는데, 저는 안 그랬던 것 같아요. 홍콩은 남녀 모두 평등해요. 여자가 지위가 좀 높긴 하지만요. 그러니까 같이 데이트하는 남녀 친구끼리도 여자는 지위 좀 높아요. 그때는 남자보고 아! 남자 진짜 유치해요. 홍콩남자 너무 유치하고 정말로 결혼하면 동생 보는 것 같아서 너무 싫어했어요. 그리고 남편 만나고 와! 한국남자 진짜 강해요. 진짜 솔직하고, 여자들 잘 보호하는 것이 마음에 들었어요. 하지만 지금은 그것 때문에 힘들어요(웃으며). 보면 한 쪽이 너무 강해서 힘든 거죠.

한국 남자는 여성을 보호해야 된다는 생각을 가지고 있는 것 같았어요. 처음에는 굉장히 매력적이었었어요. 이상적이에요. 근데 살다 보니까 힘들어요. 뭐든지 시키는 대로 해야 하니까 답답해요. 우리 남편 그렇게 하니까 아마 다른 한국 남편도 비슷한 것 같아요. 우리 결혼하고 처음에 미국에서 살았어요. 그때는 남편이 괜찮았어요. 안 바쁠 때 요리도 하고 집안 일도 많이 도와줬어요. 그런데 한국에 들어오자마자 갑자기 다른 사람으로 바뀌었어요. "진짜 왜 저를 안 도와줘요?" 물어보면, "애기 앞에서 아빠 그런 요리하는 모습 보여주면 안 좋다"고 해요. 왜 안 좋냐고 물어보면, "아빠가 회사에 다니는 사람인데 왜 집안일 해야 돼요?" 그러면 애들 보면 안돼요. 저는 아직도 이해 못 해요(웃으며).

▌조금씩 달라지는 삶 ▌

다른 나라 사람이랑 결혼하는 거에 대해 그 때는 크게 생각 못했던 것 같아요. 근데 막상 살면 충돌이 많잖아요. 그 때는 그 문제에 대해 잘 몰랐어요. 결혼한 후에 한국에 와서 진짜 어떻게 사는지 몰랐어요. 제 생각은 한국 사람과 결혼하는 것과 홍콩 사람과 결혼하는 것이 큰 차이 없었어요. 여성도 직장 다니고 남성 지위 좀 높지만, 여자도 최소 직장 다닐 수 있게 해요. 게다가 결혼하기 전에도 남편하고 제가 결혼 후에도 직장 다닐 거라고 이야기 했어요. 남편은 괜찮다고 했어요. 그러나 지금은 남편 많이 반대 안하지만 여기에 직장 다니기 쉽지 않아요. 애들 볼 사람이 없기 때문이에요.

▎미국에서 한국으로, 새로운 시작▎

미국에서는 2년 정도 살다가 한국에 오니까 많이 낯설었어요. 전 시부모님 만날 때 짧은 동안만 만나서 관계는 좀 좋았어요. 홍콩의 시부모님과 비슷해요. 별 시달린 느낌 없는 것 같은데, 실제로 한국에 들어와서 살 때는 아침부터 식구들 아침밥부터 저녁밥까지 전부 혼자 다 해야 되고, 설거지와 청소 그리고 2살 딸 돌보기까지 하니까 가사 도우미 아줌마 됐어요. 왜냐하면 홍콩에서 외국도우미를 많이 써요. 그러니까 갑자기 한국와서 도우미 없이 제가 다 해야 되니까 좀 불만이 많았죠. 너무 힘들었어요. 돌아가고 싶었어요. 하지만 그때는 첫째 아이 첫 돌 지났어요. 아기 때문에 못했어요. 데리고 가도 그렇고 그냥 여기 두고 갈 수도 없고, 시집에서 정말 힘들었어요. 그때는 남편이 먼저 대구에 왔어요. 저는 딸과 서울 시집에 있었을 때 집안 일 때문에 너무 화가 났어요. 한번은 주말에 제가 남편에게 제 불만을 담는 편지를 줬는데 한 5초만 보더니 "네, 알았다"고 했어요. 그 편지 준비 했을 때 남편과 싸우고 싶었는데, 하지만 남편은 정말로 편지를 안 보고 넘어가서 너무 속상했어요. 편지 쓰면서 눈물을 많이 흘리고 기분 좀 풀었지만 진짜 해결 안 됐어요. 더구나 다른 사람에게 힘든 이야기도 못 했어요.

제가 힘든데도 남편은 저를 좀 도와주지 않았던 것 같아요. 남편은

"힘들면 다 하지마"라고 했지만 다 안할 수 없잖아요. 어쨌든 남편과 시어머님은 서로 이야기 좀 한 것 같았어요. 그 후에 저에게 일을 조금 덜 시키고 조금 좋아졌어요. 처음에는 시부모님이 일을 많이 시키지 않았는데 결혼한 후에 좀 달라졌어요. 며느리답게 살아야 된대요. 한 두달 동안 견딘 후에 우리 대구에 왔어요. 시부모님 안 모시고 그냥 아기만 보고 집안일 조금만 하니까 몸과 마음 또 편해졌어요. 그때는 진짜 한국에 적응하기 시작했어요.

그리고 한국어를 배우기 시작했어요. 처음에는 한국어 한마디도 못했어요. 한국어 교육센터에서 두 학기 배웠어요. 그리고 둘째는 임신 5개월이 되었기 때문에 계속하면 좀 무리가 돼서 그만 뒀어요. 그때는 매일 4시간씩 공부하고, 대학교 들어갈 학생들처럼 공부했어요. 둘째 딸이 15개월 될 때 어린이집 다니기 시작했을 때 저도 다문화센터에서 다시 한국어를 공부했어요.

▌한국에서 살기 ▌

여기서는 딸 두 명이랑 남편이랑 네 명이서 살아요. 딸은 다섯 살, 일곱 살 이구요. 다른 집은 잘 모르겠는데 남편이랑 잘 지내고 있어요. 남편이 저한테 항상 이런 말을 해요. "홍콩에 전화해야 되는 것 아니야?" 제가 좀 오래 못 한 것 같으면 자주 이렇게 말해요. 제가 은행 계좌를 관리하고 있어서 용돈은 따로 안 받고 그냥 카드로 같이 쓰는 편이예요. 중국에 돈을 좀 부쳐 드리고 싶은데 지금 제가 직장 안 다니니까 그렇게 안 하고 있어요. 근데 설이나 명절, 생신 때(기념일) 자주 못 가니까 돈 조금씩 보내드리죠. 홍콩에 가서 한 번 가서 부모님도 뵈어야 되는데 홍콩 다녀 온지 거의 2년 된 것 같아요. 가족끼리 4명이서 지난 번에 동생 결혼식 때문에 한 번 가고, 지지난 번에 사촌오빠 결혼식 때문에 결혼식도 참석할 겸 홍콩에서 가족과 함께 시간 좀 보낼 겸 다녀왔어요.

▮적응하기▮

처음에 대구와서 살 때 한국어 때문에 좀 힘들었어요. 홍콩에서는 섬에서 살았지만 매일 통근하고 홍콩 도심지역으로 출근해요. 어차피 도시에서 살 것 같았어요. 대구는 도시지만 우리 처음에 대구 근처에서 살았어요. 좀 시골 같았어요. 조금 외로웠어요. 그리고 말이 하나도 안 통했어요. 한국말도 어려운데 사투리까지 하니까 한층 더 어려웠어요. 제가 조금 공부했지만 아주 간단한 말만 할 수 있어요. 사람들이 제 말은 못 알아들었어요. 그때 밖에 안 나가고 싶었어요. 모처럼 붕어빵 포장마차에서 뭔가 사먹고 싶었는데, 초등학생들이 제 말을 듣고 이 아줌마가 이상하다고 말했어요.

제 한국말이 너무 서툴러서 그렇게 됐어요. 학생들은 소곤소곤 이야기를 했지만 제 기분이 너무 나빴어요. 애들하고는 무슨 이야기를 하고 싶었는데, 하지만 저는 말도 못하고 표현도 할 수 없었어요. 그러니까는 너무 속상하고. 우리 딸 아직도 많이 크지 않았어요. 3살이지만 조금 더 클 때 친구조차 그렇게 말하면 마음에 상처 받겠다고 생각했어요.

처음에 많이 낯설었어요. 그런 것 때문에 저는 밖에 나가기 싫어했어요. 사람을 만나기도 싫어하고 말하는 것도 싫어했어요. 그 때 아이를 어린이집에 보낼 때 선생님과 원장님, 다른 애들 엄마들과 조금 만날 수 있었어요, 하지만 진짜 친구사이는 아니었어요. 그리고 대학교에서 스무 살, 열아홉 살 학생과 같이 공부하니까 너무 친하게 지낼 수 없었어요. 처음에는 직장을 한국에서 다닐 수 없어서 실망했어요.

홍콩에서는 무역회사에서 오퍼레이션매니저 였어요. 그때 한국공장에서 OEM방식으로 엠피 쓰리 플레이어 구입하고 홍콩에서도 팔고, 중국, 미국, 호주에 수출했어요. 그래서 출장을 많이 갔어요. 그리고 외국에 완전히 다른 문화 많이 있는 것 못 느꼈어요. 사람들이 다 영어로 의사가 소통할 수 있으니까요. 한국에서 처음에는 살기 쉬운 것 같은데 살다

보면 너무 힘들고 어려워요. 지금도 어려워요. 하지만은 스스로 조금씩 익숙해지니까 좋아졌어요.

홍콩에서 가지고 있던 커리어를 포기하고, 다시 한국에서 찾을 수 있다는 생각이 있었어요. 왜냐하면 한국과 무역할 때 아는 회사가 몇 개 있었어요. 그때도 사람들은 진짜 한국에 들어오면 우리 회사에서도 좀 일하자고 제의했어요. 그래서 그것 만으로 마음이 안심이 되었어요. 한국에 가서도 직장 다닐 수도 있다는 것 믿고 있었어요. 하지만 우리 바로 미국가고 그 기회를 놓쳤어요. 하고 싶은 일을 포기하니까 너무 허전했어요. 자신의 가족이 생기지만 홍콩의 가족과 친구, 직장까지 사라지니까 허전했어요. 만약 여기서 다시 일할 수 있다면 일하고 싶어요.

▮ 자아 찾기 ▮

계속 이렇게 살아간다면 힘들 것 같아요. 그러니까 제가 좀 뭔가 준비하고 한국말도 잘해야 되고, 자격증 그런 것 좀 준비하고 미래 직장을 다니기 위해 준비 하고 있어요. 저는 지금 영어, 종이접기 지도사 자격증이 있어요. 아무것도 아니지만 이런 것을 많이 가지고 있으면 나중에 기회를 잡을 수 있을 것 같아요. 홍콩에서라면 잘 살 수 있었는데 한국에서는 아직 내 힘으로 잘 살기는 힘든 것 같아요. 내 힘으로 혼자 할 수가 없는 생활이니까 어쩔 수 없어요. 하지만 들어갈 수 있었으면 좋겠어요. 저 때문에 아니고 애들 때문이에요. 다문화가족이라고 다른 사람들이 부르는 것이 기분 좋지는 않아요. 저는 아주 싫어해요. 어디든지 언제든지 다문화가족이라는 레벨 붙어 있어요. 인종 차별의 느낌이 들어요. 그냥 처음에 새로운 이민자로 부르고 시간 좀 지나면 보통 대한민국 시민으로 생각하면 더 적당하지 않을까요?

지금은 시험은 합격했지만 국적은 취득하지 않았어요. 국적은 안 바꿀 거예요. 홍콩 국적을 그대로 가지고 있을 거예요. 중국에서는 이중국적을 허용하지 않으니까 한 국적만 허용해요. 한국정부의 입장은 괜찮지만 중국정부가 인정 안 하니까 방법이 없어요. 그래서 저는 지금 영주권만 가지고 있어요. 그래서 저희 집은 미국과 한국, 홍콩 3개의 국적이 있어요.

한국에 오니까 다문화가족이라고 불러서 한국 사람이랑 다르다는 의미인 것 같아서 다문화가족이라고 불리는 게 안 좋아요. 그리고 주변에 이웃분이나 할머니들이 한국으로 왔다고 하면 다들 잘 왔다고 해요. 근데 좋은 게 없어요. 하루 종일 힘든데(웃으며), 다들 제가 되게 힘든 나라에서 한국으로 시집온 줄 아는 것 같아요. 어떤 면에서는 너무 싫고, 상처 받아요.

▌현실을 넘어 아이의 미래로 ▌

아이들 생각하면 걱정이에요. 왜냐하면 제가 한국말은 생활할 수 있는 정도로 할 수 있지만, 진짜 애들 숙제 하는 것 못 도와줄 것 같아서 많이 미안해요. 남편이 좀 도와주면 좋은데 직장에서 늦게 들어오고 도와 줄 수 있을지 모르겠어요. 아이들은 제가 처음 한국 와서 한국말 배울 때랑 다르게 둘 다 한국말 잘해요. 저보다 더 잘 해요. 유치원에서 혹시나 다른 아이들이 우리 아이를 다르게 볼 수도 있잖아요. 근데 아직까지는 그런 말 없어서 잘 모르겠어요. 근데 지금 딸이 다니는 유치원에 외국인 엄마가 저 혼자인 것 같아요. 다른 분들은 다 한국부모예요. 예전에는 처음 다닐 때 선생님들이 많이 도와 주셨어요. 올해 선생님은 저를 잘 못 믿으시는 것 같아요. 외국 엄마니까 잘 모른다고 생각하시나 봐요. 왜냐하면 딸이 결석하고 오후에 선생님이 우리 집에 전화 왔어요. 무슨 이유 때문에 유치원에 안 오냐고 병원에 갔느냐고 약 잘 먹었느냐고 물어보고, 저는 다 대답했지만 우리 딸한테 전화 바꿔달라고 했어요. 똑같은 질문을 하고는 그리고 아빠가 계시냐고 아빠가 병원 갔느냐고 물었어요. 저를 안 믿고 있는 거 같아요. 저는 외국 사람이지만 저도 우리 딸 엄마인데요. 왜 같은 질문을 두 번 해요?

또 착한 친구들이 있지만 좀 나쁜 친구들도 있어요. 학기 초에 우리 딸 보고 우와 넌 눈도 크고 손도 크고 하면서 놀렸나 봐요. 그래서 우리 딸 울었어요. 선생님이 오후에 저한테 전화와서 말씀 해주시더라고요. 정말 속상했어요. 그래도 외모가 크게는 차이가 없는데 제 생각은 한국 사람들이 보통 눈 사이즈가 아주 크지는 않잖아요. 근데 딸은 저하고 비슷하게 눈이 좀 크고 그러니까 친구들이 놀린 것 같아요. 그리고 저는 키가 크니까 손발이 다 커요. 우리 딸도 저 닮았어요. 지금 친구보다 진짜 커요. 너는 "눈 크고! 손 크고! 귀신의 외모다!" 그런대요. 거의 다 한국 사람처럼 생겼지만 조금의 차이로 괴롭히고 할 줄은 상상도 못했어요. 우리 피부 색이 까맣지 않아서 학교에 들어가면 큰 문제없을 줄 알았는데 막상 이런 일이 생기니까 속상하죠.

요즘에 학교폭력이나 왕따 문제 많잖아요. 그래서 아이들이 좀 크면 이런 일이 생길지도 모르겠구나 생각하고 있었거든요. 학교폭력이나 왕따는 한국 사람들한테도 있으니까 많이 걱정돼요. 다문화가족 애들은 많이 다르니까 아마 학교에 들어갈 때는 문제 쉽게 생길 수 있을 것 같아요. 남편이 생각이 있겠지만 교육도 그렇고, 아이들 생각하면 좀 걱정이에요. 한국 엄마들은 아이들 학원 보내고, 좀 심하게 아이 교육을 시키잖아요. 근데 저는 좀 자유롭게 키우고 싶어요. 애들이 자기 하고 싶은 대로 하게 할 거구요.

결혼은 2004년 12월에 했어요. 남편이랑은 영어로 대화를 해서 의사소통에는 문제가 없었어요. 그래서 아이들한테도 일부러 영어랑 한국말이랑 같이 써요. 배워두면 좋잖아요. 큰 아이는 영어로 말해도 잘 알아들어요. 말은 조금 하는데, 아직 문장으로 나오기는 힘들고, 단어로 얘기하죠. 두 개 언어로 대화하면 헷갈리지 않고, 잘하더라구요. 제가 너무 늦게 시작해서 좀 후회했거든요. 근데 주로 한국어를 쓰니까 괜찮아요.

▮나에게 나를 묻는다, 나는 누구인가?▮

다른 사람들이 저를 한국 사람으로 보지 않으니까, 저는 제가 한국 사람이라고 생각하지 않아요. 다른 사람이 물어 보면 아직도 "홍콩에서 왔어요" 라고 얘기해요. 주변에서 그렇게 느끼고 생각하니까 이렇게 되어버린 것 같아요. 아무렇지 않게 생각하면 저도 한국 사람이다라고 생각할 수 있는데, 주변사람들이 그렇게 생각을 안 하니까. 아직 한국이랑 홍콩이랑 중간에 있는 것 같아요. 어떤 친구랑 지내거나 어떤 나라에 가면 물든다고 하잖아요. 저는 아직은 다 못 들어가고 중간쯤에 있는 거 같아요. 한국에 왔기 때문에 한국 사람이 행동하는 것처럼 많이 바뀌었어요. 한국사람 어떻게 하는지 저도 많이 따라하고 있어요. 예를 들면 제가 홍콩에서 옷을 정말 편하게 입어요. 오천원짜리나 바지 아무거나 편한 거 아무도 신경 안 써요. 그냥 편하게 하면 돼요. 미국에서도 그렇고. 한국 와서 그런 옷을 입으면 시어머님이랑 남편이 먼저 이야기해요. 우리 시어머니 서울에 계시니까 대구는 시골이에요. 저는 시골에 살게 되니까 눈도 시골 눈으로 바뀌었어요. 그래서 "그런 나쁜(싼) 옷을 입으면 애들과 같이 밖에 나가지마!" 그렇게 얘기해요. 그런 표현 좀 너무 심한 말이니까 너무 슬펐어요. 그래서 주위사람들 보면서 옷차림 주의하게 됐어요. 어차피 한국에서 살아야 하니까 너무 편하게 입으면 사람도 너를 이상하게 생각한다고 하니까, 어쩔 수 없어 한국 사람처럼 옷에도 신경 써야 돼요. 그리고 한국 여자들은 머리도 많이 하고 화장도 많이 해요. 저는 원래 화장을 안 하고 싶었지만, 상황에 따라서 한국사람 따라 해야 돼요.

홍콩에서 살 때랑 생각이 많이 바뀌었어요. 원래는 제가 안 좋아하는 상황이 있으면 제가 마음에 안 드는 것에 대해서 꼭 끝까지 싸웠어요. 제가 갖고 싶은 데로 바뀌기를 원하고 노력해요. 하지만 한국에 들어온 후로는 저는 힘이 하나도 없어요. 제 말을 아무도 안 듣고 그냥 여기서 살려면 제가 바뀌어야 돼요. 한국 쪽으로 바뀌어야 돼요. 그래서 처음에 많이 어려웠어요. "또 내가 바뀌어야 돼요? 왜 꼭 이대로 해야 돼요?" 그런 생각 들고 자신을 잃어버리는 것 같은 느낌이예요.

▍또 하나의 가족, 시집 ▍

홍콩에서는 보통 시어머니하고 며느리 관계가 좀 평등 사이인거 같아요. 막 시키고 그러지 않아요. 시어머니 댁을 방문하면 시어머니가 맛있는 것도 차려줘요. 그냥 일을 많이 시키지 않는 편인데 우리 시어머니는 중풍 때문에 몸이 좀 불편하셨어요. 그러니까 저를 좀 많이 시킨 것 같았어요. 건강하지 않기 때문에 저도 많이 도와줘야 돼요. 기분이 좋을 때는 그렇게 생각해요. 근데 진짜 힘들 때는 왜 저만 시키고, 제가 혼자 요리 다 하고 다른 사람은 다 거실에서 여유있게 쇼파에서 앉아 놀아요? 한 번도 안 도와줘서 너무 슬퍼요. 남자는 진짜 요리 못하면 제가 해도 되지만, 다른 것을 간단한 것을 좀 도와줬으면 좋겠어요.

처음에는 한국요리 할 줄 아는 게 없으니까 어머님이 재료를 사놓으셨어요. 그리고는 시어머니는 뒤에 서서 "이거해라! 그거해라! 이거 가져와라!" 다 시켜요. 더구나 시어머니 성격 아주 급하세요. 한 가지 일이 아니라 두세가지 일을 같이 시키셨어요. 그러니까 몸과 마음도 지쳤어요. 저는 손이 두 개밖에 없는데 어떻게 다 같이 해요? 그렇게 한국요리 좀 배우고 많이는 못 배웠어요. 시어머니 건강 때문에 많이 배우지 않았어요.

한국에서 집안일 하는 방법이랑 홍콩에서 하는 방법이 많이 달라요. 그것 때문에 조금 시어머니랑 다퉜어요. 침구와 커튼을 빨래하면 홍콩 사람은 손쉽게 세탁기 버튼만 누르면 끝! 하지만 시어머님 말씀대로 물에 담그고, 그리고 나서 올라가서 밟아야 돼요. 그렇게 해야 더 깨끗하대요. 또 물기 다 빼고, 계단에 가서 먼지 계속 털어요. 그리고 이불을 계단 손잡이에 걸어서 때려서 소리 나게 해야 돼요. 발로 빨래한 이불 계단 손잡이 만지면 또 다시 더러워질 것 같아요. 그래서 그 이불 그렇게 되면 "다시 빨래할까요?" 하면 "그렇게 해라 묻지마!" 하세요. 제 생각은 세탁기 있는데 왜 사람 힘으로 그런 일을 많이 시켜요. 간단한 일을 복잡하게 만든 것 같았어요.

시아버님은 성격 좀 좋으세요. 일도 잘 안 시키고 가끔 도와주셨어요. 정말 제가 부탁하시면 말씀도 잘하세요. 시어머니 하고는 시집살이 좀 하니까 좀 힘들어요. 하지만 가만히 생각해보면 시어머니가 건강이 안 좋으시니까 참아야 돼요. 지금도 한 달에 한 두 번씩 가요. 시댁에 가면은 힘드니까 미리 생각 안 해요(웃으며).

▮ 새로운 음식 ▮

홍콩에서는 강한 음식 잘 안 먹거든요. 생강, 마늘, 실파 조금씩만 써요. 처음에 한국 와서 김치 같은 거 한국 매운 음식 잘 못 먹었어요. 그래서 입맛이 없었어요. 그냥 요리만하고 식사할 때는 밥과 야채를 조금만 먹었어요. 사실은 맛이 너무 안 맞았어요. 홍콩에도 매운 음식도 있지만 그렇게 많지 않아요. 한국에서 어른끼리 식사하면 주로 매운 음식이 나와요. 그 한국 밥 정말 안 먹고 싶었어요. 홍콩음식이 그리웠어요. 재료 찾기 쉽지 않아요. 옛날 미국에서는 먹고 싶으면 그냥 중국 수퍼마켓에 가서 살 수 있었어요. 한국에서는 살 수 없어요. 어쩌다 힘들게 만들었지만 저만 먹고, 다른 사람 다 안 먹어요. 그래서 집에서 홍콩음식 거의 안 해요. 그래서 지금은 주로 한국음식 해서 먹어요. 아직 한국 음식 잘 못해서 요리학원 가고 싶어요.

▌다름과 차이▐

한국에서 살면서 남편이랑 의견이 안 맞을 때가 있었어요. 예를 들면 홍콩에서는 결혼한 여자더라도 남자친구 만나도 괜찮고, 여자 친구 만나고도 괜찮아요. 제가요. 아는 한국 아저씨가 홍콩에서 살았어요. 그 아저씨가 지금은 한국에 다시 들어왔어요. 그 아저씨랑 저랑 보통 친구 사이예요. 친구는 홍콩 사람에게 넓은 의미가 있어요. 나이와 성별은 전혀 상관없어요. 그 아저씨를 제 친구로 생각해요. 몇 개월 전에 같이 점심 먹었어요. 남편도 그 아저씨를 알아요. 우리 결혼식도 참석했어요. 하지만 만난 후에 남편하고 이야기하고 무섭게 화를 내는 거예요. 벌써 결혼한 사람인데 왜 다른 남자를 만나요? 그 사람은 저보다 나이 많고 제 친구가 아니에요 하면서 화를 내는 거예요. 남편 생각은 같은 나이 사람만 친구 될 수 있다고 생각하는데 그 아저씨도 아마 40대 같아요. 남편이랑 나이가 비슷해요. 그래서 남편은 그 사람은 제 친구가 아니래요. 그 사람 만나지 마래요. 저는 너무 속상했어요. 그러면 한국 사람과 결혼하면 진짜 원래 있는 남성친구는 다 지워야 되고, 진짜 아무 사이도 아닌데 진짜 친구사이도 못 만나요? 진짜 너무 크게 싸웠어요. 한 2주 싸웠어요. 말도 안하고 남편은 서울까지 갔어요. 이거 무슨 사고예요? 저도 화나고 머리 너무 아팠어요. 홍콩에서는 아무 일도 아닌데, 저는 지금은 이 이야기를 홍콩 사람과 하면은 홍콩사람 전부 제 편이에요. 하지만은 한국에서는 그러면 하나도 안돼요. 저도 다른 한국 여자 친구랑 통화하면서 그 이야기를 했어요. 그 여자는 한국남자는 다 그렇게 생각한대요. 그러니까 제가 졌어요. 남편한테 사과하고, 앞으로는 안 만날 거라고 약속했어요. 이런 것도 보면 합리적 이유가 있는 게 아니라 저는 선택권이 없었어요. 남편 뜻대로 그렇게 살아야 될 것 같아요. 한국식으로는 결혼 전에 알았던 남자는 만나면 안 되는 거래요. 근데 여자는 만나도 되고. 이런 것 좀 이상해요. 저 홍콩 갈 때마다 친구 만났어요. 한 명, 한 명 만날 수 없고, 초등학교 친구나 대학교 친구들도 열 명씩 같이 만났어요. 지난번은 남편하고 딸, 다 같이 친구 만났어요. 그리고 옛날사진 남편도 봤어요. 저와 한 명 대학교 남성 친구가 옆에 같이 찍었어요. 두 명만 찍었어요. 그리고 모임에 그 남자가 나타났어요. 우리 남편 안색이 안 좋아 보이고 말 하나도 안 했어요. 하하하. 모임 후에 제가 물어봤어요. 왜 그렇게 했어요? 사람들 다 무서워하잖아요. 남편은 왜 예전에 같이 사진 찍은 사람이 여기 있었어요. 진짜 이성 친구 사이도 아니고 그냥 친구인데도 화가 나는가 봐요. 솔직히 말하면 한국에 와서 가족들도 못 만나고 홍콩에 들어가도 친구 마음대로 못 만나요. 좀 너무한 것 같았어요. 남편도 화가 났을 때 그러면 자기도 다른 여자 만날까? 이렇게 말해요. 근데 저는 괜찮은데요. 그냥 보통친구 만나는 것 왜 안 되는 건지 이해가 안 되거든요.

홍콩에서는 좀 개인주의예요. 사람들은 다른 사람 하는 것을 잘 안 따라 해요. 하지만 한국에서는 엄마들 사사건건 잘 따라하는 것 같아요. 제가 지난번에 큰 딸을 미술학원에 보냈어요. 그리고 같은 반 친구를 다섯 명을 스스로 한 명, 한 명 또 같은 미술학원에 따라갔어요. 한 여자 친구랑 엄마는 심지어 머리, 옷, 장난감 다 따라했어요. 홍콩에서 이렇게 하면 이상하고 너무 싫어해요. 또 예를 들면 한국 애들은 학습지 많이 해요. 한 명이 시작하면 옆에 사람 꼭 따라 해요. 우리 애들은 하고 싶으면 하고, 안하고 싶으면 안 해요. 하지만 주위 사람들은 계속 그렇게 하면서 저도 걱정하게 됐어요. 어떡해, 우리 딸만 안 시키고 다른 사람들은 다 잘하고 그러면 우리 애들만 못 할 수도 있으니까. 이것 때문에 제 생각도 바꿨어요. 우리도 해야 되겠다. 남편과 이야기 했는데 남편은 그런 거 하지 말고 시키지 말래요. 시간 조금 지나고 저도 다시 남편에게 물어봤어요. 우리도 학습지할까? 하하하, 결국에는 아직까지도 학습지 안 해요. 남편 때문에 못 따라 해요. 남편 반대 안하면 이미 오래전에 시작했어요. 한국에서 살면서 느끼지만 좀 열심히 살아야 되는 거 같아요. 생각보다 힘들어요. 아주 편한 건 아니에요. 애들이 있으니까 행복하긴 행복하지만 제가 많이많이 노력해야 돼요.

▌적응하기 ▌

홍콩은 한국보다 덥고 습해요. 음식은 좀 다양하고 아침은 빵이나 국수로 해결해요. 인사하는 것은 홍콩사람 다 친구처럼 "Hi"로 해요. 회사 업무 관계가 있으면 악수하는데 그 외에 보통사람은 "Hi"정도만 해요. 나이에 상관없이. 한국은 헤어질 때 인사도 안녕히 가세요. 그런데 홍콩에는 빠이빠이만 해요. 제가 한국 사람에게 안녕히 가세요 해야 하는데, 갑자기 헷갈려서 빠이빠이 했어요. 상대방이 좀 놀란 것 같았어요(웃으며). 홍콩 사람은 명절 때 절 안 해요. 제사는 한국보다 간단하게 지내요. 가족 모여서 저녁이나 같이 먹어요. 대신 직접 무덤에 가는 날짜는 따로 있어요. 양력 4월 5일과 음력 9월 9일이에요. 추석에는 제사 안지내고 사람들 모여서 월병을 먹어요. 하루만 쉬어요. 한국에서도 제사 힘들고 그런 건 없어요. 한국식으로 제사 안 해봤어요. 우리는 제사를 안 지내요. 왜냐하면 어머님이 몸이 편찮으시니까 집에서 제사 안 지내요. 그날 그냥 무덤에 가서 절을 해요.

지금은 한국에서 거의 다 익숙해 졌어요. 그 낯선 단계에서 좀 올라간 것 같아요. 음식도 시간이 지날수록 입에 맞아요. 그 외에 남녀관계는 아직 불만이예요.

▌한국, 새로 시작하기 ▌

한국에 온 것을 좀 후회하는데 다만 제가 다른 길을 안 갔어요. 그 중에 어떤 일이 생길지 모르고 지금 보다 더 나쁠 수도 있어요. 또 다시 돌아갈 수 없으니까 그냥 이대로 살자. 지금 더 노력하고 아마 좋아질 거예요.

한국에서 아는 사람이 별로 없어요. 아는 한국 아저씨도 못 만나게 하고, 이사 전에 예전 살던 아파트에서 딸 유치원 때문에 다른 엄마들하고는 조금 친해졌어요. 일주일에 한 번씩 우리 집에 오고, 애들이랑 엄마랑 다 같이 놀아요. 그래서 친해진 사람이 생겼어요.

한국에서 TV볼 때 홍콩이랑 볼 때랑 조금 이상하기도 하고 그래요. 한국에서는 채널이 많고, 드라마가 내용은 재미있기도 하면서도 조금 이상하기도 해요. 그 이야기가 내용이 맞지 않아서 많이 안 봐요. 뉴스는 좀 좋아요. 애들은 자꾸 아빠랑 개그콘서트나 코미디언 많이 나오는 프로그램 보는데 저는 하나도 재미없어요. 그냥 웃어서 내용을 깜빡 잊어버렸어요. 의미 없는 것 같아요. 오히려 제가 EBS 다큐멘터리나 보면 더 재미있어요. 처음에는 드라마나 프로그램 안 가리고 다 봤어요. 한국말 배울려구요. 근데 너무 많이 보니까 막장 드라마가 너무 많아요.

▌다시 꿈꾸기▐

저는 진짜 대학원에 가고 싶어요. 홍콩에서 회계 전공했어요. 계속 공부했으면 한국에서 경력 인정되는데 그때는 제가 졸업하자마자 자격증 안 따고 싶었어요. 제가 그 직장 안 다니고 싶었거든요. 자격증도 없고, 대학교 3년 공부한 후에 제가 정말 이 학과를 잘못 골랐구나 싶었어요. 하루 종일 사무실에서 숫자만 보는 일이 내 스타일에 안 맞아요. 그래서 지금은 좀 다른 쪽으로 하고 싶었어요. 지금 무역회사에 갔는데 요즘은 통번역 아르바이트 하고 있으니까 공부 많이 해서 통역대학원에 가고 싶어요.

줄리아

줄리아

이름	마밍 줄리아(Maming Julia Sales, 1979년생)
출신국	필리핀(마닐라)
출신국 가족사항	아버지, 어머니, 오빠 1명, 언니 7명.
한국 가족사항	시아버지, 시어머니, 남편

▌고향 ▌

아버지가 일을 하셔가지고 어머니하고 그 8명의 자식들을 다 먹여살리고 교육을 시켰어요. 농사 많이 했기 때문에. 코코넛 같은 거 있잖아요. 그리고 나락 같은 거 있죠. 나락은 일 년에 우리 한 번 해요(1모작). 나머지는 코코넛 농사하고요. 저도 일해 봤어요. 원래 남자가 일하는데 근데, 우리 아버지가 "너는 여자지만 뭐하나?" 이런 거 있잖아요. 그거 좀 도와줘라. 다른 사람한테 맡겨놨는데 그 대신에 일 없으니까 그냥 해라. 그러는 것도 하여튼 그 정도. 말씀하셔서 가족 일을 도우라고 말해요. 그래서 일해야 돼요. 시키는 대로 해야 돼요. 그래야 용돈도 받으니까(웃으며). 근데 안하면 아버지한테 좀 혼나요. 솔직히, 다른 형제들은 잘 안 해요. 언니는 마닐라에서 학교 갔다 왔다 다니니까.
저는 집에서 막내예요. 공부, 그 학교도 좀 가까우니까. 고등학교에는 옛날 원래 시골에 살다 보니까 차가 없거든요. 비 올 때나 차 못 가니까 한 시간 정도 걸어가야 돼요. 아니면 새벽에 5시까지 목욕하다 씻고 한 시간 정도 걸어야 학교 가야 돼요. 그 정도로 힘들었어요. 그때는 네, 진짜 힘들어요. 새벽 세 시나 아니면 언니 대학 가면은 일찍 가야 되잖아요.
저는 대학 안 나왔어요. 대학 다닐려면 새벽 네 시나 세 시에 일어나가지고 씻고, 한 시간 걸어야 되니까. 자고 싶은데 언니가 막 깨워가지고 안 가면 안 되냐고 말하고, 막 혼나고 그래요. 제가 안 일어나니까. 저도 대학 가고 싶었어요. 그렇죠 그런데 언니들이 먼저 대학 갔으니까 모두 다 갈 수는 없잖아요. 가고 싶긴 하지만. 대학을 안나오면 일하는 거도 쉽지 않았잖아요. 그래서 대학을 안 나온 것과 나온 것은 좀 차이 나는 거죠.
친척들도 같은 고향에 살고 있었어요. 크리스마스날 때 서로 왔다 갔다 해요. 아니면 1월 1일날. 근데 지금은 엄마랑 떨어져 있어서 같이 이런 명절을 보낼 수 없어서 아쉬워요. 눈도 없는 크리스마스지만. 근데 진짜 재밌더라고요. 그날은 그냥 우리 보통 집에서 가족끼리 밥먹고 그 정도 밖에 안 해요. 친척들이랑 같이 모여서요. 친척들 하고 자주 왔다 갔다 해요. 서로 도와주고.

한국에는 혼자와서 아는 친척은 없어요. 부모님이 농사하시다가 지금 농사는 안 해요. 그 당시에 나락하고 코코넛하고 농사 짓는 것 도와 봐서 우리 시집에서 농사 짓는 데, 나락농사니까 제가 경험이 있어 따라하거든요. 집은 그냥 잘 사는 건 아니고 그냥 살만했어요. 먹을 만큼. 안 굶는 게 감사한거죠. 다른 거 보면 돈도 없고 먹을 것도 없으니까 근데 그만큼은 아닌 것 같아요.

어릴 때 인형같은 것은 없었어요. 없어요. 근데 시골이다 보니까 그런 인형 없죠. 시장 생각하면 한 시간, 한 시간 반 걸어가야 되니까 얼마나 멀어요. 생각해보세요. 네 시 일어나서 한 시간 걸어가야 되는데 캄캄하잖아요. 그러니까 차도 없고 다 산이예요 산. 시골, 완전 시골이예요 완전.

아파트 그런 건 없었어요. 집이 보통 많이 더우면 한국에는 보면 다 밀폐되어 있잖아요 문닫고 그렇잖아요, 근데 더운데 살다보면 굳이 그럴 필요 없잖아요. 그냥 트여있고 이층으로 지어가지고 위에는 살고 아래층에서 올라가 가지고 위에 있는 사람들 주고 잠자고 먹고 살고 하는데요. 그냥 문도 있고 냉장고도 있고 살다 보니까 텔레비랑 비디오 있잖아요. 텔레비는 잘 안되니까. 바다 안 보이면 잘 안돼요. 앞이 트여 있어야 신호가 잘 잡혀요. 근데 비디오로 잘보고 있었어요. 이층은 있고 이층에서 자고, 일층에서 밥하고. 그 정도. 다른 건 없어도 냉장고는 있어야죠. 음식 같은 거랑 넣어 놓게. 근데 지금은 냉장고 없어요. 지금은 우리 언니, 엄마랑 아버지랑 이제 마닐라에 다 있어요. 언니가 마닐라에 살기 때문에 우리 엄마 아버지 마닐라로 언니가 모시고 갔어요.

▌한국에 대해서 들은 적 없어요 ▌

남편을 만나기 전에 한국에 대해서 들은 적 없어요. TV에서는 봤지만 근데 그 당시 한국에 관심도 없고 잘 몰랐어요. 내가 한국 외 다른 나라로 갈 수 있는 있는가, 내가 어떻게 가야 되나 그런 생각이 있었어요. 근데 공부도 그만큼 못했으니까 그런 생각해도 내가 안 될 것 같다는 생각 있어가지고 한국에 오게 된거예요. 필리핀에도 좋은 남자 많고 결혼할 수 있는데, 그때는 상대방에서 안 되잖아요. 그런 사람이 많으면 공부도 잘해야 되고 직장도 좋은 곳 다녀야 되니까. 그런 사람 만나야 되잖아요. 그러니까 그거는 안 되는구나. 그래가지고 만나가지고 이러니까 조금 나은 것 같기도 하고 그래요(웃으며).

그때 제일 궁금한거는요. 결혼하고 남편 먼저 한국 보내잖아요. 남편 만나가지고 시어머니 같이 사는가, 혼자 사는가 그런 거. 여자 마음 다 똑같잖아요. 그거 제일 첫 번째 궁금한 거거든요. 시어머니랑 살고 싶지 않거든요. 그 정도 마음 있는데, 한국가도. 근데 보니까 아, 이렇게 사는 거구나. 가끔씩 이야기해요 남편한테. "엄마 아버지랑 왜 같이 사냐." 가끔씩 얘기하거든요. "그럼 어떡해? 우리 엄마 갈 데 없는데?" 시아버지가 형제들이랑 같이 안 산다고 말씀하셨어요. 남편이 넷째예요.

▌결혼, 한국을 꿈꾸다 ▌

남편은 지금 마흔 세 살, 저는 서른 네 살이예요. 남편은 무슨 중매소인가? 하여튼 그거 있잖아요. 중개소. 처음 만났을 때요? 조금, 좀 부끄럽죠? 그냥 그러니까 이 남편 어떻게 같이 살아야 되나, 한국 와서 내가 어떻게 잘 살아야 되나 하는 마음 있잖아요. 말도 잘 안 통하니까, 맨 처음에 만났을 때는 말 잘 안통하니까, 내가 어떻게 살아야 되나, 엄마한테 떨어져야 되는데, 가족들한테 떨어져야 되는데, 친구도 없고, 아는 사람도 없으니까, 어떻게 잘 되는가, 안 되는가 그거 생각하고 있었어요. 그때 난 언니 집에 있어서 일하고 있었어요. 가게.

결혼하고 3개월 떨어져 있었잖아요. 그건 별로 두렵지 않았어요. 믿어야 되니까. 믿고 따라오는 거죠. 가끔씩 통화도 하고 하니까, 말 못하니까, 그 책같은 거 있잖아요. 보면은 한국말하고 필리핀 말 따갈로그어한 거. 결혼했으니까 이제 믿어야죠. 믿고 가는 거죠. 기다리는 거고. 결혼 때 아버지는 반대 안 하시고, 우리 엄마는 잘 몰라요. 언니 때문에 언니가 시골에 있다 보니까, 전화도 바빠 가지고 못하고. 결혼하고 일주일 만에 가야되잖아요. 우리 남편이. 오늘 봤으면 일주일 안에 결혼까지 다 했어요. 그 정도 상태예요(웃으며). 황당하죠? 생각해보면 아, 황당하겠다 이런 생각 갖고 있는데. 근데 어쩔 수 없이, 근데 우리 엄마는 결혼 그날 후에 전화했어요. 엄마 집에 갔어요. 안 믿더라고요. 우리 형부한테 먼저 전화했거든요. 형부 "너 장난하냐?"(웃으며) 이래가지고(웃으며) 한 두 달에 무슨 결혼하냐? 이래가지고 깜짝 놀랐어요. 진짜. 형부가 대신에 내한테 핸드폰에 갑자기 전화왔어요. 형부가 마닐라에 오신대요. 그러니까 내 한테 딱 전화오는거죠. 그래 내가 "나 결혼했어요." "무슨 결혼이야(웃으며)." 그래 가지고 깜짝 놀랐어요. 그래 가지고 뭐 아, 그런가 싶어가지고, 나도 엄마 집에 갈 거예요 얘기했었거든요. 그때 엄마는 몰라요. 대신에 마닐라에 있는 언니는 다 알고요. 그때 시골에 있는 언니 한 명 있어 가지고 엄마하고 나중에 알게 됐어요.

▌여기는 한국, 한국에 오다 ▌

한국으로 오기 전 한국어 하나도 안 배우고 왔어요. 나중에 들으니, 공항에서 시어머니가 몇 시 도착하는지도 모르잖아요. 저는 전화도 없고 했으니까. 우리 어머니 하는 말이 "너 신랑 얼굴 아나?" 이라대요. 일주일 보고 세 달을 안 봤으니, 그렇죠? 우리 언니도 그래요. "너, 네 남편 아냐? 혹시, 다른 사람하고 같이 가면 어떡하냐?" 그래 가지고 따라가면 안 된다. 그래 가지고 나는 "나는 몰라 연락도 안 되니까." "나 얼굴 알아 걱정 하지마." 걱정하지 말라고. 근데 시어머니가 인천공항에서 기다리고 있겠대요 세 명이서. 아이고 왜 안 오냐 이러대요. 지금 몇 신데 이래가지고. 근데 공항 안에서 망고 같은 거 있잖아요, 망고 갖고 왔어요. 근데 우리 언니가 "이거 시어머니한테 선물 좀 해줘라." 대신 가방 안에 놔두고 신문지에 말아가지고. 근데 필리핀 공항에서는 안 뺏겼어요. 근데 여기 와보니까 아이고 무슨 한국말도 모르는데, 어떻게 무슨 말을 하고 있는데, 이래가지고 다 뺏겼어요. 그때 시간이 오래 걸렸어요. 한 시간 더 걸려가지고. 그래서 우리 그렇게 시어머니 왜 안오는가, 싶어가지고 안오는 갑다 이래 가지고 있는데, 이제 막 나왔어요. 얼마나 반가운지. 남편이 내한테 오더라고요. 그때 "안녕하세요"라는 말밖에 안 했어요. 그거 한 가지 밖에 없으니까 말할 수 있는 게, 그거 밖에 없으니까.

근데 우리 남편이 말 별로 없더라고요. 없어요. 근데 우리 아주버님들은 진짜 말 잘하는데, 집에 오면 자기끼리 얘기해야 되는데, 우리 남편 혼자서 앉아있어요. TV만 보고, 술 안 마시는지 잘 모르겠지만은 우리 아주버님들 막내 술 마시고 얘기도 하고 우리 엄마는 왜 또 형한테 가서 얘기 좀 하고 해라 하면, "싫다" 이러고 남편은 집에 있으면 내 자고 하니까 피곤해서 그런 건지 그 정도.

한국에 공항에 딱 내렸을 때, 틀리죠, 너무 틀리고, 아 내가 왜 여기 왔나 싶어가지고. 전 또 무섭고 그러더라고요. 결혼은 했지만은 좀 아이고. 한국이 이런 거구나. 그때는 겨울이잖아요 엄청 추워가지고. 12월 달, 12월 13일 날에 왔어요. 12월 13일날 되게 좋은 날씨인데 나는 더운 나라에서 왔는데. 완전 춥더라고요. 추운 거 알고 있는데, 근데 그만큼 추운 거 잘 몰랐어요. 너무 바깥에서 놀고 그러니까 진짜 몰랐어요 그때는. 아, 나 한국에 왔구나 이런 느낌이 있었어요. 한국에 살아야 되는구

나. 열심히 살아야 되구나 라는 생각이랑 시부모님이랑 같이 살아야 되구나. 아, 그때부터 같이 사는구나. 그리고 나서 어떻게 살아야 되나, 시어머니랑 같이 살면 좀 불편해요. 엄청 불편해요. 아이고, 그냥 예를 들어서 뭐 늦게 또 자면 좋겠다 싶어도, 근데 시어머니 8시에 자요. 원래 한국 그거 있잖아요 일찍 자는 거. 필리핀에서는 늦게 일어나야 되잖아요. 잘 모르겠지만 나는 늦게 일어나요. 6시예요. 6시면 빠른건가? 아, 그런가요? 근데 저번에 한 분이 있었어요. 내가 저번에 시누부가 왔거든요 집을. 근데 그거 제일 싫어하는 거거든요. 처음에는 말도 대화를 안 되니까 밥해야 되는데 내가 어떻게 밥해야 되노. 이래가지고 한국음식도 만들어야 되는데 시누부가 왔죠. 여러 가지 왔으니까 근데 밤 한 8시쯤 9시쯤 잤어요. 근데 8시까지 안 일어나는 거예요. 내가 제가요. 갑자기 시어머니가 전화 왔는 거 있죠. 전화와 가지고 왜 안 일어나가지고 막 화났어요. 그때부터 아 내가 진짜 왜 이렇게 같이 살아야 되나. 마음속으로 있었어요. 그런데 남편한테 매일 왜 같이 살아야 되냐. 그래가지고 아휴, 그때 많이 싸웠어요. 남편한테 잔소리도 많이 하고. 싸운 이유 제일 큰게 시어머니. 근데 마음대로 할 수 없으니까 움직이는 거 눈치 다 보이니까 그렇죠. 그 정도. 마음대로 못 움직이니까. 따로 살고 싶은데 이제는 없었어요. 계획에 없어요 이제는 그냥 사는가 싶어가지고 그냥 살죠 이제.

처음 오니까 아이고, 완전 또 시골이구나. 완전 시골이구나 생각하고 있었어요. 도시에서 살고 싶었어요. 아파트에서는 잘 못 살 것 같아요 저는. 우리 언니는 아파트 살거든요. 필리핀에서 답답하더라고요. 그냥 도시 같은 거랑 이런 거는 아파트는 아니지만 그냥 단독주택에서 사는 건데. 근데 여기 집에 있으면 아이고, 시골에서 왔는데 또 시골왔구나. 여기 집 사고 여기 사는데 10년 됐더라고요 이사온 지.

▌시집에서 새로 시작하다 ▌

첫날 시어머니는 안 갔어요 하루종일. 부추밭에 다녔었거든요 우리 시어머니는. 처음에는 다니는지 몰랐어요. 어디서 일하냐 시어머니가 일하다 보면 7시에 나가야 돼요. 근데 어디서 물어봐야 되는지 말 못하니까 어디로 나가는가. 이제 저녁 6시 되면 오거든요 우리 시어머니. 근데 음식 못하니까 시어머니가 했었어요. 근데 정구지밭 주인이 같이 왔더라고요. 영어는 좀 하더라고요. 그 정구지집 주인이. 한국말 배우고 싶으면 좀 적어라. 영어로 대신에 한국말로 가르쳐 줄테니까 했었어요. 그래서 왜 한국에 왔냐고, 어떻냐고 물어보더라고요. 나는 지금은 할 말이 없습니다. 아이디어 없어요. 지금 말 안 나오니까 아이디어 없어요. 얘기했었어요. 몇 번을 오더라고요. 왔다 갔다 왔다 갔다 하니까 계속 오더라고요. 그 부추 밭주인이. 부추밭에 주인이 어머니가 좀 궁금한 거 많았기 때문에 영어는 우리랑 대화가 안 되니까. 할 말 없어요 내가 얘기했거든요. 아, 그런가 싶어가지고. 그렇죠. 내가 할 말이 어떻게 해야 되나, 아이디어가 없어요. 얘기했었어요. 근데 알아들어요. 그 다음에 음식 같은 거 뭐 잘 먹어야 되는지, 첫 번째는 음식, 지금까지 김치는 못 먹어요 저요.

▌계란만 먹고 살다, 입맛에 맞지 않는 음식 ▌

한국에 처음 와서 음식이 안 맞았어요. 솔직히 한 달 동안 반찬으로 주로 계란을 먹었어요(웃으며). 아침 점심 저녁으로 계란 먹었어요. 그냥 후라이로 해서. 근데 한 달이 30일 하루 세 개씩이면 90개 잖아요. 한 달에 세 판이나 먹어요. 근데 계란을 다 먹고 없으면 전화해야 돼요. 시누가 공장에 아는 사람에 부탁해서 계란을 모아서 살 수 있도록 부탁해야 돼요. 계란 없다고 시어머니께 말씀드리면 "또 없나? 왜 계란만 먹고 사냐"고 그러대요. 근데 나는 어쩔 수가 없이 먹어야 돼요. 밥 먹어야 돼요. 반찬은 없제, 계란밖에 못 먹으니까. 맨날 계란만 먹고 살았대요, 내가. 동네 시누부한테 막 얘기해가지고 동네 아줌마들은 그럼 나는 음식도 못하고, 그래서 음식을 못 먹으니까. 이 상황되면 누구든지 다 똑같을 것 같아요. 한 달 내내 계란만 먹을 수 밖에 없을 것 같아요. 계란만 생각하면 내가 진짜! 계란 한 달 내내. 하지만 시어머니는 안 뭐라고 했어요.

요리해줘도 잘 못먹으니까. 그냥 계란만 먹나? 싶어가지고 맨날 계란만 사주더라고요. 아니면 라면 같은 거 잘 먹고, 아 통닭 같은 거 닭고기 같은 거. 필리핀에선 주로 생선 튀김하는 거 많이 하잖아요. 그 정도 기름기 많은 음식 먹었어요. 야채는 있지만 저는 야채 잘 안 먹어서 김치는 아직까지는 잘 먹지 않아요.

한 6개월 지나서 조금씩 변하더라고요 입이. 근데 필리핀에 있는 친구 음식 먹는 거 보니까 생선 같은 거랑. 필리핀 언니 한 명 있어요. ○○에 살고 있었어요. 놀러갔었는 데 친구가 왜 이렇게 해먹냐 이래가지고 그때부터 변했어요. 내가 가끔씩 먹어 보니까 먹을 수 있었어요. 원래 어묵 같은 것도 안 먹고 자장면 같은 것 잘 안 먹어요. 볶음밥 시키는데 왜 까만 거 같이 왔냐 이래가지고 우리 어머니한테 그거 뺏어요 내가. 그냥 밥만 같이 먹고. 아, 우리 시어머니 아이고, 그 다음에 부터는 양념은 넣지 말아야 되겠다(웃으며) 하시고(웃으며) 그런 일 많았었어요. 그래 가지고 이제 냉면도 안 먹고요. 이제 어머니는 자장면 사더라고요. 어머니가 근데 자장면 먹으면 딱 비벼야 되잖아요. 근데 양념 묻었다 하면 양념해가지고 한 숟가락씩 한 숟가락씩 내한테 먹여주더라고요(웃으며). "먹어라 먹어라" 이라대요. 맛이 이상한데? 조금씩 먹어요 내가. 이제 맛이 좀 괜찮구나. 그때부터 배웠어요 이제는.

한국음식은 보면 다 빨갛잖아요. 케첩 사용 많이 하기 때문에? 케첩 같은 거. 고추장? 고춧가루? 마늘은 맵고. 나는 매운 걸 잘 안 먹으니까.

힘들어요. 필리핀도 닭고기나 돼지고기 많이 먹어요.

가족 위해서는 어머니 요리하는 거 보고 따라했어요. 두부찌개 같은 거랑 하여튼 그 정도인데 한 번 했었어요. 두부찌개 했는데, 근데 맛이 좀 맞는지 안 맞는지 싱겁더라고요. 딱 먹어보면서 "아, 싱겁다. 간장 좀 가져 오너라" 시아버지가 얘기하더라고요 싱겁다고. 네 갖다 드릴게요. 말없이 간장도 무슨 소요(소유)간장도 있고, 진간장도 있고, 그냥 된장 간장 집에 있는 간장 만들어서 소요간장 얘기하면 안된대요. 이렇게 먹으면 그냥 간장 해가지고 그냥 줬어요. 그때부터 아, 진짜 힘들구나 한국음식 만드는 거. 근데 남편만 둘이 살면 괜찮은 거 같기도 한데, 시부모님 같이 있으니까 힘들어요. 아(한숨쉬며)! 된장찌개도 먹을 수도 있어요. 김치찌개도 국물은 먹어요. 김치찌개는 먹을 수 있는데 근데 김치는 빼고 그냥 국물만. 양념으로 우리는 미원 많이 사용해요. 미원 많이 쓰고. 필리핀 사람들도 매운 음식 좋아해요.

필리핀 음식이 먹고 싶을 때는 한 번 했었어요. 필리핀 음식 집에서 했는데, 시어머니랑 신랑이랑 시아버지랑 잘 안 먹더라고요. 그때부터 안 했어요(웃으며). 왜 맛이 이상한지 이런 거구나 싶어가지고 한 번 했는데. 친구들 만나면 필리핀 음식 좀 해먹어요. 집에서는 필리핀 음식 그래서 안합니다. 한국식으로 지금 먹잖아요. 소유 간장? 네, 근데 우리 시아버지가 소유 간장 넣으면 안 된대요. 소유간장 안 좋다고, 미원 안 좋다고 설탕이 안 좋다고 그래가지고, 식초도 안 좋다고 이래가지고, 근데 제가 양파하고 소유간장 그런 거, 양파 넣고 내가 밥맛이 없을 때랑 소유간장하고 식초 넣으면 맛이 괜찮더라고요. 근데 우리 시아버지가 한 번 먹어보는데 혼났어요. 왜 먹냐고 이라대요. 그거 절대로 먹으면 안 된다고 그래가지고. 왜인지는 모르지만, 식초는 뼈가 연해진다고. 녹는다고 그래가지고. 그래서 내가 괜찮은데 필리핀에 있었을 때도 먹었는데, 병원가서 물어봐야겠다 그랬어요.

시아버지는 나이가 77살인가? 그 정도? 시어머니는 71살. 어른들은 식초를 먹으면 뼈가 녹는다고 근데, 가끔씩 좀 넣어요 그럼 맛있더라고요. 그래서 지금은 한국음식으로 완전히 한국음식으로 먹어요.

김치랑 회는 못먹어요. 아, 그거 생거는 잘 못 먹어요.

즐겨먹는 음식은 필리핀식 돼지고기랑 닭고기랑 생선? 아니면 또 뭐 있더라 그 정도. 한국음식 중에서 제일 맛있는 건 불고기? 김밥, 잡채도 만드는 게 힘들더라고요. 쉽지 않아요. 시금치나 당근이랑, 당면도 삶아야 되고. 추어탕도 잘 안 먹어요. 근데 시어머니가 잘 만들더라고요. 잘 만들어요. 논에서 잡아가지고 추어탕. 우리 남편도 안 먹어요 추어탕. 둘이 똑같다 안 먹는다고 그러더라고요. 어떻게 딱 맞냐, 잘 맞는지, 아유. 냄새가 좀 그렇더라고요 야채도 많이 들어가니까. 야채는 뭐 양배추하고 콩나물 밖에 안 먹어요. 김 그 정도. 친구들은 궁금한 게, "너 야채 안 먹는데 건강하냐" 그러더라고요. 그래도 그냥 밥 잘 먹고 있으니까.

필리핀에서와 바뀐 건, 바뀐 게 뭐더라? 어머니랑 음식하는 거는 안 맞잖아요. 안 맞아가지고, 그때는 안 드셨지만, 지금은 다 잡수는 거니까 잘했구나, 많이 변했구나 내가 음식 만드는 거랑 내가 많이 변했구나, 이런 생각 들어요. 그래, 할 수 있는 거구나 한국 음식 만드는 거 할 수 있는 거구나. 그때는 어머니랑 잘 안 맞아서 그런건지 잘 못 먹더라고요, 우리 시어머니. 신랑하고 이러니까 딱 자기 맛에 딱 맞춰줘야 되니까. 그때는 잘 못 맞추니까 힘든 거고 이제는 잘 할 수 있는 편이니까. 그 정도.

▮새로운 삶의 시작▮

농사 시작할 때 4월 달이나 5월 달 정도, 같이 일하러 나갔어요. 우리 남편이 논도 갈고 하니까 그때부터 알았어요. 남편한테 따라가서. 자기가 다 한 대요, 해가지고. 우리 어머니가 처음엔 놀랐어요. 왜 이렇게 잘하냐고 놀랐어요. 필리핀에서 해봤으니까, 차이는 안 나요 일하는 거.

거의 같애요. 근데 여긴 차이 나긴 나는데, 나락 빌(벨) 때 기계하잖아요. 필리핀에선 손으로 하잖아요. 낫인가? 뭔가. 그거 차이 엄청 나죠. 그래가지고 그거 나락 그건 발로 밟아야 되니까 털어야 되니까 말려야 되니까. 네 그거 차이 엄청 나죠. 근데 모 심을 때 이렇게 잘 하나하고 시어머니가 칭찬했어요. 그건 내가 필리핀에 있을 때 좀 해봤으니까 그렇죠 잘 하는 거죠. 일 잘한다고 시어머니가 자랑하더라고요. 우리 어머니가 진짜 일 잘한다 이라대요. 시어머니보다 시아버지가 더 자랑 많이 해요. 며느리, 아이고, 우리 며느리 진짜 일 잘 한다. 어딜 데리고 가도 잘 해. 잘 하기는 잘 하는데 힘들어요. 힘들어요. 솔직히 말하면. 근데 어머니가 좀, 원래 어머니가 건강한데 작년 5월 달부터 쓰러져서. 혈관 있잖아요 혈관이 막혀가지고 다리 아프다고 해서 아산병원에서 수술해가지고 일주일 만에 또 대장이, 또 배 아프다고 해서 대장암 수술했거든요. 병원에서 한 달 있어가지고 얼마나 힘들었는지, 죽을 만큼 힘들어가지고, 우리 친정 엄마도 이만큼 간호 안 해주는데. 내가 친딸이었으면 도망갔어요. 내가 시어머니한테 얘기 했었어요. 솔직히 그만큼 힘들어가지고. 쉽지 않아요 그거 간호해주는 거랑 병원에서 잠도 못 자고 이만큼 힘들구나. 근데 어머니 조금 나아졌더라고요. 아이고, 내가 친딸이었으면 나갔어요. 내가 도망갔어요. 얘기해가지고 내가 며느리여서 감사해야 되는 거예요. 너무 힘들었었어요.

한복을 입는 거, 그거 입어야 되니까, 왜 또 입고 입고 또 절해야 되니까, 또 뭐 불편하니까, 그냥 안 입으면 안 되냐고. 그냥 입어라 시어머니 입어라, 그래가지고 원래 한국 그렇다 설명 다해주고 이제 따라하는 거고. 한 1년 지나서부터 그때부터 조금 나은 것 같더라고요. 사는 게. 필리핀에서는 사람만나면 그냥 인사는 안 하고 그냥 웃음, 사람만나면. 여기는 항상 인사해야 되잖아요. 사람 만나면. 동네 할머니들 오면 꼭 다 인사해야 되고, 할머니들 좋아하니까 그거 안 이상하더라고요. 우리 시아버진 항상 "아는 사람한테 인사 좀 해라이", 항상 말씀하시고. 여기

온 걸 후회하진 않아요. 꼭 자식 없어도 그냥 남편이랑 둘이서 잘 살면 되는거고. 자식 없으면 그냥 사는 거고 하는거지. 그래도 자식 있으면 더 좋은 거죠. 근데 안되는 거를 어쩔 수 없는 거고.

▮변화와 적응 ▮

처음에 여기 한국에 도착했을 때 동네에서 이 집에 필리핀에서 며느리가 왔더라 다 얘기했어요. 사람들이 안 묻고 그냥 얼굴이 까맣구나 생각하고 피부 엄청 까맣거든요. 지금은 많이 나은 편인데, 처음 봤을 때는 아우, 피부 너무 까만 거 같다. 이게 노인들 얘기했는가 봐요. 알고 있는가 봐요. 그래가지고 노인들 계속 오더라고요. 나이 많은 분인데 이제 어머니 어머니 말 왜 그렇게 많은가 싶어가지고. 그래 막 손님 막, 아이고 오늘 잘 왔구나. 그런 얘기 하고 있는가 봐요. 할머니들은. 그래가지고 조금 까맣다 이러더라고요 시어머니. 근데 그럴 때도 있었어요. 목욕탕에 가면은 그때 겨울이니까, 어머니랑 목욕탕에 갔는가 봐요. 근데 옷을 갈아입어야 되는데 어머니가 얘기 하셨어요 "옷 좀 갈아입어라" 이래가지고 내가 뭐 말이 잘 안 통하니까 잘 몰라요. 막 이렇게 하고 있는데, 우리 남편 또 얘기했는데, 잘 안되니까. 그렇죠 그냥 가자이 래요. 가는데 어디 가는데 싫어가지고 그냥 따라갔어요. 속옷 이만한 거 가져와 가지고 저기 가방 놔두고요 막 갔어요 목욕탕 안에서. 근데 목욕탕에 갔는데 어머니 왜 옷 벗는가 싶어가지고 이상하더라고요. "어머니, 왜 옷 벗어야 돼?" 저 몰라요.

한 달 만에 목욕탕 가야되니까 솔직히 몰라요. 근데 어머니 옷 막 벗더라고요. 근데 그때 탕 안 들어갔어요. 물 얼마나 뜨거운데. 내가 숨이 막 이렇게 차거든요. 이렇게 해가지고 근데 속옷을 안 벗어요 절대로. 근데 수영장도 아닌데 이제 들어갔어요. 이제 그 목욕탕에 때미는 아줌마가 있잖아요 벗으래요. 절대로 못 벗는다. 그래가지고 이제 물이 뜨거

우니까 계속 이렇게 만지고 만지고 손이 막 이렇게 하거든요. 근데 많은 사람 아줌마들이 그 며느리 왜 그런가 싶어가지고 얘기하고 있는데, 시어머니가 안 뜨겁다 안 뜨겁다 이래가지고 그때부터는 못 갈 것 같아가지고, 이제는 혼자는 다녀올 수 있는데, 그때는 황당 좀. 그런데 물이니까, 솔직히 말하면, 갑자기 옷 벗으니까, 이렇게 되는거죠. 이제 어머니랑 집에 갔어요. 이제 남편한테 얘기했는가봐요. 아, 이렇게 몰랐구나 싶어가지고 솔직히 물이니까 그렇잖아요. 더운 나라에 목욕탕 없으니까. 아이고, 더운 나라에서 왔으니까. 목욕탕에서 옷을 결국엔 벗었어요 속옷을. 아이고, 진짜 그때부터는. 그러니까 사람들이 또 까맣다고 얘기하죠. 그런데 물어보잖아요. 어디서 왔나, 새댁이 어디서 왔나, 이래서 "필리핀, 아 필리핀 사람 다 까맣구나." 그런 사람도 있어요. 할머니들은 아줌마들. 그래가지고 필리핀에서 어떻게 사냐고 이라대요. 한국에 왜 왔냐, 한국이 좋냐, 이러더라고요 "예, 좋습니다." 솔직히 말하면 안 좋아요. 그런 거 기분 나쁘잖아요. 그거 들은 사람한테 물어보니까, 그런 거. 아, 예 "한국이 잘 살죠?" 이러대요. "예, 잘 삽니다. 필리핀보다 훨씬 나아요." 솔직히 말하면 필리핀보다 한국이 조금 잘 사는 나라기 때문에 솔직히 말하는 게 편해요 지금. 까맣다, 한국에 왜 왔느냐, 이렇게 물으면 솔직히 기분도 안 좋고, 그거 솔직히 말해야 되니까 솔직히 말하는 거죠, 그냥. 웃긴다 그런 생각도 들죠. 다 나쁜 거 아닌데 근데 못 받아들여서 그런가? 그런가 싶어가지고 근데 솔직히 말하면 기분이 나쁘다 그 정도.

옷 같은 거 있잖아요. 양복. 그거 세탁소 있는 것도 몰라요 나. 그냥 집에서 다림질 하니까 세탁해서 집에서 하는데, 근데 신랑이 입던 양복을 세탁기에 돌렸어요. 세탁기에 돌렸는데 이제 막 말랐어요. 방에 걸었다가 어머니가 "어, 이거 니 신랑 옷인데?" 그래가지고 이거 씻으면 안 돼. 세탁기에 씻으면 안 돼. "아이, 엄마 이거 내가 세탁기에 돌렸는데?" "세탁기에 돌리면 안되는데?" 이랬대요. 세탁소 갖다줘야 되는데 한 번

있었어요. 그것도 돌려야 되는데 세탁해서 넣어가지고 큰일났다 큰일났
다 이래가지고. 양복인데 왜 세탁기에 돌리냐 이래가지고. 얘기했으면
내가 안 건드렸는데, 근데 몰랐잖아요. 그 정도인데. 그런데도 참, 지금
생각해보면 아, 추억이 많구나 생각하고 있어요. 추억이 많구나 생각하
고 있고 그 정도 하는건데.

▌다름과 차이 ▌

저는 한국에 있으니까 한국사람 아닌가요? 선택하라고 하면, 한국사
람을 선택해야 될 것 같아요. 선택은 하지만 항상 필리핀을 생각하고 있
죠. 지금까지 20몇 년간 살아왔기 때문에. 필리핀에선 제사 안 지내는
데, 어우 우리 세 번이나 일 년에 세 번 제사 지내요. 진짜 근데 그것도
있어요. 내가 시어머니한테 궁금한 거, 제사 밤 12시에 지내야 된대요.
근데 남편이 일어나야 된대요, 그때. 왜 일어나야 돼? 제사 지내야 되니
까. 그거 몰랐어요. 내가 잤어요. 잤는데 근데 남편이 10시, 12시 정도
되니까 깨우더라고요 일어나라고. 아주버님들 다 왔다고. 이래가지고 뭐
하노? 제사 있는데, 무슨 제사야, 제사 있는지 몰라요. 그런 거 하나 싫
어가지고. 아, 그 정도는 힘들어요. 제사하는 거랑. 근데 필리핀은 그런
거 없어요. 근데 시어머니한테 물어 봤어요 내가. 왜 사람이 있으면 돌
아가시는데 왜 아직까지 제사 지내냐? 돌아가신지 20년 됐는데. 아직까
지 왜 제사 지내냐고. 원래 한국은 다 그렇다 그러대요. 근데 우리 필리
핀에서는 1년만 지나면 잘 안하는 편인데. 근데 여기는 몇 년 동안 돌아
가시는데 아직까지 제사. 우리 시어머니 원래 한국은 다 그렇다고 얘기
하더라고요.

근데 설날 같은 때에도 보면 우리는 절하잖아요. 이상하죠. 절하는 거
랑. 처음에 또 시집 왔으니까 이제 1년 되는 명절 날 때는 시어머니한테
절해야 된대요. 왜 또 해야 돼? 궁금해서 왜 꼭 해야 되냐고. 원래 제사

같은 거랑, 명절 같은 거랑, 시부모님한테 절해야 돼. 또 한복 입는 것도
불편해요.

▮그리고 살다보니, 행복이▮

한국? 사는데요? 좀 괜찮은건가? 지금은 한국에 살잖아요 근데 20년
쯤 지나서 필리핀 살까 생각하고 있어요. 한국국적 신청은 하고 싶죠.
근데 필리핀 가서 살면 한국사람 되잖아요. 그것도 또 해야 되니까, 어
떻게 할까 생각하고 있어가지고 할까 말까 안되면 뭐 필리핀 되고 한국
도 되고 그런 거 생각하고 있어요.

한국에 살면서 사업같은 거 해보고 싶죠. 공장같은 거랑 자동차 정비
하잖아요 우리 남편이. 돈 벌어서 아니면 식당 같은 거랑 생각하고 있었
어요. 어떻게 내가 살아야 되는 거지. 우리 남편이 한 60세 되면 회사
다니지 못하잖아요. 그때는 어떻게 해야 되는지 잘 살아야 되는데, 어떻
게 해야 되는지 생각하고 있어요. 사업같은 거랑 하여튼 그 정도 생각하
고 있었어요.

행복한거요? 행복한 거? 행복하죠 뭐. 신랑이 잘 챙기니까, 잘 사니까
잘 지내고 행복한거죠. 우리 신랑이 말 잘 듣는 편이고 술도 안 마시니
까, 친구도 안 만나고요. 그냥 집에만, 농사일하면 농사 다 같이 하고,
다른 거 술도 마시고 친구도 데리고 와라해도, 그런데 우리 신랑 그런
거 없어요. 그거 제일 행복한 거 아니에요?

여기서 행복하게 살면서 필리핀 아버지하고 어머니 생각나죠. 왜 안
날까봐요? 매일 매일 나죠(웃으며). 그리고 한번 가고 싶죠. 애기만 있으
면 애기 생겨서 많이 하니까 덜 할텐데, 이제 없으니까 생각도 많이 나
는 거죠.

▌현실에 발을 딛다 ▌

남편은 자동차정비공장에서 일해요. 포항에서요. 여기서 왔다 갔다 해요. 월급받는데 월급 많이 못 받아요. 얼마 받는지 잘 모르겠는데, 우리 남편 맨날 야근하는데 왜 돈을 그만큼 밖에 안 가져왔냐고 시어머니가 말한 적 있어요. 왜냐하면 시어머니에게 한 달에 80만원 생활비 드려야 하는데 왜 돈을 그거 밖에 안 가져오느냐 하고 시어머니가 말씀하시는 것을 들은 적이 있어요. 신랑 한(하는) 말이 돈 벌기 나도 힘든데 엄마 아버지 좀 이해하고 같이 살아봐라 이라대요. 신랑도 가족이 생겼잖아요. 가족도 돌봐야하니까요. 시누이는 그래가지고 "어떻게 같이 사냐?" 이래 말해요. 그러면 남편이 시누이한테 "한 일주일만 엄마 아버지랑 모시고 같이 살아봐라" 이라대요. "다 알게 될거다" 이라대요. 우리 시아버지는 그러면 내집 두고 왜 시누이집에 가냐고 말해요. 내가 내 집이 있는데 왜 내가 가냐 이러대요. 시아버지랑 시어머니 그런 말 하더라고요. 아유. 우린 이제는 분가도 못하고 따로 어디 가서 살 수도 없어요 이제(웃으며) 영원히 같이 살아야 되니까 이제(웃으며). 그래서 저는 집에 돈 보낼 수 없어요. 네. 저는 솔직히 말하면 12월 달에 한 번 보내요 한 번.

▌남편하고는 좋아요 ▌

남편하고는 좋아요. 둘이가 잘 다투지도 않고. 일주일 만에 결혼해도 그럴 수 있어요. 생각해보면 왜 그럴 수 있냐 궁금해도 나도. 다른 사람하고 그런 얘기하면 대단하구나 그런 생각하고 있죠. 만난 지 3일 만에 결혼해야 되는데. 오늘 만났으면 내일 모레 결혼해야 되는데 그거 대단한 거잖아요. 반지는 했는데, 근데 반지는 잘 안 끼더라고요(웃으며). 반지만 했어요. 대부분 나이가 많은 사람하고 결혼 많이 하잖아요? 저도

10년차이나요. 그래도 많이 나는 차이 같은데요.

▮치매에 걸린 어머니▮

집에는 매달 돈 보내는 건 아니고 한 번 12월 달에만 1년에 한 번 보내요. 남편도 보내는 거 알아요. 네, 남편은 괜찮은데 그때 시누, 시어머니한테 몰라야 돼요. 그냥 안 좋아하니까. 솔직히 안 좋아하니까. 많이 보내드리지는 못하고 보통 20만원이예요.

집에서는 생활비 따로 용돈은 따로 받아요. 20만원요. 20만원 가지고 적금해요. 10만원. 나중에 저와 가족을 위해서 적금해요. 10만원 적금하고 10만원은 그냥 모임에 쓰거나, 내가 옷 사입고 싶을 때나 그 정도. 나를 위해서, 우리 가족을 위해서. 돈 모아뒀다가 애기 생기면 돈 많이 필요하잖아요. 그 정도 생각하고 있었어요.

결혼하고 필리핀에 한 번 갔다 왔었어요. 아버지는. 지금 아파요. 엄마는 지금 치매 걸렸어요. 그래서 한번 가야 돼요. 5월 달에 가기로 했어요. 결정했어요. 남편하고 같이 가요.

엄마는 치매 걸려서 우리 언니랑 조카들이랑 언제 오냐. 엄마가 지금 많이 아프니까 나는 한국에 있는 줄 몰라요. 우리 엄마가 치매 걸리니까 완전히 통화할 때는 대화 잘 안돼요. 우리 엄마는 무슨 여러 가지 얘기 하니까 한 번은 괜찮은데 이제 끊어버리면 몰라요. 잊어버리니까. 우리 언니 있어도 다 잊어버린대요. "왜 나는 딸이 많은데 왜 없냐" 이러대요. 우리 엄마 말하는 게. "딸이 많은데 왜 내한테 안오냐" 이라대요. "다 어디갔냐" 이라대요. 그래가지고 그때부터 아, 많이 안좋은 상태구나 해가지고 치매는 약이 없잖아요. 약 없어가지고 그때부터 5월 달에 엄마를 만나러 가기로 했어요. 원래 안가는데 엄마를 만나기 위해 엄마 때문에 가야될 것 같아서. 안 가면 안되니까.

▌7년 동안의 결혼생활 ▌

결혼한 지 7년 넘었어요. 애기는 아직 없어요. 시부모님하고 남편, 우리 네 명이 주택에 살아요. 애기 안 낳으려고 하는 건 아닌데 아직 없어요. 그래서 사람들이 약하는 거 아니냐고 그래요. 그런 사람들 그런 말 많이 들었어요. 왜 애기 안 갖느냐. 무슨 약 같은 거 먹냐. 애기 싫으냐? 그건 절대로 아니거든요? 근데 할머니들은 무슨 약 먹는 거 같다고 해가지고(웃으며), 아니 그거는 아니에요. 나도 낳고 싶은데 안 되니까 하는 건데. 시부모님들 말씀 안해서도 마음 속으로는 너는 왜 안 하냐. 이래가지고. 애기 없나? 뭐 그러나.

결혼하고부터 계속 시부모님하고 살고 있어요. 한국 왔을 때부터 그 날부터 안 떨어졌었어요. 지금은 나락하고 고추하고 뭐 여러 가지 농사 짓고 있어요.

▌시어머니와의 관계, 더불어 살기 ▌

시어머니가 근데 네가 딸보단 낫다 이라대요. 근데 우리 시누가 어머니 병원 있을 때 얼굴만 보고 가잖아요. 근데 내가 다 해야 되니까. 근데 "야야 너는 잘하니까, 내 똥 싸는 거 누가 다 치우나?" 내가 다 치우는 거지. 이러더라고요. 솔직히 나도 힘들어요. 근데 말 못해요 아픈 사람인데. 근데 지금은 낫더라고요. 간호할 때 그때 밤에는 힘들었어요.

처음에 와서 시어머니랑 싸운 적 없어요. 근데 어머니랑 기분 나쁜 건 있지만 싸우지는 않아요. 어머니가 잘해주는 편이예요. 근데 어머니 하는 말은 니가 없으면 내가 어떻게 사냐 그 얘기하는데 마음이 조금 그렇더라고요.

내가 얘기하더라고요. 엄마는 왜 나 없으면 왜 못사냐고 딸도 있고 아들도 있고. 아들 딸 있고 아들 있고 다 무슨 소용이야 이라대요. 나가는 돈 자기들 나가는데 무슨 소용이냐 이러더라고요. 그래서 저번에 부터 또 시아버지랑 신랑이랑 가끔 좀 시끄러운 일 있었어요. 농담으로 아이고, 신랑 또 우리 나가자하니까, 야야 나도 나간다 이러대요. 왜 가냐고 시어머니한테 얘기해요. 너도 나가니까 나도 나가야 될 거 아니야, 따라가야 될 거 아니야, 내 아들 따라가야지. 시아버지 혼자 살아라 그래라 그랬다고요. 아이고, 내가 갈 수가 없는 거구나 생각하고 있었어요 이제. 그때부터 더 엄만 내한테 얘기 안하더라고요. 작은엄마 ○○○에 살거든요. 한 시간에 병원 왔다갔다 하니까. 그런 얘기, 나는 며느리 없으면 안 되겠구나 못 살겠구나, 이런 얘기하더라고요 작은 어머니한테. 그때부터 알았어요. 내한테는 말 안하지만 작은엄마한테 얘기하더라고요. 나는 집에 있는 며느리 없으면 안 된다. 이러대요. 근데 내가 다 해주니까 편하니까 그런가봐요. 그래가지고 그때는 힘들지만 이제 뭐 괜찮아졌었어요.

▮부업을 하다▮

지금 부업하고 있어요. 하고 싶죠. 근데 시어머니가 잘 못 나오게 해가지고. 어, 원래 시어머니 생각하고 있잖아요. 돈 벌어가지고 도망갔냐 아니면 그런 생각 갖고 있잖아요. 다른 시어머니들 얘기 그런 말 많잖아요 들은 얘기들. 아, 그 며느리가 돈 벌어가지고 친정 갔다, 아니면 돈 벌어가지고 친정으로 돈 보낸다, 이런 얘기 많이 들었으니까 이제 어머니한테 가끔씩 얘기해요. 회사 다니면 안되냐, "안돼" 이러대요. 그래가지고 부업은 한 3개월 밖에 안 했어요. 지금. 소개 받아가지고, 언니 이거 좀 해봐라 해가지고, 시어머니는 자주 아파서 병원비가 많이 들고 그래서, 빚이 많기 때문에 부업해요. 병원비 때문에.

남편이 병원비를 줘야 되니까. 그때는 한 달 반 정도 있었어요. 병원비 밀리지, 매일 토요일마다 가야 되지, 새벽 2시에 남편이랑 가야돼요.

병원에서는 남편은 새벽 2시에 일어나가지고, 그때는 어머니는 일주일만에 배아프니까, 이제 일요일이니까, 성모병원에서 검사 안 되니까, 그 대신에 아산병원에서 수술해야 되니까, 거기 가면은 밤 12시에 엠불런스 50만원 주고 가야 돼요. 이제 남편이 어차피 아산병원에 수술이니까 저리로 가보면 안 되냐고 막 전화했어요. 병원에서 가면 되냐고 된다 그래가지고 엠불런스 막 불러가지고 빨리 가야 되는데 12시정도 1시 2시정도 되어가지고 그때부터 가가지고 수술해가지고 아휴, 힘들었어요. 아픈 사람 있으면, 서울 병원 진짜 비싸더라고요. 방 혼자 있는 거 20만원짜리 한 일주일 있었어요. 우리 시어머니랑 독실. 방이 없으니까 어쩔수가 없으니까, 중환자실은 일주일 정도 또 있고 독실이에요. 우리 시어머니는 맨날 독실이니까 좀 비싸더라고요. 돈 없는 상태라서 근데 우리 신랑 다 병원비를 내야했어요.

▌분가와 시어머니 병원비 ▌

문제만 있으면 따로 나가서 살고 싶은데 안 되니까. 그거 문제되는 거죠. 실제로 솔직히 말하면 지금 시어머니하고 같이 살고 싶지는 않아요. 내가 나가면 우리 어머니는 이제 다 살았다 그러대요. 이런 말 하니까 그거 또 못 나오는 거잖아요. 그거를. 그때 처음 왔을 때부터 같이 살았으니까. 이제 뭐 불편한 점 알아버리니까. 이제 뭐 완전히 딱 불편하지는 않아요.

나가면 사람들한테 욕도 얻어먹고 그러대요? 너희들 나가면 두 노인네 왜 놔두고 갔냐. 첫 번째는 우리 시누, 못 나오는거죠 솔직히. 근데 솔직히 말하면 진짜로 한 번 편하게 살고 싶다. 편안하게 살고 싶다. 마음 털어놓고 얘기하고 싶은데. 우리 시어머니 논 한 동가리 밖에 없는데. 집은 원래 우리 신랑꺼 이름 해놓은 거고. 재산 별로 없어요. 논도 신랑 앞으로 해줄 것 같진 않아요. 왜냐하면 우리 어머니가 팔 생각하고

있었어요. 그때부터 아팠으니까 병원비나 내놓고, 신랑이 대출 받아 가
지고. 처음엔 얘기 안 했었어요. 우리 시어머니한테 걱정될까봐. 신랑만
혼자 끙끙 우리 둘이서. 이제 어머니는 병원에서 퇴원할 때 다 되니까,
돈이 없다 그러대요. 우리 신랑은 자기 형제들한테는 얘기 못하니깐요.
얘기 잘 못하니까 우리 둘이서 생각하고 있었어요. 내가 농협에서 대출
받아라 얘기했어요. 내가 직접해가지고 집있는 거 담보로 해가지고.

  집 담보로 농협에서 대출받아서 병원비로 했어요. 시어머니가 알았었
어요. 알았는데 그런데 니들한테 고맙다 인사하더라고요. 논 팔아야 되
는데 시아버지가 반대하더라고요 신랑하고. 엄마 그거 팔면 다른 형제
들은 엄마 재산 없으니까 얼굴 안 본다 집에 안 오는거야 이래가지고,
일단 그거만 놔두고 내가 해결 할테니까 그냥 놔두라고 얘기하더라고
요. 그때부터 우리 신랑이 그만큼 자기 엄마 사랑하는구나 생각하고 있
어가지고(웃으며). 그거 쉽지 않은 결정이잖아요. 나도 쉽지 않은 결정
인데, 근데 퇴원은 해야 되는데 돈이 없재, 돈 줘야 병원에서 나오재, 이
래가지고 그때부터는 지금부터 그 병원에서 어머니가 얘기하는, 들은
얘기 있어가지고 자식들이 땅이 있어가지고, 자식들이 땅 때문에 싸운
대요. 싸워가지고 나도 팔아야 된다 이래가지고, 그거 팔아야 된다. 시
아버지가 그거 뭐하러 파노 이라대요. 이제 뭐 그냥 놔두고 아이 모르겠
어요. 신랑한테 주는지 안주는지 근데 시어머니는 관심없고 어머니 그
냥 살아있는 동안 그 돈으로 생활하면 되는 거고, 우리는 안 받아도 되
니까 그냥 우리 힘으로 하는건 데, 근데 자식 때문에 또 걱정하고 있었
어요. 신랑한테 주면 다른 형제들 기분이 좀. 신랑이 부모님을 모셨지
만, 그래도 마음, 사람 마음이 다 다르잖아요. 사람 마음이 다 다르기 때
문에 완전 다른데.

  필리핀에서는 우리 아버지 같은 경우에는 땅이 몇 군데 있어요. 그때
는 자식 이름으로 다 해놨어요. 자식들한테 이 땅이 큰언니부터 막내언
니까지. 똑같이 했어요. 안 팔고 우리한테 다. 결혼해도 자식들한테 똑

같이 땅을 나눠줬었어요. 이름으로 딱 해놨어요. 아버지 말대로 죽기 전에 니들한테 이름 딱 준비했으니까, 그때는 안 싸우잖아요. 왜 이거는 조그맣고 언니는 왜 그만큼 주고 이러니까 살아 계실때는 내가 다 해줄테니까 니들 걱정하지마. 근데 그 대신에 내 살아있을 때까지만 농사는 내 한테 돈으로, 내 한테 돈 내가 받고 이래가지고 딱 돌아가실 때는 이름 다 있으니까 걱정 없는거고. 이제 우리 시어머니 안 될 것 같애요. 시어머니는 아들이 세 명이고 딸이 한 명에 안 될 것 같애요. 그거를. 시아버지 말은 딸래미도 조금이라도 줘야될 거래요.

▎새로운 시집 가족 ▎

남편 형제는 세 명. 넷째니까 누나 한 명 있고요. 막내 따로 있고. 동서들하고는 잘 지내요. 아 근데 저번에 우리 시동생이 늦게 결혼했어요. 내가 결혼하고 3년 있다가 결혼했어요. 시동생이. 근데 애기 가지더라고요. 애기 낳고 돌잔치해야 되잖아요. 근데 돌잔치 하다보니까, 내가 외국사람이다 보니까, 여러 가지 생각도 있고, 친구분도 다 있으니까, 이제는 그 얘기는 내 한테 솔직히 안하고요, 우리 시누부한테 들었어요. 우리 동서가 대신에 형님한테 전화해가지고, "형님, ○○에 있는 형님 돌잔치 좀 오지 말라" 이라대요. 오지 말라고. 외국 사람이라서. 자기 친구분들한테는 애기안해서 그때까지 제가 외국 사람인 줄 몰랐대요. 근데 또 시동생하고 동서하고 싸웠대요 나 때문에. 나 때문에 싸웠는데, 이제 그래가지고 기분 엄청 나빴어요. 펑펑 울었어요 그때는. 진짜 기분이 나쁘더라고요. 그래가지고 왔어요. 시동생하고 시누부를 신랑이 불렀어요. 네 명이서 앉아가지고, 이제 그런 얘기하더라고요. 네 동서가 돌잔치에 오지 말라했다고, 우리 신랑이 화났어요. 왜 그렇냐 이러더니, 외국사람이면 어떻냐 한국사람 다 결혼하는데, 내 혼자 외국사람이니까. 그래도 어떠냐 그래가지고 에휴. 시누부가 그냥 친구 때문에 그런 얘기

나와 가지고, 펑펑 울어가지고, 기분 엄청 나쁘더라고요. 그때는. 내가
하고 싶은 말은 동서는 직접 내한테 얘기했으면 덜 기분 나쁜데, 왜 우
리 시누부한테 얘기해가지고. 대신에 내한테 해달라 이래가지고. 이제부
터는 기분 좀 아직까지는 그렇더라고요. 외국사람이라서. 아, 그렇게 힘
든 적도 있고, 차이도 나고, 이러니까 아휴. 그때부터 얘기하면 기분이
좀 그렇더라고요, 동서인데, 가족인데 왜 나보고. 기분 훨씬 잘 안좋더
라고요. 근데 집에 오면 싫어하거든요. 근데 어머니가 좀 자기 손녀봐야
되니까 오지 말라는 소리도 못 하고. 이제 오면 좋아하잖아요. 기뻐하니
까, 이제 나는 그냥 모른척하고 있었어요. 우리 신랑하고. 근데 이제 남
편말고, 남편 형제들도 그렇고, 동서들도 그렇고, 조금 외국인이니까 그
런 데는 참석 안했으면 좋겠다 그런 식으로 말하는거죠. 막내동서 막내.
근데 다른 데는 괜찮은데 그때부터 막내동서만. 외모에 대해 다름 사람
들과 비교하잖아요. 좀 더 까맣다고 얘기하고 그래요. 알잖아요 어디서
왔는지 외국 사람인지 다 알더라고요 한국 사람이. 모양이 조금 다르니
까. 그래도 나는 한국 사람이라고 생각하는데.

▌한국어, 그 낯선 말▐

남편과 결혼해서, 3일 만에 결혼하고 3개월을 기다리고 다시 들어와
서 인천에 내렸어요. 그때까지 한국말 안 배워서 잘못해요. 여기 와서도
방문 선생님 같은 거 없었어요. TV하고 시어머니랑 시아버지하고 대화
하는 거 그거. 드라마 제일 많이 봤어요. TV, 방문 선생님도 없고. 근데
지금 보니까 사람들 방문 선생님 신청하면 다 하더라고요. 근데 내 왔을
때는 그거 없더라고요. 그래서 집에서만 있었고, TV만 보고 드라마 같
은 거 보고. 필리핀에서 한국어를 한 번도 배운 적이 없었어요. 남편하
고 말할 때는 사전 같은 거 보고요 사전. 한국말로 계속 대화했어요.
계속해서 한국말 배우고 싶어요. 한국어? 한국말 다 알아야 되니까. 다

른 사람이 왜 한국말 잘하냐고, 이래가지고 누구한테 배웠냐, 어디서 배
웠냐, 누가 가르쳐주냐, 그냥 드라마만 보고 있었어요 내가. 친구도 없
으니까 나가는 것도 없고, 항상 드라마만 보고 있었어요 그때는. 방문
선생님 같은 것도 없고, 가르쳐 주는 사람도 없고, 시어머니 일하러 다
녀야 되니까 그 정도. 이제 어머니랑 시아버지랑 대화 하는 거랑, 그거
다 생각하고 있고, 이제 다 기억하고 있어가지고, 머릿속에서 다 외워야
되니까 그 정도. 모르는 거 있으면 사전도 보고 그 정도 해요. 아직까지
사는 데 어려운 건 없는데, 제일 어려운 거는 뭐더라? 어려운 거 없는
데, 글자 쓰기 제일 아직 어려워요 저는요. 말은 잘하는데 쓰기가 어려
워요. 쓰기는 진짜 자신 없어요. 그거 아직까지. 저 받아쓰기 잘 못해요
저 다른 건 다 하는데, 이거만 잘 아직 진짜 어렵더라고요 이거를. 선생
님한테 받아쓰기 하면 오늘 받아쓰기 합니다. 아오, 겁난다 하면서 빵점
이예요. 빵점 진짜로 안 맞아가지고. 그게 제일 어렵더라고요. 쓰기하는
거랑. 쓰기만 제일 어려워요. 먼저 처음 왔을 때부터 배웠어야 됐는데
읽고 쓰기, 읽기는 잘 하는데 쓰기만 진짜 잘 안 되더라고요. 내가. 제가
요. 친구들이랑 필리핀에 있는 친구랑은 한국말 잘하는데 쓰기는 왜 안
되냐고 그러더라고요. 근데 솔직히 말하면 자신이 없어요 내가 쓰기랑.
쓰기 하는 거랑.

예
린

예
린

이름	예린(1979년생)
출신국	중국(베이징)
출신국 가족사항	아버지, 어머니
한국 가족사항	시어버지, 시어머니, 남편, 본인, 딸1(6세)

▮고향에서 나는 ▮

어머님, 아버님 두 분 모두 일하시고 많이는 아니지만 비교적 넉넉한 집안에서 귀여움 받으면서 자랐어요. 그래서 결혼할 때도 부모님이 반대 하지 않았어요. 그냥 보고 그렇게 자기 아이 결혼, 그런 일은 자유를 주는 거예요. 그렇게 생각하고요. 결혼하겠다고 하니까 처음에는 중국에서 살면 좋겠다고 하셨고, 저도 그렇게 생각했어요. 그래서 결혼 후에도 얼마동안 계속 중국에서 살았어요.

▮한국이라는 나라 ▮

남편을 만나기 전부터 한국에 대해서 알고 있었어요. 그때 학생 때 알고 있어요. 노래. HOT(웃으며) 제가 고등학교 그때. 장나라 그때 아주 유명하고요 중국에서. 그런 사람들을 통해서 한국에 대해 처음 안 거예요. 처음에 노래나 TV를 통해서. 그때는 그냥 일본이랑 비슷한 나라라고 생각했어요. 저희 아버지께서 그 전에 일본에서 한 1년 정도 있었어요. 그때 한국을 사진으로 첨 보았는데, 한국사진을 보니까 좀 깨끗하다는 느낌을 받았어요. 그때 초등학교 다닐 때였었는데, 한국을 가보진 못했어요. 그때 좀 그런 느낌. 한국이랑 일본이랑 비슷한 나라구나. 그리고 한국 미녀, 예쁜 여자들 많다는 느낌. TV방송에서 나왔어요. 그런 느낌이요. 그런데 수술한 줄 몰랐어요(웃으며).

한국에 대해서 인상은 나쁘지 않아요. 그냥 자세히 어느 나라 관심 그렇게 많지 않아요. 근데 한국보다 일본 더 많이 알고 있어요. 사람들이요. 중국에서는 일본에 대해서 많이 알아요. 네. 한국보다 그때 거기 노래하고, 방송 계속 나오면서 한국에 대해서 많이 알게 되었어요. 네, 그렇게 알고 있어요. 그런 나라 있는 거 정도.

그 당시에 TV에 '안재욱' 많이 나왔어요. 그거만 알아요. 다른 건 몰라요. 몰랐어요. '안재욱' 좋아하는 친구들 많아요.

▌사랑을 만나다 ▌

저희 신랑은 중국서 대학졸업하고 병원의사를 하는 거예요. 중국에서 한의사 그런 거 배웠어요. 여기는 한의사잖아요. 중국에서는 '중의'라고 불러요. 거기서 배우다가 그 병원 조금 다니고, 학교 다 끝나고 나서, 신랑 아버지 어머니 한국에 좀 오면 좋겠다고. 그래서 지금은 당장 한국에서 살고 있어요. 나중에 다시 중국에 돌아가서 살지도 몰라요.

남편은 고등학교 졸업하고 그리고 여기서 대학 2년 그거 조금 다녔어요. 다음에 군대갔잖아요. 군대 갈 때는 회사다니는 거 대신 그거 했어요. 여수에서 어떤 화학회사에서 다녔어요. 3년을 다니고, 바로 유학을 갔어요. 상하이에 있는 '중의중약대학교'. 아주버님이 거기서 먼저 공부했어요. 먼저 거기 어학가는거요. 그 다음에 동생이 유학을 갔어요. 저 보고 북경사람이니까 중국어를 좀 가르쳐주라고요. 그때 그렇게 만났어요. 남편 중국어 선생님이죠.

그때는 말 한 마디도 못하고요(웃으며). 그때 그 상하이에 어떤 사범대학교에서 중국어를 공부하고 있어요. 먼저 2년을 언어연수를 하고, 그 다음에 대학교 들어갈 수 있어요. 언어연수를 하고 있었어요. 그때는 1주일에 한 번씩 그냥 과외 가르쳐주고요. 그때 다른 한국유학생도 가르친 적이 있어요. 그냥 같이 학생이라고 생각했어요(웃으며). 근데 어떤 날 같이 밥 먹었어요. 어떤 때는 놀러 갈 때 저 불러서 가고요. 북경사람인데요. 상하이에서 사니까 상하이는 훨씬 한국보다 멀어요. 비행기로(웃으며). 한국이 더 가까워요. 비행기는 한 2시간 반을 타고요. 훨씬 더 멀어요. 가르치기도 하고, 밥도 먹고 친구처럼 지냈죠.

결혼은 그냥 같이 결정했어요. 제가 졸업하고 북경에 돌아왔어요. 상하이 거기서. 우리 아빠는 북경에 있는 회사를 다니라고 해서 북경에 돌아왔어요. 돌아와서 보니까 헤어지는 줄 알았어요(웃으며). 그냥 헤어졌다고 생각했어요. 근데 거기 신랑은 방학 때마다 학교 방학 때마다, 한국에 안 가고 우리 집에 오는 거예요. 그거 우리 아빠 엄마 보니까 좋았어요.

그때는 우리 아빠 엄마 한국에 거기 안 돌아가고요. 그냥 중국에 계속 있으니까. 그게 나중에 혹시나 중국에 계속 있는지도 모른다고 생각했어요(웃으며). 집에서도 형 있잖아요. 막내니까요. 혹시나 중국에 있어도 그 부모는 반대하지 않을 것 같아서, 나중에 중국에서 살자, 그렇게 생각했어요. 근데 이렇게 또 다시 한국에 돌아올지 몰랐어요(웃으며).

결혼은 2004년에 했어요. 지금 2012년이니까 8년 됐어요. 결혼 하기 전에 연애 시간은 3년 정도였어요. 결혼하고 3년 정도 중국에서 살다가, 2007년 12월 달 여기 한국에 왔어요. 처음에는 제가 좋겠다고 생각하지 않았죠(웃으며). 당연히 남편이 가자고 그랬죠. 시아버지 시어머니가 오라 그런다고. 그때 2004년 결혼하고 신혼여행으로 한국에 한 번 왔었어요. 그 때 한 두달 정도 있었어요.

▮낯선 음식▮

저는 도시에서 부모님 밑에서 자랐는데 요리도 한국에 와서 못하고 그랬어요. 저희 시어머니가 많이 봐줬어요. 요리 잘못해요(웃으며). 근데 요리하는 거는 당연히 못하죠, 한국거니까요. 우리가 중국 가서 요리하는 거랑 마찬가지잖아요? 못하는데, 못하는 건 둘째고 먹는 게 문젠데 한국에 와서. 매운 거 잘 못 먹어요. 처음에 한국 와서 너무 매운 거 못 먹었어요. 지금도 못 먹어요. 너무 매운 거는. 제피 들어가도 잘 못 먹어요. 지금은 조금 들어가도 먹을 수 있어요. 그냥 좋아하지 않는 거예요. 특히 맛있는 거는, 고기, 삼겹살도 좋아하고요. 불고기도 좋아하고요. 감자탕도 좋아해요. 감자탕하고 중국요리 좀 비슷한 점 있어요. 그렇게 뼈다귀를 삶아서 하는 요리잖아요. 처음에 매운 거 잘 못 먹고요.

그래서 여기 있을 때도, 2007년에 여기 왔을 때도, 어머니 매운 거 잘 안 해줘요. 조금씩 조금씩 적응되는가 봐요. 하지만 입맛이 또 바뀌어요, 사람이. 이제 매운 거 조금 먹을 줄 알아요. 한국 음식은 매운 거 말고 다른 거는 먹을 수 있어요. 예를 들어 김치, 된장. 원래 먹는 거 좋아해요(웃으며) 그래서 다 잘 먹어요. 조금 적응 못 하는 거 제피? 제피 넣은 거. 제피 냄새는 좀 그래요. 그거 아직까지(웃으며). 다른 거 다 잘 먹어요. 거의 다 잘 먹어요. 하나 더 생각하는 거 있는데요. 팥죽, 그거 잘 못 먹어요. 중국에서는요, 좀 달달하게 만드는데요. 여기는 좀 짜게 만들어요. 동짓날 때 어머니가 끓여주셨어요. 설탕 넣어서 끓였어요(웃으며). 전 잘 못 먹어요. 신랑도 비슷해요. 신랑도 그거 좋아하지 않아요. 처음 한국와서는 시어머니가 음식은 다 해주셨어요. 그때는 다 해주죠. 근데 어머니가 해주셨는데 입맛에 안 맞을 경우는 좀 적게 먹어요(웃으며) 밥은 많이 먹어요.

아침에 밥을 저희 거의 안 먹어요. 대신 빵이나 우유 같은 거 먹어요. 밥반찬 안 먹어요. 근데 시댁에서 가끔씩 아침에 삼겹살도 구워 먹고, 그런 적도 있어요. 아침에 일어나자마자 상차리기도 힘들고요. 그리고 먹기도 좀 그렇고요. 아침부터 밥을 먹으니까. 좀 그래요. 이제는 조금 적응 된 것 같아요. 이제 가끔씩 아침에도 밥을 먹어. 한국에서는 밥 먹는 게 정상이라고 생각하죠. 근데 중국에는 아침에 거의 그런 거 안 먹어요. 물만두 아니면 간단하게 만두 제일 많이 먹죠. 아침이 저녁이랑 똑같잖아요. 그렇게 먹는 게 좀. 그거는 좀 많이 적응 못 했어요. 아침 밥 먹는 거. 항상 어머니 한 그릇 퍼주고 반 다시 돌려주고, 근데 못 먹어요. 소화 잘 안 되가지고, 아침을 그렇게 먹으면 하루 종일 속이 답답해요.

┃한국생활 ┃

지금은 분가해서 남편하고 딸 하나 같이 살고 있어요. 시어머니, 시아버지는 시골에 살고 계세요. 남편은 그냥 회사원이에요. 중국이랑 상관 있는 회사. 한국에 돌아올 때도 당장 일 찾기 힘들어가지고. 자격증 있어도 한의원은 바로 할 수 없어요. 지금 아직 의약시장 개방되지 않았어요.

┃한국으로 첫 발을 딛다 ┃

한국에 대한 인상이나 느낌은 사람들 예의도 있고요, 나라도 깨끗하고, 그 당시에 그 느낌이에요? 그냥 드라마하고 방송을 통해서 느꼈던 그런 느낌요, 일본하고 비슷하다고 생각했어요. 처음에 중국에서는 도시에서만 살았는데, 여기 시댁이 있는 시골에서 3개월 정도 살았어요. 그냥 좀 느낌 달라요. 그때도 거기 농사 바쁠 때요. 12월 달에 왔어요. 저희 시집은 감농사해요. 단감. 감농사를 짓고요. 아주 바빴어요. 그때는 어떻게 지냈는지 몰랐어요. 그냥 감만 따고, 처음에 신나게 따고 있는데, 한 한달 정도 땄어요. 그 다음에 귀찮고 좀 힘들었어요(웃으며). 감 따는 것도 힘들다고요. 그런 줄 몰랐어요. 농사(웃으며). 그냥 좀 답답해요. 도시처럼 그렇게 화려하지 않아서.

제 친구, 대구 친구 있어요. 가끔씩 놀러가요. 친구 대학교 동기예요. 제가 소개해서 한국사람하고 결혼했어요(웃으며). 우리 연애할 때, 그 친구도 잡아서 같이 가자고 했어요. 그쪽에는 거기 남편의 아는 형 한 명 있어요. 거기도 같이 다녔어요. 나중에 소개해주고, 나중에 결혼했어요. 그 분은 한국에서 결혼했어요. 거기 부모 다 오셔서. 그 친구랑 한 번씩 여기 생활하다가 대구 가서 만나면 스트레스도 풀리고 좋아요. 저보다 일찍 왔어요 한국에. 졸업하자마자 1년 후에 바로 한국에 와서 결혼했어요. 저는 그 당시 중국에서 살았어요. 그 친구는 한국에 산지 9년 다 됐어요.

▌한국으로▐

신혼여행으로 시집에서 살 때는, 그때는요, 그냥 전에 생각했던 거 하고 비슷한 것 같아요. 깨끗하고. 저희 시댁은 시골에 있었어요. 그때는 좀 신기했어요. 시골에 처음에 오니까(웃으며). 처음에 왔을 땐 그냥 신기했어요. 거기 배추도 처음해 봤는데 어떻게 심는 거, 땅콩 어떻게 캐는 거, 그거 전혀 몰랐어요. 농사하는 거 완전히 몰랐어요. 공기도 좋아요. 근데 두 달은 완전 신나게 시골에서 놀았어요. 처음에 3개월 동안은 시아버지하고 시어머니를 모시고 같이 살았어요. 그땐 말을 좀 못해서, 남편은 회사가고(웃으며). 할말 있으면 남편하고 통화하고, 그럼 얘기해 줘요. 남편 없을 때는 그냥 눈치를 보고 뭐하고 있느냐, 제가 도와줄 수 있는 거 뭘까 생각하고, 그렇게 살았어요. 그때 느낌은, 그땐 좀 힘들었죠. 집에 가고 싶었어요.

그래서 어머니도 그렇게 느꼈나봐요. "나가서 살아라 둘이, 애기 데리고 나가서 살아라" 시어머니가 그렇게 말씀하셨어요. 어린이집에도 보내고 좀 편하고 공부할 시간도 가지고 한국어 좀 공부하라고. 어머니가 그랬어요. 나가 살아라고. 우리 신랑은 그냥 1년 동안 같이 살자고 생각했어요. 그래 한국말도 배우고 그렇게 생각했어요. 그렇게 생각했어요. 저도 좀 불편하고 어머니도 말이 통하지 않아서 불편하고, 근데 아버님은 한문을 많이 알아요. 쓰기만 하고요. 저도 쓰기만 하고 쓰면서 알아들어요. 저녁 때 특히 저녁 때 쯤에, 대충 그렇게 써요. 쓰면서 통해요. 간체라서 알아보기 힘들지만, 간체자도 알아요. 많이 차이 없어요. 그냥 몇 글자만, 다 알아봐요. 그럴 땐 좀 힘들죠. 눈치보고 뭐하는 건가. 제가 따라서 해야 될까하고 생각하게 돼요.

▮다름과 차이▮

처음에 와서 말 안 통하고, 입맛 안 맞고, 한국하고 중국하고는 같은 나라 같은데도 부모가 자식을 대하는 사고방식이 다르고, 너무 많은 것이 달랐어요. 한국에서는 보면 어른을 공경하는 예의가 중국하고 좀 다르죠. 예를 들어서 설날 때 우리는 모여서 인사도 드리고 그러잖아요? 절하는 거. 사람만나면 목례를 하고 고개를 숙여서 인사하는 것, 다른 지역은 모르지만 북경은 그런 거 다 없어요. 설날에 인사하는 거 있긴 있는 데, 절하는 거 아니고요. 그냥 말로 인사해요. 중국에는 제사 없어요. 처음에 올 때 잘 모르죠. 그것도 좀 눈치보고 따라서 하죠. 제사요. 지금은 제가 하죠. 집에 제사 많아요. 저희 5대 제사 다 해요. 한 달에 한 번씩. 제사 준비도 같이 해요. 시간 있으면 같이 해요.

그리고 그거 좀 느끼는 거, 좀 낯선 거는 여자에 대해서, 여자의 위치가 달라요. 중국 지금 평등이죠. 한국은 남자 높죠. 제사도 남자만 참석하고, 여자는 부엌에서 막 준비하고요. 명절 때 밥 먹을 때도 같이 안 먹어요. 남자끼리만 먹어요. 여자는 여자끼리 그렇게.

중국에도 옛날엔 그렇게 했어요. 여자들 음식 다 하고, 여자들 부엌에서 먹어야 돼요. 저 시골에서는 아직 그래요. 명절 그 때. 사람 손님 올 때요. 그리고 남자는 부엌일 전혀 안 하는거요. 이제 아이 아빠는요, 중국에서 유학했잖아요. 그때 혼자서 살아보니까 밥도 하고, 뭐도 하고, 그렇게도 해요. 혼자서 해요. 설거지도 해요. 집에서도 가끔씩 설거지도 하고, 요리도 하고 그래요. 시댁 아주버님 아니면 아버님 전혀 부엌에 들어가지도 않아요(웃으며). 물도 따라 달라고 해요. 갖다 달라고 해요. 그러다 나중에 만약에 자녀 없으면 혼자서 어떻게 살아요(웃으며).

하지만 그런 한국 여자의 생활을 받아들이고 인정하는 거죠. 아, 이렇게 살아야 되구나. 그렇게 따라서 살자. 그런 생각이죠. 그래도 좋아하지는 않죠(웃으며). 특히 제사는요. 시댁을 좋아하지는 않죠. 그냥 따라서 그렇게 어머니도 그렇게 살고, 형님도 그렇게 하고, 그러니까 따라서 해야죠. 동서 한 명있는데, 중국사람이에요. 두 살. 형님이요. 저랑 두 살 차이요. 아주버님하고 형님하고 열 한 살 차이. 차이 많이 나요. 서로 많이 도와주죠. 근데 그 분은 좀 어릴 때 거기 조선족 지역에서 살았어요. 조선족은 아니지만 조선족 지역에서 살았어요. 한국말 할 줄 알아요. 그리고 읽을 줄 알아요. 어릴 때부터. 올 때는 지금 이미 한 14년 됐는가요? 대학 졸업하자마자 왔어요. 거기 아주버님이랑 동기예요. 저보다 대학 2년 선배고요. 처음엔 저도 조금 잘 모르고요. 거기 연애기간은 좀 짧았어요. 한 달 정도. 한 달 연애하고 바로 한국에 들어와서 들어오자마자 한국말 그때 배우는 곳이 없어요. 서울 대학교 한 2년 정도 유학 (어학당) 연수를 했어요. 저보다 말 더 잘 하시죠.

저희는 북경에서 결혼했어요. 시아버지 시어머니하고 시누이 다 중국에 와서 결혼식 참석하고, 북경 구경하고 그리고 왔어요. 그래서 한국에서 결혼식을 한 적이 없어요. 지금은 행복할 때도 있고 행복하지 않을 때도 있지요. 속상할 때, 남편이랑 조금 다퉜을 때는 행복하지 않아요. 주로 아기 때문에 다퉈요. 저는 방식이 조금 달라요. 좀 다르다고 생각해요. 예를 들면, 남편은 아기는 밥 먹을 때 말하지 말라고, 그런 거 요구를 하고 있다고요. 어릴 때 아버지한테 이런 교육을 받아서요. 밥 먹을 때 말하지 말라고요. 제 딸은 말 많은 편이에요(웃으며). 그러니까 말을 잘 하잖아요 대신에. 잘 안 어울려요 이런 건 둘이서요. 밥 먹을 때는 항상 먹다가, 뭐 생각하고 말 신나게 할 때, 아빠는 밥 먹을 때 말하지 말라고, 그렇게 하면 못 참아가지고 또 말하고, 몇 번을 하면 성질나죠. 말하지 말라고. 아빠도 가끔씩 말하잖아요? 둘이 싸우잖아요. 싸우면 화나면 "니 밥 먹지 마라"고 그러고요. 그때는 제가 밥상에서 화나지 말아야 된다고 생각해요. 그럼 소화잘 안 되잖아요. 애들한테 그래서 그러지 말라고 그렇게 좀 다투고 그래요.

중국에서는 밥 먹을 때는 많이 얘기하고 그래요. 얘기하고, 가족이 같이 앉을 시간이 어디 있어요. 밥상에서 앉아서 얘기하잖아요. 그렇게 말하지 말라고. 밥 먹을 때 화나면 좀 소화 잘 안 되잖아요. 이해 못하고요. 가끔씩 싸우고요(웃으며). 좀 다퉜을 때, 그리고 좀 속상할 때 특히 아, 내가 많이 다르구나. 그렇게 한국이랑 중국이랑 많이 다르구나. 살다보면 안 싸울 리가 없죠. 불행은 아니고요, 그냥 조금 행복하지 않을 때도 있어요.

후회한 적도 있죠. 중국에 사는 게 더 좋죠. 제사도 없고, 설날에도 더 즐겁게 지내고, 특히 명절에 좀 힘들죠. 한국에 아직도 적응 좀 못하고요. 명절에 사람 특히 여자들 왜 이렇게 힘들게 지내고 있는지 모르겠어요. 중국에 보통 여행을 다니거나 아니면 가족 모여서 밖에서 식당에 가서 외식 좀 하고요. 노래 좀 부르고요. 그렇게 즐겁게 지내요. 명절은 즐겁게 지내는 날인데 한국에서는 즐겁게 보내는 것이 아니라, 여자들 일하는 날, 남자들은 나가서 놀고, 그거 좀 싫어요. 한국 여자도 싫어하죠. 물어보니까 다 싫어한다고 해요.

▌한국어 배우기 ▌

한국어를 중국에서 조금 배웠어요. 거기 어디냐면 북경에 있던 한국대사관. 거기 한국어, 한국대사관 문화부 있어요. 거기서 한국어를 가르쳐요. 제가 초급 거기서 배웠어요. 결혼하기 전에 남자친구 한국사람이니까 한국어를 많이 들어봤어요. 그래도 조금 궁금해서 방학할 때마다 조금씩 배웠어요. 그리고 초급 배웠어요. 그때 한국에 오기 전에 한참 안다녔어요. 좀 배웠대도 소용없잖아요(웃으며). 그냥 안 다녔어요. 그 다음에 한국에 오기 전에 2007년에 왔었잖아요. 2007년 초 그때는 다시 거기서 다녔어요. 거기 한 중급반, 그렇게 조금씩 배우고 왔어요. 그래도 여기 와서 말할 줄 몰라요. 중국에서 조금 배웠어요.

지금 집에서는 그냥 섞어서(웃으며). 그냥 편한대로 섞어서 말해요.

서로 다 알아들어요. 한국어는 한국에 와서 제가 2009년부터 배웠어요. 처음에는 근처 초등학교 거기 다문화교실에서, 거기서 배웠어요. 한국어는 계속 배우고 싶어요. 한국사회에 잘 적응하기 위해서 필요해요.

▌아이, 말을 배우고 유치원에 가다 ▌

　애기는 중국어도 해요. 네 잘해요. 한국말도 잘해요. 애기하고 얘기할 때도 그냥 섞어서(웃으며)해요. 우리 집에서는 다 섞어서 하니까. 섞어서 해도 잘 알아들어요. 다른 아이들에 비해서 한국말 그거 어린이집에 선생님한테 여쭤보는 게 더 좋아요. 제가 들은 거 처음에 좀 걱정을 하죠. 올 때 중국에 살다가 데리고 왔어요. 세 살 때 왔는데, 그때 말은 할 줄 몰라요. 15개월 그때 왔어요. 그때 말 조금 할 줄 알아요. 중국어 조금. "감사합니다" 그런 거 인사말 그런 거. 근데 다 동작으로 표시하고 있어요. 근데 여기 와서 바로 언어를 바꾸잖아요. 혹시나 적응 못 할까 봐요. 그래서 좀 일찍 어린이집에 보냈어요. 그땐 네 살, 세 살 네 살, 여기 네 살이죠. 만 세 살이요. 네 살 쯤 유치원에 보냈어요. 보내다보니 친구랑 잘 어울려요. 잘 놀아요. 그때 유치원에서 더 많이 배우겠죠 저보다. 애기는 한국애들 하고 유치원에 갔을 때 처음에 좀 어울리지 못한다고 생각했어요. 그때 저랑 같이 여기서 다른 엄마잖아요. 다 한국어 먼저 배우고 그 다음에 아기를 낳고 그 다음에 아기를 가지잖아요? 저는 그냥 한국어 조금만 알아요. 지금은 적응하는데 문제가 없는 거 같아요. 지금 "눈높이" 하고 있는데 "눈높이" 국어선생님한테 물어봤어요. 국어 좀 걱정했어요. 물어봤더니 전혀 문제없다고 걱정하지 말라고 해요. 다른 한국아이보다 훨씬 더 잘한다고. 일찍 말하고요. 한국어는 유치원에서 하고요. 선생님 따라서 배우고, 사투리 많이 배웠어요(웃으며). 사투리 어제 아빠가 "촌놈 티나요"이랬어요. 사투리 많이 배웠어요. 괜찮은 것 같은데요? 중국 데리고 가잖아요. 처음에는 한 일주일 정도는 아직 한국어 좀 써요. 일주일 후에 전혀 한국어를 안 써요. 그냥 중국말로 해요. 그래도 혼란스럽지 않은 것 같은데요. 그냥 오히려 엄마가 일부러 제가 언제나 일부러 한국말로 얘기하고, 네가 외할머니랑 얘기해라 이랬다고요. 번역하고 얘기해요. 계속 중국어할 줄 알면 좋겠어요 잊어버리지 말고. 그래서 지금 글자도 가르쳐주고 있어요. 글자 쓸 수 있게. 그러니까 이렇게 하다보니까. 아이도 다른 언어를 배워도 좀 빠른 것 같아요. 영어도 좀 빨리 배우고. 그러면 아기가 나중에 커서 이중 언어를 구사하니까 좋은 것 같아요. 하지만 그런 관련된 직업보다는 그냥 자기 좋아하는 거 했으면 좋겠어요. 그림 그리는 거 좋아하고요. 저도 어릴 때 좋아했어요.

이제 아이는 더 안 낳을 거예요. 시어머니는 하나 더 있어야 된다고 그러잖아요. 그래도 아이 아빠는 그렇게 아이 좋아하는 편이 아니에요. 저도 좋아하기는 좋아하는데 함께 키우면 그 과정을 알면 된다고 생각해요. 아이 하나 더 키우면 더 힘들어지는 거 아닌가요(웃으며).

▌아이, 그림을 배우다 ▌

한국에서는 과외를 굉장히 시키는 데 지금은 아무것도 안 하고 있어요. 미술은 좀 다니는데요. 거기 추우니까 겨울에는 쉬고요. 좋아하는 거 찾아야지. 제가 여기 어떤 선생님이 제가 생각하면 한국사람 이잖아요. 미술을 다니다보니 혹시나 선생님이 또 시키는 대로 하라는 그런 느낌이 들어요. 근데 중국에서는요, 예를 들면 저도 어릴 때 미술을 배웠어요. 선생님이 먼저 가르치는 거예요. 그리는 방법. 동물 같은 것들요. 여기서 학원을 다니면 두 세 달 정도는 색칠만 한다. 다른 거는 안 가르친다. 그런 거. 계속 색칠하고 있어요. 지겨워요. 가기 싫어요. 색칠만 한다고요. 근데 조금 바꿀 수도 있는데, 자기는 원래 색칠은 원래 싫어해요. 연필로 하는 거 좋아해요. 자기 마음대로 그리는 거, 사람이나 뭐 그리는 거 좋아해요. 잘 칠하지 않아요. 들어가자마자 시키는 대로 색칠을 해야 돼요. 한 3개월 정도 색칠을 했어요. 집에 와서 뭐 좀 그림 그려서 색칠을 배우잖아요. 시켜봐요. 칠하기 싫어요. 그렇게 됐어요. 미술을 좋아하게 만드는가? 싫어하게 만드는가? 궁금해요. 자기 마음대로 하는데, 좋아하는 애를 싫어하게 만드는 거예요. 지금 그런 느낌도 있고요. 조금 쉬고요 나중에 다시 할까 싶어요.

▮낯선 곳에서 낯선 것들과 함께 보낸 시간▮

한국에 도착해서 가장 낯설고 어색했던 것은 그냥 언어라고 생각하죠. 어머니 아버님 같이 살 때 말 못하고요. 어색하죠. 낯설기도 하고 어색하고요. 익숙해질 때는 말 좀 배우고 난 2년 반 후에 조금 이해할 때 좋아졌어요. 주변 환경은 시골이랑 제가 살던 곳 도시라서 많이 달라요. 화장실이 밖에 있어 가지고 밤에는 다니는 게 좀 무서웠어요. 나가면 깜깜하잖아요. 산만 보여요. 기후는 거의 중국이랑 비슷한데요. 사람은 그 시부모들 말이 통하지 않아서 좀 어려웠어요. 문화적인 것들, 특히 제사하고 절하는 거, 저희 전에는 절한 적이 없어요. 중국에서 살 때 거의 절한 적이 없죠. 한국은 명절 때마다 하니까, 그냥 따라서 하죠. 비슷하고요. 한국생활, 처음에 제사 그거 우리 집에 제사 밤에 두 시에 해요. 새벽에요. 두 시에, 하고 나서 세 시반 정도 돼요. 밥 먹고(웃으며) 소화도 안 되고, 아침 좀 많이 달라요. 중국에 보통 밥을 안 먹어요. 아침 그냥 만두, 아니면 빵 우유 이렇게 먹어요.

▮서로 다른 생각들, 다른 삶의 모습▮

제 느낌에는요, 제 성장과정하고 남편 성장과정 비교해보니까, 한국 부모는 조금 아이에 대해서 자유를 주기는 주는데, 시키는 거 더 많이 한 거 같아요. "시키는대로 해"이런 느낌이요. 안하면 화나고 혼내고 때리고 그런 거 많아요. 그리고 중국에 있는 우리 부모는 얘기하는 게 더 많아요. 때리는 거 행동으로 꼭 화나고 때리는 거, 제 기억에도 전혀 없어요. 그냥 아빠는 "너 이거 잘못했다" 그렇게 얘기해주는 거 많아요. 이렇게 잘못했으니까 생각해봐. 이렇게 하면 나중에 어떻게 되느냐, 결과를 얘기해주고 자기 혼자서 생각해 보게 해요. 이렇게 하면 돼, 안 돼 얘기하는 게 더 많았어요. 한국은 "너 이거 해야 된다." 한국에 살다보면 이런 생각 들었어요. 애들한테 너 이거 해야 된다. 그런 느낌. 과정도 다르지만, 저의 성장과정하고 신랑의 성장과정은 많이 달라요. 이거 이렇게 안하면 "내가 얼마나 화내는가 보여주겠다" 그렇게 부모는 말하는 것 같아요.

시아버지도 조금 그래요. 신랑도 조금. 그런 과정 중에서 내가 최고다. 자녀는 꼭 내 생각을 따라서 해야 된다. 제 생각엔 좀 맞지 않아요. 좋은 점도 있지만, 그래도 평등을 생각해야 돼요.

아빠는 그냥 얘기해주는 게 많고요, 엄마는 가끔씩 화내죠. 나도 화나고 그렇지만 아빠는 전혀 그렇게 한 적이 없어요. 엄마는 화내지만, 아빠는 와서 얘기해주는 거. 네 그렇게 자랐어요. 그리고 어릴 때 차이점 좀 있어요. 저희 중국에는 78년부터 도시 경우에는 아이 한 명만 낳을 수 있어요. 지금은 다 외동 아들이잖아요. 다 30대들 됐잖아요. 79년생들. 그렇지만 둘 다 외동이 결혼하는 경우는 아이 두 명 낳을 수 있어요. 그래서 어릴 때는 좀 할아버지 할머니 아빠 엄마 다 하나밖에 없잖아요. 손자거나 손녀거나 하나밖에 없어요. 칭찬을 많이 줘요. 칭찬 많이 줘요. 그리고 자기 보호를 잘해주는 거예요. 근데 한국에서 아이 형제 있잖아요. 그래서 동생을 형이 좀 보호해주고, 동생은 마음대로 그냥 따라서 하면 된다고 그래요.

한국에서 교육을 생각해보면, 학교에서 애들이 공부를 많이 안하고, 밖에서 학원을 그렇게 많이 다니는 게 우리랑 좀 달라요. 우리는 학원 그렇게 많이 다니지 않아요. 학원 늦게 마쳐도 7시 전에 마쳐요. 다 집에 가서 저녁 먹고, 집에서 공부하고 그래요. 그렇게 늦게 학원을 다니는 학생은 거의 없어요. 한국은 거의 밤 10시, 12시까지 학원 다녀요.

▌한국에서 살기 ▌

어려운 거는 한국어요. 존댓말 있잖아요. 예 그거 잘 쓸 수 있는지 없는지 아직까지 몰라요. 근데 가끔씩 혹시나 말 실수할까봐 좀 조심하게 지내죠. 특히 중국어는요 "응"이 있어요. "어" 이렇게 나쁜 말이 아니라, 반말도 아니고요. 그냥 그렇게 습관적으로 "예", "네"를 대답해야 되는데 그냥 "응"해버렸어요. 그런 경우 많아요. 그러니까 사람들이 얘기하다가 가끔씩 "어어 그래" 혹시나 그런 거는 한국어 중에서 반말이잖아요. 친구끼리는 괜찮고요. 특히 시골에서 할머니 뭐 좀 물어볼 때 가끔씩 그러더라고요. 실수할까봐 말실수 제일 많이 하는 거 그거죠. 존댓말 좀 어렵다고 생각해요. 그냥 한국어도 좀 배울수록 자기 한국어 실력 부족하다고 생각해요. 정확하게 배우는 것도 아니고요. 생활 중에서 배우니까요. 어려운 거죠. 주변 사람들 관계는 어려운 거는 제가 말실수할까봐. 좀 신경 쓰고 그래서 좀 피하고 그런 경우도 있고요. 말 꺼내면 뭐 좀 간단하게 대답하고, 제가 주도적으로 말을 꺼내지 않아요.

주도적으로 말하지 않는 그런 거죠. 사람들과 어울리다보면 한국 사람들은 집안일을 많이 물어봐요. 그거 좀 차이 있죠. 그리고 뭐 어떻게 사느냐? 그런 거. 그냥 중국사람들은 거의 남의 집에 일 신경 안써요. 한국은 남의 집에 신경을 많이 쓴다는 생각이 들어요. 그런 느낌이에요. 그리고 사람들 성격이 급하다고 생각해요. 기다리는 것도 조금 줄서면 중국 사람들은 사람이 많아서 줄서는 거 기본이라고 생각하는데, 근데 그게 신랑은 냉면 먹으러 가잖아요. 줄서면 바로 다음으로 바꾼다고 조

금 기다려도 되는데. 성격이 좀 급하다고요. 빨리빨리 하고요 다. 좀 그
런 느낌이요? 성격이 급해요.

▌당신은 누구십니까?▐

누군가 나에게 한국 사람인가 중국 사람인가 라고 물으면, 저는 중국
사람이죠. 외국인이라고 생각하죠. 10년 이상, 15년 이상 살면 몰라도
제가 지금 4년이거든요. 아직 외국인 맞는 것 같아요. 네. 외국인이죠.
외국인이라고 생각해요. 결혼해서 한국에 왔으니까 한국에 살면서 외국
인이지만 한국 사람이라는 생각을 가지는 사람도 있거든요. 어떤 사람
은 그런 사람도 있는데, 아직 많이 안됐으니까 그런가 봐요. 처음 이곳
에 왔을 때, 그때는 말해도 못 알아들어서(웃으며). 2년 정도 지나고 그
래도 말 알아들을 수 있을 때, 그때 나가면, 그게 좀 가끔씩 아이랑 중
국어를 하잖아요. 밖에서도. 기억하는 거 저희 운동장 있어요. 공설운동
장에 놀러 갔어요. 놀러 갔다가, 가다가 중국어를 하잖아요. 중국어를
해요. 운동하던 아주머니 지나가면 물어봐요. "어느 나라에서 왔어요?"
그리고는 신랑하고 몇 살 차이냐고. 결혼 위해서 오는 사람이라고 그렇
게 생각해요. 그런 느낌. 그냥 좀 얘기하고 가죠. 중국 사람들도 4살 차
이가 거의 없어요. 보통 8살 이상, 제일 적으면 8살 그 다음에 12살, 13
살 정도 차이나요. 그 아주머니 말고도 어디 가도 항상 그런 문제를 물
어봐요. 특히 남편 나이에 관심이 많아요.

그냥 중국 사람들은, 보통 다른 사람들은요, 다른 사람 신경 안 써요.
그런 스타일이에요. 옆집에 살아도 그 집에 누구 누구 있어요? 모르는 경
우 많아요. 그냥 문 닫고 조용하게 살아요(웃으며). 특히 길에서 아기 예
쁘다 사탕 하나 줄게 이렇게 그런 아주머니들 많아요. 여기는 많은데 중
국에서는 저 어릴 때도 아빠 엄마가 다른 사람 주는 거 먹지 말라고(웃으
며) 그러더라고요. 한국 사람들은 정이 있으니까 그런 아주머니만 만나요.

▎나는 이방인 ▎

그냥 아이한테는 사실을 알려줘요. 엄마는 중국 사람이야. 아빠는 한국 사람이야. 일부러 숨기지 말고 그렇게 얘기해요. 가끔씩 저한테 뭐 물어볼 때, 한국말로 이거 뭐에요? "나 몰라요" 이렇게 얘기해요. "아빠한테 물어봐" 엄마 외국 사람이야(웃으며). 이렇게 얘기했고요. 발음도 마찬가지잖아요. 한국어 발음 좋지 않아요. 그렇다면 엄마는 그거 틀렸어요. 분명히 틀린거야. 외국인이니까 당연히 못하죠. 아빠한테 물어봐. 그냥 일부러 알려주는 거예요. 또 지금은 알고 있어요. 우리 엄마는 그거 몰라요. 외국인이에요. 그렇게 얘기해요.

지금 그냥 주변사람들, 잘 모르는 분들은 그냥 나는 결혼 위해서 이주해온 사람이라고 생각하는 것 같아요. 처음에 말을 못 할 때는 조금 느껴져요. 소곤소곤 얘기하는 거? 나한테? 무슨 얘기하고 있는 건가? 궁금하죠. 아 혹시나, 외국사람이라서 얘기하고 있는가? 혹시? 지금은 말을 좀 알아듣잖아요. 무슨 얘기하고 있는지 알아들어서 그렇게 차별은 느껴지지 않아요. 처음에 올 때보다 적응이 됐죠.

생활하면서 제일 어려운 거는 지금 아직까지 제일 어려운 거는 언어죠. 언어소통 되기는 되는데, 정확하게 아직 안 되고 있어요. 언어문제가 제일 컸다고 생각해요. 그리고 지금 언어 좀 더 배우려고 하는데 배울 곳이 없어요. 여기 문화원에서는 초급만 가르치고요. 중급 이상 없어요. 그냥 스스로 배워야 되고요. 살다보니 바쁘고 좀 더 배우기도 어려워요. 처음에 진짜 말 못 할 때는 많이 배웠죠. 근데 지금 전에 보다 덜 배우죠. 그래도 아직까지 느껴지는 거 언어 문제가 가장 커요.

▎변화의 시작 ▎

전에는 아빠 엄마랑 같이 살았잖아요. 아무 걱정도 없이 살았어. 돈

달라고 하면 돈 주고, 해달라고 하는 거 다 해주고 그러잖아요. 근데 지금 혼자서 살아보니까 열심히 살아야 된다는 느낌, 그거 생각 좀 바뀌었어요. 제가 애도 키워야 되고요. 학원은 1년도 안 됐어요. 전에 학습지 선생님도 했고요. 네. 학습지 하는데요. 학습지는 완전히 교재를 따라서 해야 되고요. 그 회사 있잖아요. 그렇게 해도 돈은 반 이상은 회사에 줘야 되고요. 여기도 학생 그렇게 많지 않아요. 다니기도 좀 그렇고. 어디 학생 있으면 또 가야 되고. 힘들어가지고 애보는 시간도 많지 않아서 그냥 여기서 학원에서 하는 거예요. 그냥 일 해야 된다고 생각했어요. 열심히 살아야 되잖아요. 그런 생각 갖고. 엄마, 아빠 옆에 있을 때는 걱정도 안 하고요. 나중에 어떻게 되든지 어차피 엄마 아빠 있으니까. 좀 멀리 떨어졌잖아요. 좀 많이 그런 느낌이 들었다고요. 그래도 저희 남편도 한국에서 막내잖아요. 독립이라고 생각하잖아요. 완전히 집에서 돈도 받지 않고 어머님, 아버님 돈 드리고 그런 거 중국엔 좀 다르지만.

중국에 지금 아직까지 애 한 명 있잖아요. 다 외동딸, 외동아들이잖아요 그 부모도 퇴직금 받고 잘 살고 있어요. 드리는 돈 필요 없어요. 그렇게 돈 걱정 없이 살다보면 좀 열심히 살아야 된다고 그런 생각 들었어요.

▮한국아이, 중국아이 ▮

한국에서 미래를 생각하면서 저는 한국에서 살잖아요 지금. 한국에서 크니까 당연히 한국아이처럼 해야 되고요. 그렇게 생각하고 그렇긴 한데, 그래도 중국 엄마 그렇게 어릴 때에는 제 생각에는 좀 자유를 주고 즐겁게 사는 게 더 좋지 않을까 해요. 어릴 때 좋은 추억 가지고 있는 게 더 좋지 않을까. 제 옆에 보니까 조카는 진짜 공부 막 시키고 살고 있어요. 학교 끝나자마자 학원 돌고 오면 다섯 시, 그 다음에 저녁 먹고 아빠는 영어 가르쳐주고 엄마는 뭐 중국어 가르쳐주거나, 아니면 다른 수학을 하거나 10시에 자요. 그렇게 힘들게. 보면서 제 생각에는 아직 그거까지 생각하지 않아요. 그렇게 할 생각 안 들었어요. 저는 즐겁게 지내는 게 더 좋죠.

▌적응 ▌

한국에 살기 위해서는 좀 바뀌어서 살아야 되죠. 생각도 바꿔야 되죠. 여기에 어느 정도 맞고 다른 사람한테도 맞춰서 해야죠. 그래서 어려운 게 인간관계죠. 중국사람하고 중국사람도 어려운 거 인간관계죠. 외국인 하고 한국인 더 어려워지는거죠. 제가 제 방식대로 말하는 거요. 제 말 하는 거 아직 한국방식 아니에요. 제 생각대로 말하는 거예요. 그 사람 을 받아들일 수 있는 건가. 그거 좀 걱정이 되고요. 제 특히 수업 쪽에 서 거의 많이 경험하고 있어요. 제가 얘기하고요. 아, 이거 중국에 이런 상황이 있다고 이렇게 얘기하고요. 근데 한국사람들은요 생각하는 거 한국 방식으로 예를 들면 제가 얘기한 거 중국에 설날에 그렇게 즐겁게 지내도 된다고, 이렇게 생각하고 문화를 소개할 때, 역사를 보니까 한국 사람들은 받아들일 수 있는 건가.

습관이 좀 다르다고 그렇게 생각해야 돼요. 공통의견을 찾아야죠. 그 래도 제 생각도 조금 다르죠. 저도 나중에 어떻게 살아야 되는지 보고서 따라서 하는 거죠. 외국인도 여기서 한국에서 사는 것도 마찬가지로 한 국에 이런 습관이 있구나 인정하고 따라서 사는 거, 자기가 다른 나라에 서 왔는 거, 내가 우리나라가 더 좋다고 생각하지 말고, 그냥 살면서 서 로 적응하고 맞추고 사는 게 더 좋아요. 그렇게 생각하고요.

▌더 잘 살려면 ▌

자신감 가져야 한다고 생각해요. 외국인은 항상 말 못 해서 자신감 많이 떨어져요. 저는 중국에서는 나름대로 엘리트아니에요? 약대 나오고 약사되면 잘 살 수 있잖아요. 근데 한국 오니까 한국말도 못하고 자신감 많이 떨어져요. 내가 중국에 있으면 중국말 잘하고 자신 있게 살텐데, 한국에서는 그런 게 많이 떨어지죠. 내가 원래 이런 사람 아니었는데, 말 그렇게 짧게 짧게 하는 거 아닌데요. 제가 말도 중국어를 하면 잘 할 수 있는데요. 근데 이렇게 말 짧게 짧게 하는 거, 자신감 많이 떨어지는 그런 느낌이 들어요. 언어 배우잖아요. 정확하게. 저의 경우는 정확하게 배우지 않은 경우에요. 그리고 언어연수를 다녀야 언어 좀 정확하게 배우는데요. 지금은 말할 때는 잘 못해가지고 생활에서 배우기 때문에, 하고 싶은 말이 있어도 자세히 말을 못하고 제가 할 수 있는 말만 하죠. 그거 좀 자신감이 많이 떨어지죠.

한국에서 사는 외국인에게 하고 싶은 말은요 자신감을 꼭 갖자. 언어 잘 배워야 한다. 친구랑 자주 만나야 한다. 중국말을 하고요. 실제는 한국친구랑 사귀기 쉽지 않아요. 결혼해서도 그렇고요. 쉽지 않아요. "내가 혹시 이런 말을 해야 되나?" 하는 생각이 들어서요. 지금까지 친구하고 싶은 사람 없겠죠. 그냥 다 서로 아는 사이. 여기 문화원에도 외국인은 많죠. 한국인은 없죠. 제가 생각하는 거 그거 언어 잘 배워야 하고요. 여기 있는 친구랑 만나는 거 외국인끼리 이런 문화원에 가서 같은 나라에서 오니까 같은 느낌이고요 공유하죠. 같이 얘기 많이 하죠. 그래서 제가 지금 수업 안 해도 가끔씩 놀러오고요. 친구 많아요. 베트남 친구도 많아요. 필리핀도. 그냥 같이 비슷하잖아요. 경험도 비슷하고 느낌들도 비슷해요. 자주 만나야 해요. 그리고 가정을 위해서 노력해야 한다.

아이는 지금 한국말 되기는 되는데, 제가 아직까지 제 말도 초등학생 정도도 못하죠? 초등학생 따라갈 수 없잖아요. 나중에 숙제나 뭐 지도하려면 엄마한테 물어볼 때 내가 정확하게 대답할 수 있는지 걱정이 되고, 조금 더 노력해야 한다고 생각해요. 베트남 친구 어떤 친구는 여기 와서 바로 공장에서 일하잖아요. 애기 신경 안 쓰잖아요. 그런 거. 좀 좋지 않아요. 나중에 애기 혹시 잘 클 수 있을지 걱정돼요. 가정이 행복하지 못하죠.

결혼이주여성의 삶과 적응

값 20,000원

2012년 6월 15일 초판 인쇄
2012년 6월 30일 초판 발행

기　　획 : 대구가톨릭대학교 다문화연구소
발 행 인 : 한 정 회
저　　자 : 김 태 원
편　　집 : 신학태 김지선 김우리 맹수지 문영주 안상준
발 행 처 : 경인문화사
　　　　　서울특별시 마포구 마포동 324-3
　　　　　전화 : 718-4831∼2, 팩스 : 703-9711
　　　　　이메일 : kyunginp@chol.com
　　　　　홈페이지 : http://www.kyunginp.co.kr
　　　　　　　　　　 http://한국학서적.kr
등록번호 : 제10-18호(1973. 11. 8)